天才孩子的教育

刘英杰 编

父母是孩子最好的情商老师

黄河水利出版社
·郑州·

图书在版编目(CIP)数据

父母是孩子最好的情商老师/刘英杰编.—郑州：黄河水利出版社，2016.10 （2021.8 重印）
（天才孩子的教育）
ISBN 978-7-5509-1451-3

Ⅰ.①父… Ⅱ.①刘… Ⅲ.①情商-青少年教育-家庭教育 Ⅳ.①G78

中国版本图书馆CIP数据核字(2016)第149683号

出版发行：黄河水利出版社
社　　址：河南省郑州市顺河路黄委会综合楼14层
电　　话：0371-66026940　　邮政编码：450003
网　　址：http://www.yrcp.com

印　　刷：三河市人民印务有限公司
开　　本：710mm × 1000mm　1/16
印　　张：13.5
字　　数：210千字
版　　次：2016年10月第1版　　2021年8月第3次印刷
定　　价：58.00元

目　录

一、发现孩子的情商潜能

孩子们生来具有优秀的能力和潜力，但是通过早期教育形成的性格、气质会左右孩子的一生。这些离不开母亲的教育意识革命。母亲不仅要喂孩子，还要做孩子的第一任老师，担负着教育的责任。

善于开发孩子的潜能

据专家们研究，人类的脑细胞数量达140亿个之多，人们目前只能使用自己脑细胞数量的百分之几，也就是说，还有90%以上的脑细胞没有用上。

那么，人的潜力究竟有多大，孩子的潜力究竟有多大呢？美国心理学家、教育家陶曼博士做了关于儿童潜能的调查与实验，并取得了令人吃惊的成果。

2岁的女孩埃娜可以顺利地讲解《尼尔斯斯骑鹅旅行记》；

3岁的皮埃尔成了当地一家私人电脑公司的软件程序员；

4岁的女孩苏珊娜通晓了四国语言；

4岁的男孩马丁已经不满足于母亲的教育进度，尽管他母亲的教育水准高得在别人眼里已经不可思议，马丁的日语使日本人不敢相信他没有去过日本，他还经常到当地的图书馆借书，图书管理员说："几个月来，我一直认为他是为父母借书。"更令人吃惊的是，马丁邻居家的几个小学三四年级的孩子常常到马丁家和他一起完成作业，马丁不止一次地向这些大同学讲解他已经完成而他们尚未去想的问题。

而陶曼博士的另一位学生也使一位音乐教授为他的耳朵辨不清真伪，

因为他的耳朵告诉他这张唱片的演奏者起码有十年的演奏经验，而唱片上却写着"演奏者：史歌德，4岁"。他还不知道，此刻一些美术教师正在为同一个史歌德对马蒂斯的野兽派作品的独到见解而大鼓其掌呢!

以上这些孩子出自于同一所学校，接受同一种教育方法，同是陶曼博士的学生。

长期以来，陶曼博士一直从事于低能儿童的智能教育。一批智商在70~75的低能儿童经过陶曼博士一年的努力教育，有95%的低能儿童智商达到了90以上，这意味着他们与常人已经相差无几。

十年前，陶曼博士产生了一个想法，低能儿童经过适当的教育可以变得智力正常，那么智力正常与智力超常的儿童又有多少潜力可挖掘呢？于是，陶曼博士精心研究出一套全新的幼儿教育法——大脑信息强化刺激教育法。

这种教育法的原理是运用人的视觉、听觉、触觉等一切感觉渠道，来刺激大脑细胞的分裂、增殖和成长。

随后，陶曼博士精心挑选了一些智商在110~120的两三岁孩子，作为首批接受试验者。这些孩子的家长有工程师、医生、教师，也有职员、售货员、装配工，其中马丁的母亲是位家庭妇女。第一步的工作是使家长懂得强化刺激教育法的意义及实施方法。

信息强化刺激教育法一开始就显得非常大胆。因为使用语言不能与两三岁的孩子交流，陶曼博士就放弃了正规语言训练，而用各种最浅显又能为孩子接受的符号来代替语言。这些符号包括点、线及其组合和各种简单图案。

这些几何图形并不限于二维空间，还包括各种立体模型，用陶曼博士的话说："否则，会使孩子缺乏空间想象力。"

在孩子有了简单的概念后，陶曼博士为他们开设了算术、语文、外语、音乐、美术、体操等课程。仅有的教科书是给家长看的说明书及注意事项。孩子们使用的是陶曼博士的自制卡片。几个月后，卡片的制作工作由家长负责。因为这时家长已经能够熟练地掌握并运用陶曼教育法了。然而，制

作卡片的工作量很大，家长们往往制作到深夜，这使得那些有工作的家长叫苦不迭，有的人不得不放弃对孩子进行这种教育，可是也有的家长为此辞去了工作。

陶曼教育法的效果是异乎寻常而令人信服的。但是，这批神童如何上学呢？他们的潜力被挖掘出来了，又能维持多久呢？还有那么多的孩子的潜力没有被挖掘出来，做父母和老师的应该如何办呢？这将是人们继续研究和探讨的重大课题。

孩子懂得语言前的"教育"决定孩子一生，零岁儿的教育、幼儿教育、各种潜力的挖掘，其深刻意义就在这里。

为了达到科学的教育目的，首先要了解胎儿和新生儿的潜在能力。迄今为止，对胎儿和新生儿所具备的身体或精神上的能力的认识是不够的。超声波诊断装置出现后，人们可以相当仔细地观察胎儿了，发现了一些过去没有发现的胎儿的能力。人们过去对胎儿、新生儿能力的评价是错误的，因此必须重新研究幼儿教育的理想状态、开始的时机和方法。这意味着对整个儿童教育问题的一个极大的再认识。

许多教育内容及早进行会非常顺利，效果也很显著。而目前的教育方法，好像是要人们一定要找一条艰辛的道路去走，一直要等到内在的潜力已经差不多消失了，才煞费苦心地进行事后处理，这实在令人遗憾。

过去许多人怀疑，让孩子进行大规模的学习，大脑细胞是否会"爆炸"，或者像有些大人那样，得神经官能症。专家的回答是：绝不会发生那样的事情。因为孩子首先会感到厌倦，厌倦后就会停止去接受过量的教育。

教育的焦点在于，不应当首先培育以知识为中心的能力，而应该着力挖掘和培养精神与品德的能力。孩子们生来具有无限的潜力，但是通过早期教育形成的性格、气质，会左右孩子的一生。这些离不开家人的教育意识革命。

家人不仅要喂养孩子，还要做孩子的第一任老师，担负着教育的责任。对孩子进行科技能力的培养是重要的，但同时对孩子进行美感、人道、艺术的教育更加重要。因为，人类获得幸福，并不完全依靠科技的发达，还要依

靠包括智力在内的整个人的向前发展。

从零岁开始的教育正在研究中，没有经验，父母可以自己去创造，不要被以往的经验所束缚，也不要为周围的传闻所干扰，家人应该首先坚定自己的人生观和价值观。

人类创造了高度的文明和文化，那是人类具有丰富创造力和智慧的结果。现在，人类还有许多有待挖掘的潜力，如果把这些挖掘出来，21世纪的社会将是一个更加美好的社会。

因此，我们必须首先培养孩子自学能力、强烈的好奇心、敏锐的观察力、旺盛的创造力、深刻的理解力和丰富的想象力。

随着科学的发展，未来将是闲暇时间充足的时代，那时候的人们会追求诸如音乐、绘画、体育、语言、文学、书法、棋艺等诸方面的才艺，这使他们获得艺术能力，从而具备通过艺术语言去接触高级文化提供了可能性。

展望未来，我们将会迎来持不同观点的人们或者文化水平、文化背景完

全不同的人们互相接触的时期。所谓“不同”，有各种含义，如正常人见到残疾人与自己有不同之处，年轻人见到老年人与自己有不同之处，生活在不同社会的人们对不同事物有不同的看法。这样，不同的观点、不同的视角、不司社会的人们互相交流、互相理解，彼此站在对方的立场上来考虑问题，就会使视野更加的开阔。

作为父母与老师，也应该挖掘孩子这方面的潜力。现在许多孩子心胸狭小、自私自利、目光短浅，以“我”为中心，应该让孩子懂得帮助残疾儿童、帮助老年人、爱护小动物等，使他们了解不同处境的人，逐渐消除人与人之间的意识差别，如使正常人与残疾人之间的隔阂消除。这样的未来教育，将会越来越多地凭借艺术教育的手段来实现。

父母应该知道的事儿

教育是面向未来的事情。孩子们未来将在什么样的世界中生活？作为21世纪主要角色的孩子们应该具备什么样的能力？这是每一个父亲和母亲都应该关注的问题。

人生活在世界上，一生都要不断地学习。今后的世界不会再有“完成教育”这一说法。即使是大学毕业、研究生毕业也不算结束了学业。终生教育不仅仅是学者的事，由于知识和技术发展的日新月异，信息如洪水般的产生，人如果不经常地学习和吸收新的知识，就会赶不上社会进步和发展的节奏。

揭秘“艺术细胞”

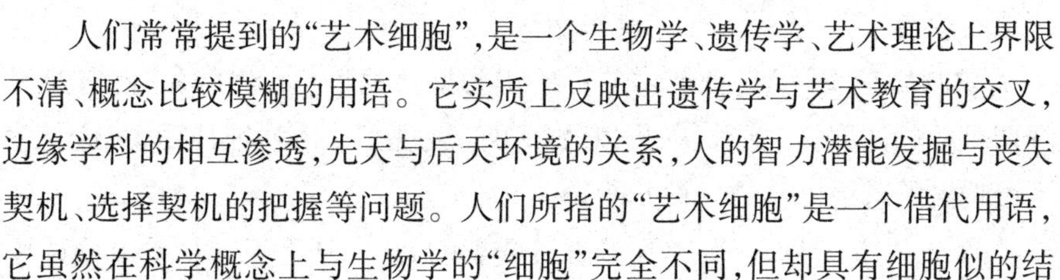

人们常常提到的“艺术细胞”，是一个生物学、遗传学、艺术理论上界限不清、概念比较模糊的用语。它实质上反映出遗传学与艺术教育的交叉，边缘学科的相互渗透，先天与后天环境的关系，人的智力潜能发掘与丧失契机、选择契机的把握等问题。人们所指的“艺术细胞”是一个借代用语，它虽然在科学概念上与生物学的“细胞”完全不同，但却具有细胞似的结构，具有“核质”、“核膜”、“核仁”等内容。

艺术和美是紧密结合在一起的，美是艺术的内核。法国著名雕塑家罗丹(1840 ~ 1917)曾这样说过：“在艺术家看来，世上的一切都是美的，因为在任何人任何事物上，艺术家都能够发现在外形下透露出的内在真理，这个真理就是美的本身。”艺术的本质是美，美的核心与内质产生了“艺术细胞”的美感效应。

一个人美的内质越优秀、越丰富，他的“艺术细胞”的增殖和发育就越迅速。那么“艺术细胞”除了美的内核外，还有哪些内容呢？以下是一些与“艺术细胞”密切相关的概念。

意趣：艺术形象(意境)中的思想内容所产生的审美趣味，主要作用于接受者的理性。

情趣：艺术形象(意境)中的情感内容所产生的审美趣味，主要作用于接受者的情感。

谐趣：艺术形象的形式与所使用的技巧所产生的趣味，主要作用于接受者的审美感官。

诱导效应：用艺术形象的展示，把接受者的注意力和思维引向预定的

路线。

震惊效应:出乎意料的惊服,这是艺术的一种特殊认识作用。

认同效应:艺术作品的内容与接受者的生活经验相接近,引起同感,这是一种带有情感性质的认识功能。

启迪效应:艺术的本质在于美,它将生活表面揭开,把生活的内在意义明确地显露出来,使接受者领悟,受到启发。

感染效应:接受者对艺术所表达的美产生共鸣,既是理智的接受,又是情感的渗透。

象征效应:接受者把艺术的形象作为自己生活与心灵的象征图像,展开切身经验的回忆、反省、联想以及情感的表现等一系列精神活动,这是艺术影响人的感情世界的一种职能。

净化效应:艺术的情感弥漫着接受者的心灵,从而引起接受者原始情欲的升华和功利观念的中止,这种活动已经深入到人的潜意识领域,是艺术潜移默化的集中表现,它在塑造人的灵魂上发挥着最深刻的作用。

谐谑效应:类似于儿童游戏的满足所产生的心理快感。

"艺术细胞"功能和作用的发生,无不伴随着人的心理、生理活动。它不仅在孩子身体中的各个感觉与接收器官中发展、分裂、增殖,而且还在孩子们的思想、感情境界里升华。

美国洛克菲勒大学的科学家在会"唱歌"的雄黄雀大脑中发现了一种新的生命组织。这种新的生命组织控制着雄黄雀的"音乐兴奋中枢"。在小心地把这种生命组织破坏之后,原来会婉转鸣唱的雄黄雀变得痴呆沉默,丧失了"音乐的感觉"。把雄黄雀的这种生命组织经过特殊手术移植进雌黄雀的大脑中后,原来只是被动聆听情歌的雌黄雀,也会一鸣惊人居然无师自通地"唱"起了迷人的"歌曲"。也许这种还没有被命名的生命组织,就是黄雀的"音乐细胞"吧!

人们也许会问,那么人也有"艺术细胞"吗?可惜的是,生命遗传学至今还没能证明人的大脑中真的有"艺术细胞"。

但是,在心理学的研究中,科学家们根据人类特有的高级神经活动现

象，也就是人类脑功能活动的特点，区分出三种类型的人。前苏联著名科学家巴甫洛夫根据两种信号系统（第一信号系统和第二信号系统）之间的相互关系，依据人脑功能活动的不同特点，把人划分为以下三种类型：

艺术型：第一信号系统占相对优势的人。艺术型的人脑功能活动的特点是具有直接印象的鲜明性、知觉和记忆的形象性、想象的丰富性。

思维型：第二信号系统占相对优势的人。思维型的人脑功能活动的特点是倾向于分析和系统化，倾向于比较概括和比较抽象的思维。

中间型：两种信号系统相对平衡的人。中间型的人，有的两种系统发展平衡但水准较低，也有的两种系统发展平衡但水准较高。尤为重要的是，在教育中间型的孩子时，父母应该按照科学的方法，发掘孩子的智力潜能，打破两种系统的平衡，使孩子被埋没的潜能得以迸发。

在社会生活中，大多数人都是属于中间型的，艺术型和思维型的人是少数的，有的甚至被埋没，并没有表现出类型代表者的特点。

从学习绘画、音乐中可以考察一个人在脑功能及生理功能方面显示的能力的类型差异。对于幼儿来说，接受艺术教育、从小培养“艺术细胞”不但是英才教育，而且是对其一生发展的考察。因此，掌握孩子脑功能的类型特点，对于父母和教师是至关重要的。对于明显的艺术型的孩子，父母应及早地给予较多的艺术熏陶。

培养孩子的“艺术细胞”，实质上是发展孩子的特殊才能。特殊才能并不等于天才，天才也不是与生俱有的“艺术细胞”。无论如何，特殊才能具有相当程度的遗传基础，这一点可以由一些著名的“艺术家族”证实。

我国东晋时期的王羲之是著名的书法家，他的第7个儿子王献之也是书法家，与其父并称“二王”，对后世的行书、草书影响很大。陈、隋时代的书法家智永是王羲之的七世孙（一说九世孙），继承祖法，手写《真草千字文》八百余本，广为流传，影响初唐书法学。

著名的音乐家族巴赫家族，八代136人中有50位男子成为著名的音乐家。其中影响最大、成就最高的是约翰·赛巴斯蒂安·巴赫，他的儿子就有5个是著名的音乐家。在八代人中，成功的比率为36.7%。由于遗传的选型

配合，热爱音乐事业的人总喜爱选择音乐爱好者成为终身伴侣，所以会出现音乐人才诞生、成长的家族性倾向。还有著名的莫扎特和韦伯家族，几代人中都出现过具有杰出音乐才能的人。

在世界绘画史上著名的铁坦家族中，有9人是杰出的画家。我国著名绘画大师齐白石的儿子、孙子中有几位都是知名度很高的国画家。

在演唱艺术方面，这种遗传性更为明显。我国著名京剧表演艺术家谭鑫培的儿孙辈中有几人都是嗓音清悦，作、唱、念、打俱佳的京剧表演艺术家。可见，表演歌唱的物质基础嗓音、声带是具有遗传特点的。

这些事实说明，不同门类的"艺术细胞"有着某些"共同的基因"，如音乐、绘画、诗歌中的节奏、节拍、结构、色调等有着接近的内涵，这些"共同基因"长期刺激几代人的大脑，促成了艺术型人才的诞生。

当然，"艺术细胞"的家族性特点是不能概括人类遗传规律的奥秘的。人类是在遗传的变异中前进的。我国"画圣"吴道子和"塑圣"杨惠之的家族中，都没有再出现过画师和雕塑师。"诗仙"李白和"诗王"白居易的子孙中，也没有出现过著名的诗人。遗传史上的事实证明，智力、智力潜能、特殊才能不仅仅是由遗传决定的，后天的环境及后天的教育也起着极其重要决定作用。

任何时代的人的智力都是那一时代文化和科学技术的产物，因此没有哪种智商检测能够不考虑文化教育的因素。

社会调查证实，在美国，白人与黑人之间总平均的智商差在15分左右。但是英国科学家曾经对此研究了在同一后天环境中成长起来的白人儿童与黑人儿童在智力上的差别，发现被分成三组的黑人儿童、黑白混血儿童、白人儿童之间没有什么智力上的显著差别，倒是白人儿童的平均智商值处在最低水准。

培养孩子的"艺术细胞"离不开深厚优良的文化教育背景，而社会细胞——家庭，它的文化教育背景，决定着孩子"艺术细胞"的发育和成长。在家庭里，父母本身的文化素养深刻影响着孩子"艺术细胞"的形成。白人儿童和黑人儿童智商值的差异，表明人类各个群体的平均智商是基本接近

的，主要是家庭、社会文化教育背景对人的影响。艺术才能与后天因素在哪里打上它的烙印呢？就在人的大脑中，在人的大脑的沟回处。如果后天因素的刺激不能在脑的沟回中形成“艺术细胞”的兴奋中枢，遗传基础再好的儿童，也不可能成为具有特殊艺术才能的人。

教育环境因素起着奇妙的作用。这种奇妙的作用在于把每一个儿童具有的相当广阔的智能潜力发掘出来。智力潜能的发掘，离不开对儿童早期的正确的效应训练，它包括科学的游戏内容、对绘画的幻想、联想能力的培养，以及对音乐旋律的自由理解和创造性发挥等。

孩子的智力潜能的范围，在科学数值的量表上，有一个上限值和下限值，这是由遗传基础决定的。而孩子的实际智力，则是被各种各样的内部因素（如身体条件、年龄、体质、气质等）和外部环境因素（如家庭、文化教育、社会、自然环境等）长期互相作用、互相促成的。发掘孩子的“艺术潜能”，实上是父母首先发掘孩子的“艺术智能”。父母们，希望你们用自己的辛劳和才智，为孩子奉献出艺术教育的“金蔷薇花”。

人们通常认为，教孩子画画、弹琴、唱歌才能培养孩子的“艺术细胞”，提高孩子的艺术活动能力。其实，这种幼儿艺术教育还只是浅层次的片面教育，有些内容也不符合幼儿成长与教育的规律。

一位美国心理学家在第二次世界大战期间曾经做过一项惨无人道的实验，他把十几个刚出生的正常婴儿放在暗无天日的房间里，每天按时由专人喂食物和水。半年后，这批可怜的孩子来到太阳下面时全都成了痴呆儿。后来，在人们的极力关怀与帮助下，这些孩子中只有两三个恢复了正常的智商程度，其他的只能终生饱受低智商的痛苦。

无数的实验已经证明，刚刚出生的孩子可以辨别明亮与黑暗，愿意倾听母亲的声音，能够闻出母乳的气味，双手能够积极地活动，两眼也会与母亲视线交流。日本医科大学研究小组曾经对胎儿做过多种实验，实验之一是通过扬声器反复多次播放同一首短诗，待婴儿降生后，再让婴儿听这首短诗，结果发现婴儿的心跳频率显著变缓，很快进入平静状态。此后，再让婴儿改听其他短诗，却发现没有任何反应。由此可见，婴儿虽不懂短诗的

具体意思,可在母体中却记住了吟诵这首短诗的语调、语气和形象。人在胚胎期间眼、耳基本形成时,就开始对外界的声响做出反应,并逐步准备形成人的性格。

刚出生的婴儿直到一岁的时候都没有丰富的语言表达能力与行为表达能力,但是他们却有强烈的接受能力与感受能力,虽然他们对生命的接受是被动的,但是这些贮存会有增殖、分裂、爆发、升华的时候。许多父母亲都不理解这个道理,以为新生儿的大脑是一个空壳,什么也没有,从而忽视了新生儿大脑中潜藏着的令人惊异的巨大艺术能力,错过了最初教育的有利时机,等到想起来要进行艺术教育的时候,为时已晚,这不仅使父母抱憾终生,也贻误了孩子一生。

"孩子是艺术家。"这是英国著名美术教育家汤姆·林逊的临终遗言。

也许这句话会使总是对自己孩子的潜在能力认识不足的父母感到费解,但在生活和实验中有无数事实证明这句话是至理名言、千真万确的。

新生儿对色彩具有比成人更强烈的兴趣。当孩子小床边有彩色飘带时,他会目不转睛地望着。当孩子在听到音乐时,会自动地手舞足蹈。孩子高兴起来也会像原始人那样"呵呵"地叫。

孩子的画与普通成人的画相比,其生动与神韵是不可比拟的。许多成年人,如果不看见实物就画不出实物来。而孩子则不然,一般都不会为常识与形式所束缚,只是按照自己的理解、自己的心愿,潇潇洒洒地一挥而就。

在音乐方面也是如此,孩子经常可以即兴作诗、作曲,然后再演奏出来。即使简单的曲调,一般成年人也不能够如此之快地完成。原因不是成年人愚笨,而是成年人的这种能力在还没有发挥出来的时候就已经消失了。

在艺术细胞的家族里,没有美术细胞与音乐细胞之分。可是,孩子刚刚来到这个世界,形成各种感觉与接受器官的细胞时,就开始对周围的事实与环境构成情绪、情感的反馈系统了。这种反馈在孩子还不能与周围的人交流时,便开始了在自身内部各处系统的循环,有关"细胞"不断"增殖"。

有的幼儿心理学家把这种细胞分裂、增殖现象比作储蓄，即把孩子在某个年龄的智商——细胞能量比作基金，那么每年的利息就是到该年度所积累的基金（基本细胞数）乘以利率（增殖细胞）。它是以复利的形式来增加的。基金多的人，每年的利息额就高。如果都处在某个年龄上，智商高的孩子每年细胞的增加量就比别的孩子多，而智商低的孩子则增加量少，总是处于低水准状态。

这似乎产生了两个很有趣的问题。其一，既然孩子是天生的艺术家，为什么这个世界却不是由艺术家组成的呢？其二，孩子是天生的艺术家，那么孩子长大后艺术家的内质为什么消失了呢？原因只有一个，那就是孩子的艺术细胞被扼杀在童年或少年期，或者更早，被扼杀在摇篮里了。

每一个父亲与母亲都应该相信自己的孩子是天生的艺术家，关键在于我们的培养、启发、引导、挖掘。不要自怨自艾自己的孩子不如别人，也不要自暴自弃。作为父母，应该从自己身上认识教育的责任。

为了培养孩子的"艺术细胞"，使其茁壮成长，父亲与母亲应该做些什么呢？

有的父亲和母亲可能会因为自己节衣缩食为孩子买了一架钢琴就心安理得了，或者认为不吝惜金钱，把孩子早早送到艺术教育学校就万事大吉了。

的确，买钢琴、请一位好老师是父母应该做的事情，但是还有更多的事情等待父母去做。父母们都不可推诿的职责有以下几点。

对孩子的教育忽冷忽热，水准忽高忽低，没有细致的教育方案，没有长远的打算，便不能使孩子的艺术活动能力得到明显的提高。

应该尽量地抓住机会，不失时机地给孩子以最科学的指导。这一点非常重要。孩子在一岁的时候就可以握笔涂鸦了。这时候，将笔和纸交给孩子，特别是把颜色鲜艳的彩笔交给孩子，不仅可以使孩子画画的要求得到满足，同时还能够刺激孩子视觉的发育，使手指和胳膊得到运动与锻炼，促进小肌群成长。假如此时父母看到孩子因画画而撕破了纸，把笔也扔在了地上，便训斥孩子，就会在孩子稚嫩的心灵上种下笔与纸不可以随便乱动

的种子，那么当这个孩子长到可以不撕纸的年龄时，就不会喜欢这种最普遍的文化用品了。

孩子对事物感兴趣时，也是最有指导效果的时候。错过这一时机，将给孩子带来终生遗憾。

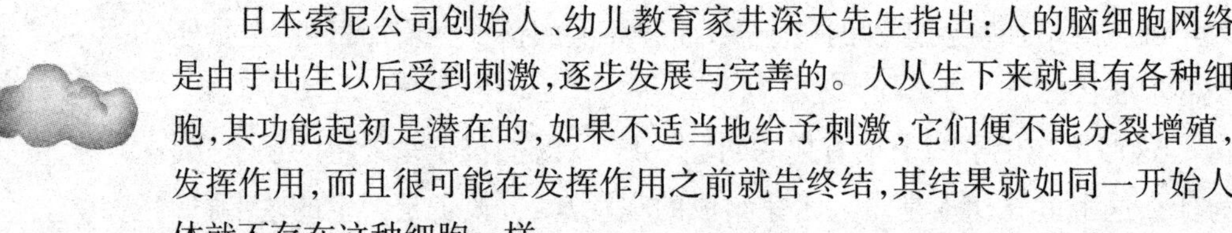

日本索尼公司创始人、幼儿教育家井深大先生指出：人的脑细胞网络是由于出生以后受到刺激，逐步发展与完善的。人从生下来就具有各种细胞，其功能起初是潜在的，如果不适当地给予刺激，它们便不能分裂增殖，发挥作用，而且很可能在发挥作用之前就告终结，其结果就如同一开始人体就不存在这种细胞一样。

兴趣就是对这潜在的种种细胞有效的刺激。如果这种刺激持续而强烈，兴趣就会使细胞分裂增殖。孩子的兴趣容易转移多变。正是在童稚期，大脑细胞需要多种刺激，从而为具备多种功能做准备。兴趣的变化不是坏事，它是人自身才能增殖的表现，正因为如此，科学的智商值在它面前才变得软弱无力。

当孩子想知道事物的名称，或者想请父母为他们念书讲故事时，父母以“真讨厌”、“以后再说”的态度予以拒绝，与一个个地解答孩子提出的问题，在孩子失去兴趣之前提出“让我们一起谈谈吧”相比，结果迥然不同。

父母在想培养孩子某个方面的艺术才能时，不要过于性急。父母急于训练孩子，会打乱孩子兴趣爱好的临界期，使孩子永远地失去某种能力发展的可能。父母急于求成的结果是会使孩子逃避超负荷的训练，因为繁重的、强迫的刺激将使孩子产生厌恶的情绪。

切忌嘲笑孩子的努力。在培养孩子的“艺术细胞”时，要随时保护孩子的积极性。对孩子哪怕是一点微小的进步，也要给予高度的赞赏。即使孩子提出大人不屑一顾的问题，父母也要表示关心，承认孩子所付出的努力。

在培养孩子艺术才能的工作中，父母的作用十分重要。对于父母来说，最重要的是学会理解与尊重孩子，站在孩子的立场上来发挥作用。

环境是培养孩子成长的关键

人们常常把母亲的子宫比做孩子生存的第一片沃土，那充满羊水的子宫好像在重演生命最初源于大海的历史。母亲的子宫是孩子的第一生存

环境，对孩子的教育应该从细胞减数分裂后，精子、卵子融合为受精卵，产生出一个新生命的时候开始。

多少年来，人们在婴幼儿的教育上一直在犯一个十分严重的错误，那就是对胎儿、初生儿的能力不予承认，把幼儿教育的起点放在不恰当的年限，认为刚出生的婴儿不具备任何接受教育的“感受性”或“学习能力”。

苏联已故的著名小提琴家列昂尼德·科根有过这样一段经历：

有一天，列昂尼德·科根决定在一次音乐会上演奏一位作曲家创作的新曲，于是在妻子的伴奏下练习这支曲子。当时，他的妻子临近产期，不久后便生下一个男孩。

这个男孩长到4岁时学会了拉小提琴。有一天，他突然奏出一支从来没有人教过他的乐曲旋律，而这支曲子正是科根在那次音乐会上演奏的乐曲，而且这支曲子仅在音乐会上演奏过一次，后来未再演奏过，也没有制作成唱片，他的儿子出生后理应没有听过这支曲子。

这在不相信胎儿具有感受与记忆能力的当时，确实是一件令人感到奇怪的事情。不过，还有许多人亲身体验过这种事情，并且为胎儿的能力感到震惊。

一个4岁的法国女孩患有“精神分裂症”，不听父母的话，也不听周围人的话。可是有一次，当担任治疗的一位医生无意中用英语同她搭话时，这个女孩的态度突然发生了变化。后来，人们尽可能地用英语同她说话，她的那扇一直关闭着的心门才逐步向人们重新敞开。

女孩的父母都是法国人，这孩子也一直在法国生活，自幼听法语、说法语，直到4岁为止几乎从未听过英语，但是她为什么会对英语做出反应呢？医生感到奇怪，就去找她的父母，了解她同英语有什么关系。开始的时候，父母左思右想也想不出来。后来，母亲想起了怀这个孩子时，曾经在一家贸易公里工作过，在那里天天听英语、讲英语。也就是说，这个孩子在母亲体内时，就一直同母亲一起学习英语。

不难看出，胎儿超出人们想象地吸收与学习了许多知识。应该承认，胎儿在神经系统形成后，有些感受能力尤其是听觉感受能力已经初步具备

了。当人们了解到胎儿在母亲体内就有了感受能力后，接下来需要继续研究的就是什么样的教育是必要的，什么样的教育是可行的。

中国早在汉朝就有了“胎教”之说；在日本，从江户时代起，“胎教”之说也广为传播。“胎教”同人们的生活经验结合在一起，以种种形式在民间流传着。

日本的幼儿教育学家井深大先生所主持的幼儿开发协会，在爱育医院的协助下曾经做过一次胎儿听到声音以后是否能够记住的实验。

他们请录音员录制了小林一荣的俳句：“秋风扶枝摇，飒飒落叶遍地飘，猫儿追逐跳”。并把这个录音带交给一位怀孕的母亲，让她每天听两次，每次3分钟，以便让母亲体内的胎儿多次受到相同声音的刺激。选用俳句做试验是因为日本的俳句有一种日常讲话和音乐所没有的独特韵律，便于验证胎儿是否有记忆力。

婴儿出生后，在第2～6天进行了实验，并与在母体内和出生后没有听过俳句的婴儿做了比较，结果发现了一种十分有趣的现象。从未听过俳句的婴儿对所有的俳句都做出了相同的反应。而那个曾经在母体内听过俳句的婴儿在听到胎儿期多次听过的俳句时，反应比较稳定，但对初次听到的其他俳句却作出了意想不到的强烈反应。

由此可以推断，婴儿能够把听过的俳句和未听过的相似又不相同的俳句准确地区别开来。这说明，胎儿在母体内就已经开始具有记忆的能力。当他听到另外一首韵律相同而内容不同的俳句时，也许会发生疑问：“这是什么呀？”

各种能力的产生要靠外界的不断刺激。当纠正了胎儿不具备能力的谬论后，人们便开始寻求科学教育胎儿的办法与方案。目前，已经开始采用胎教音乐，它借助现代音响培育孩子的音乐细胞。

还有一些美术教育家呼吁孕妇走出家门，多到大自然中去寻求自然美的真谛，经常到美术馆欣赏雕塑、绘画等。

在怀孕期间，母亲保持愉快舒畅的心情，会给胎儿创设一个优雅的体内环境，他会原封不动地接受母亲的感情。脐带不仅是生命的纽带，也是

胎儿与母亲交流感情的纽带。胎教的内容宽广，现在正在研究、开拓中，初做父母的青年男女不要错过胎教的机会。

即使是遗传因素相同的双生儿，如果把他们放到不同的家庭环境中养育，也会得到不同的教育结果。如同在肥沃的田地里才能生长出茁壮的植物一样，只有在充满艺术情趣的环境中，才有可能培养孩子的"艺术细胞"。

日本著名的小提琴教育家铃木镇一认为，一些孩子的"音痴症"并不是遗传造成的，而是由环境造成的，并认为想了解父母，只要看看孩子就知道了。孩子是父母的一面镜子，反映着父母的思想与能力水准。父母是孩子的第一环境，家庭是孩子的第二环境，大自然是孩子的第三环境。假如父母的艺术情趣比较高尚，那么孩子生活的第一环境就会是充满艺术情趣的"小天地"。第一环境是孩子产生兴趣的关键所在。而家庭关系和家庭环境构成的第二环境将为推动孩子兴趣的发展提供重要的客观条件。第二环境为孩子成才、走上什么样的道路、具有什么样的理想、做什么样的人，造成最初的意识环境。如果第三环境充满着天地的灵气、山水的秀媚，无形中会为孩子的心灵提供广阔的艺术想象条件，为铸造艺术的纯真、陶冶艺术情感奠定质朴而又深厚的基础。

许多父母认为，给孩子一个艺术天地，便是在家里摆架钢琴，墙上挂着小提琴，地上支着画架或乐谱架，每天不停地督促孩子学琴、练画、写毛笔字。实际上，这是一种浅层次的艺术活动追求。

给孩子一个艺术天地，是通过美的环境，给孩子一个美的心境、美的理想、美的感受与美的追求。也许，这个孩子将来不会成为音乐家或画家，但他长大后会是一个具有较高层次审美情趣的人，他会区别真、善、美与假恶、丑，懂得纯真的、道德的是非标准，谁能说这与懂得"人类之美"没有关系呢?

父母应该知道的事儿

初生的婴儿，听觉十分敏感，突然大叫一声会吓他一跳，而轻柔的讲话与歌声却是他喜欢的。与婴儿谈话，给他唱歌，让他听各种声音，如钟表的滴答声、调羹碰杯声、海浪声，看起来他好像无动于衷，可事实上他却把这

些声音贮存在脑子里了。父母们如果这样做了,便给了孩子极有价值的心智刺激。

眼睛是婴儿感受美好景色的窗口。婴儿的小木床就是他的大世界。现在,许多孩子的小床实在是太单调枯燥了,假如大人住在一间四壁空荡的房间里,感受会如何呢?那么就请装饰一下婴儿床吧,使它生气勃勃、色彩缤纷,形成对视觉的良好刺激。还要带婴儿到各个房间或户外走动,那么婴儿就会有许多不同而有趣的景色观赏了。

待到孩子长大些时,多带他到大自然中去,看红日、白云、蓝天的美好,和小花、小草、绿树交朋友,看高山的伟岸、大海的宽广等大自然的种种光彩。

艺术的美、大自然的美、生活的美、父母情感与情操的美,对孩子具有迷人的魅力,会吸引孩子,使孩子兴奋、愉快,对生命感到满足,并会追求生命中美好的一切,用来充实自己、提高自己、完善自己。

孩子的培养应该循序渐进

对孩子不要总是批评,要让孩子愉快地成长。然而许多父母与老师并不懂得这个道理,对孩子过于严厉,尤其在艺术的训练上更是毫不留情,以为这样做才能取得好的效果。经常听到大人这样训斥孩子:

"特意给你买了钢琴,你怎么不练了?"

"告诉你太阳是红的,你怎么用黄蜡笔画太阳?"

"给你讲过好几遍这个故事,你还是记不住,真笨!"

的确,对于孩子,可批评的事是很多的,他们那么小,手脚不利落,发音不清楚,思维不灵敏,许多事情都做得半对半错的。可是仔细想一想,父母们脱口而出的批评,大部分是因为对孩子能力的错误估计而造成的,这样做的结果只会使孩子丧失信心。

孩子逐渐成长,会达到与学习某种技艺相宜的年龄。孩子在学会走之前必须先学会站,心理学上把这种完成了接受教育的准备状态称为"准备"。没有完成"准备"的孩子就显得笨手笨脚,使望子成龙的父母感到十

分心焦。

那么，父母应该怎样做呢？不妨换用鼓励的方法。对于动物，鼓励的手段是喂食物；而对于孩子，父母的爱、关怀、耐心和理解就是鼓励。为了使孩子感到真正有力量的鼓励，做父母的必须使孩子觉得你们和他在一起时愉快、有趣、充满活力。孩子愿意和你在一起，认为与你在一起是一种享受，是一种奖励，是一种充满乐趣的交流。请父母们自问一下，你纯粹是因为好玩（对孩子毫无要求）而与孩子相处的时间有多少？如果答案是“很少”，那么你的爱与关怀很可能不足以作为鼓励，更不可能使孩子感受到你的耐心和理解了。

鼓励对于孩子是多多益善的。不管孩子是在学习阅读技巧还是在学脚踏车，是在学习乐器还是在练习单调的起跳，只要孩子有进步就要鼓励，每当有好的表现就要加强鼓励的感情色彩。如果父母或老师留心，总会找出理由来称赞与表扬孩子。

有个小朋友是个淘气大王，幼儿园的小朋友们都怕他，不过老师并没有忘记鼓励他。有一天，在休息时间里碰巧他因为夜里闹累了睡得很香，待他醒来后老师说：“你今天休息得最好。”当他妈妈接他时，他骄傲地告诉妈妈：“老师说我今天休息得最好。”第二天，他又乖乖地休息了。这种做法就叫做“有效加强”，当孩子表现好时，我们不注意，不去表扬，就是对他的好行动不予以加强，而当他表现不好时，我们却立刻注意到并立刻加强了，这会有什么结果呢？每个父母应该都十分清楚。

艺术创作也是如此。比如画画，孩子往往是兴趣一来就在他们认为可画的地方画。有位母亲下班回家，看见干干净净的门上、立柜上、墙上、地上到处是粉笔画，真是哭笑不得。后来，这位母亲想到，对孩子的绘画兴趣一定要鼓励，而不要扫孩子的兴。所以，她先夸孩子画得真多、真好，随后又指出今后不要画在墙上，而要画在纸上，并且买几个图画本和彩色蜡笔、油画棒、水彩和毛笔，告诉孩子每天画的都写上日期，看哪一天画得多，画得好。以后可以给他订了画报或买几本画册。这样做，对孩子的绘画兴趣就是莫大的鼓励。

常常有这样的父母，他们希望孩子每上一堂课都有一次看得见的收获。比如上绘画课，就必须学会画一样东西，上音乐课，就必须学会一段完整的曲子。可是艺术才能是日积月累一点一点地获得的，神童毕竟是极少数。况且，孩子只是接受艺术启蒙教育，将来他并非会立志成为音乐家、画家。

父母往往只从自己的愿望出发，急功近利，采取一些错误的教育方法。例如画画，父母往往告诉孩子应该这样画或应该那样画，弄得孩子即使想自己画，也担心没有按照父母的要求去画而遭到训斥。有的孩子会说“不会画”而请父母帮助，于是父母毫不犹豫地立刻给孩子画上一个草图，并说：“这是个轮廓，你就照猫画虎吧。”孩子画完后再去不安地看父母的脸色，问：“这样画可以吗?”于是父母又指导说：“把影子画得清楚些，近处的人画大些，远处的人画小些。”或者家长干脆说：“画得不像，我给你画吧!”于是一张父母满意的图画就这样诞生了。

这样做的结果是孩子得不到按自己的想象去画画的能力，画画的时候每每想着不要让大人耻笑，不要受到斥责，一定要按要求去画。画完之后心情也是不安与迷乱的，总是担心会有什么不好的结果。这样，孩子会一点一点地失去绘画的兴趣，也失去了绘画的能力。

这是很可悲的。画画对于孩子是一种创造性的活动。孩子画的画由于受到年龄与生活经验的限制，总是存在着缺点。同时，孩子眼里的世界和成人眼里的也不一样，比如画画的时候观察不仔细，涂色不均匀，夸张他们感兴趣的那一部分，比例不对等。但是父母一定要尊重孩子的创造，鼓励和保护他们“独具慧眼”的观察力，尊重孩子的个性。这样，孩子会一天比一天有进步，能长久地保持浓厚的绘画兴趣。即使孩子将来不当画家，但是通过儿童时代的学画活动，他同时也学会了观察世界，学会了欣赏美好的事物和景色，在学画中保持了自信心，培养了自我评价能力，练就了一双灵巧的手，形成大胆设想、勇于实践的性格。

这样一对比，我们也许就不会再逼迫孩子去模仿大人画画了，也许还会从比较中得到反思：为什么大多数人都不会画画，都把画画当成至高无

上的艺术？其实，每一个有脑有手的人都具备学会画画的条件，那些不会画画的人是不是在童年时代也接受过不正确的绘画教育呢？

许多伟大的天才都过着常人羡慕的生活，受人仰慕、敬重，但是人们往往忽视了他们人生的坎坷。

奥地利著名音乐家莫扎特从3岁开始在父亲的指导下练琴，6~26岁的时候在欧洲各国旅行演出时，几乎从来没有住过旅馆，只是在一辆带篷马车中练琴。10年的旅行生活严重损害了莫扎特的健康，他瘦得皮包骨头，几乎是从死神手中逃出来的。

德国著名音乐家贝多芬在童年时期受过父亲极其严格的训练，其严格的程度有时超乎人情所允许的范围。父亲经常把4岁的贝多芬关在屋子里，命令他几个小时不间断地练习钢琴和小提琴。有时，喝得醉醺醺的父亲深夜回家，发现贝多芬已经睡熟了，就立刻把儿子打起来继续练钢琴，叫他一直不停地弹到天亮。幼年的贝多芬经常受到父亲可怕的训斥，生活中没有欢乐，常常因为每天过于繁重的功课、异常单调的练习而偷偷泪流不止。

艺术天才们在父母的期待下接受了极端的天才教育，结果变得伟大、著名。但是，他们中的许多人身心健康也因此受到损害，造成终生不幸。比如莫扎特，后来各种重病缠身，父亲逝世后过着乞丐似的生活，35岁时早逝，死亡原因不明。有人说他死于尿毒症，也有人说是由于他胡思乱想、忧郁症缠身而服毒自杀的。

贝多芬因为生活不幸，染上了酗酒的毛病，57岁时便逝世。据说，他在丧失意识前，曾经用拉丁语留下绝命诗："拍手吧!各位，喜剧到此结束。"

英国文豪约翰·罗斯金是在虔诚的清教徒母亲的教育下长大的。到了晚年，他说："一般说来，我所接受的教育是错误的，这是一件不幸的事情。"他长大后多次发疯，尤其是逝世的前一年，由于严重的精神错乱而痛苦不堪。

许多天才受到了父母杰出而特殊的教育，成了出众的人物，却度过了坎坷的一生。这不能不引起我们此刻的反思。早期教育是能够造就"天才"的，应有意识地对孩子进行正确的引导与合理的训练，虽然孩子受到本

身能力范围和身体条件的制约，但培养出一般人看来感到吃惊的能力，并不是一件十分困难的事情。

天才的人生之所以波澜起伏，是由于他们接受的早期教育是集中智能来接受某种技能的，进行早期教育的目的过于偏颇，造成对心灵的伤害。

天才们的坎坷经历给人们敲响了警钟。孩子是不是“天才”是次要的，重要的是要成为一个正常发展的人。所以在早期教育中，应把培养美好的品德与健康的身体放在首位。

父母应该知道的事儿

儿童的天性是纯真、美好的，他们具有对美的敏感和质朴。孩子们在生长发育的过程中，首先通过声音感知世界。从母亲腹中出生以后，他会通过色彩、形状去观察世界。之后，他还会通过语言理解世界，并通过游戏和运动与世界接触，融为一体。

艺术教育的事实证明，培养孩子的“艺术细胞”是一项艺术教育的系统工程，它要根据孩子成长的特殊规律，通过优美的音乐旋律和明快的节奏，鲜艳的色彩和准确的线条，有韵律的诗歌，生动的故事，智趣、机巧的游戏，有节律的运动等把孩子培养成为一个完美的人。这也就是教育学上所称的美育，它需要与尊重孩子的人格，与德育、智育结合起来，这样才可能把孩子培养成具有健康的审美趣味和一定审美能力的人。

培养孩子的艺术细胞，实质上是一种综合艺术教育，它需要孩子欣赏自然美，理解文学艺术美，渐渐接近社会的生活美。它以生动、具体的美感艺术形象感染孩子的心灵，激发孩子的正义感，陶冶孩子的性情，进行寓理于美、寓情于美的教育，使孩子的思想情操、认识水准在潜移默化的熏陶中得到提高。综合艺术教育需要孩子动手动脑、动口动腿，需要大胆地涉猎多种领域，如音乐、绘画、文学、戏剧、电影、游戏、运动等，这将促使孩子成为一个具有高尚修养的人。

无论在学校、社会，还是在家庭中，父母都应当特别注意发现和培养孩子的艺术才能，把握他们对艺术美的追求契机，引导他们走进艺术的殿堂。

综合艺术教育将为孩子打开一扇面向世界的宽阔窗口，使他们在对美与丑的比较和发现中认识事物的特征，使他们的成长和进步同社会的生活美、自然美融合在一起，使他们成为走向世界、探索宇宙的一代新人。

二、把握孩子的内心

情商型孩子的情绪复杂微妙，波动起伏大，经常会作一些不可理喻的事，调皮捣蛋，干些恶作剧和坏事，让人哭笑不得，因此，父母要善于调适孩子的情绪控制力，否则很容易进入疯狂状态。

孩子都有一颗敏感的心

情商型孩子有着非凡的记忆力，他们对各种形象有一种全息储存的能力，这种天赋对他们以后从事艺术创作来说不可或缺，家长要不断发展和培养这种形象全息记忆力。

卜镝可以说是新中国成立后最著名的儿童画家之一。他8岁时就获得了全国儿童画比赛一等奖；9岁时出版新中国第一本儿童画集，该画集由著名诗人柯岩配诗，以7种文字向全世界发行；12岁起开始在内地、港澳及海外成功举办一系列个人画展。他的父母为了培养他付出了辛勤的努力。

语言是思想交流的工具。形象是艺术家的语言。许多中外著名艺术大师都是掌握语言的巨匠，都凭记忆作画。齐白石画虾，潘天寿画花卉，著名的比利时版画大师麦绥莱勒的数以万计的木刻作品，都是完全凭记忆完成的。

孩子学画，就应从他记忆的最佳时期——童年时代培养这种形象的记忆能力。

孩子这种记忆的能力有多强呢？在一次音乐会上，一个还没有钢琴高的孩子，能靠背琴谱演奏出世界音乐大师的作品。

一个几岁的孩子竟有这样惊人的听觉记忆力!那么同龄的孩子会不会有同样的视觉记忆力呢？卜镝的父亲让卜镝连续看两遍他最喜欢的电影——《大闹天宫》,让他凭记忆画出一套电影连环画,结果他画出了126张。事实证明,童年是人生记忆的最佳时期。

记忆的训练是一个循序渐进的过程。

在卜镝很小的时候,他父亲拿一件简单的生活器皿,让他看上极短的时间,凭记忆画出它的形体,以锻炼他整体观察、抓大形的能力,借此训练他记忆的正确性。

稍大一点,他父亲有意识地让他看舞台、电影、电视动作片的场面(舞蹈、武打等),他常常是把一个手指当笔,另一个手心当纸,默画舞台、银幕上转瞬即逝的形象,促使他发展记忆的敏捷性。

还有些时候,让卜镝画出几天以前的记忆形象,像学外语复习学过的单词一样,以发展孩子记忆的持久性;还让他根据记忆的形象重新组织一张类似的画面,以此推动记忆中想象的因素,增强记忆的积累性。

养成了观察、记忆的习惯,就可以随时随地地进行。一次,卜镝坐在汽车上,外面下雨了,有两个孩子共披一件雨衣,嘻嘻哈哈地跑,特别好玩,可是一下子就晃过去了。他就赶紧闭上眼睛,让生动的印象暂时保留在记忆里,手在裤兜里进行默画。从此,在卜镝的童年生活中,每一次有益的活动,如看电影、听音乐、游公园、参观、访问、旅行,观察、记忆的习惯都促使他在纸上留下一张张形象的图画。

看了日本电影《啊,野麦岭》,他画了《一个日本女孩的命运》;看了埃及影片《萨拉丁》,他画了一支在沙漠中行进的长长的朝圣的队伍;看了《水晶鞋与玫瑰花》,他画了善良、美丽的灰姑娘;看了澳大利亚儿童片《多蒂和袋鼠》,他画了《善良的袋鼠妈妈》、《小多蒂和仙鹤姐姐》;看了纪录片《向往将来》,他画了《揭开世界之谜》……

电影《沉默的人》本是一部紧张、惊险的故事片,而卜镝画的却是影片中吸引他的美丽的山林和树木,树枝间有跳跃的松鼠和飞舞的小鸟,只有远处隐约露出追赶和开枪射击的人。为此,诗人柯岩这样题诗:“我一点儿

也不懂/他们为什么打来打去？/世界这样大/而且这样美丽……”

记忆是人对所经历过的事物记住、保持、再现的能力。形象的记忆力是艺术家智力结构中的储存器。这种能力对于画家是非常重要的。成人的记忆力往往是从人生记忆的最佳期——童年开始培养的。

对卜镝的记忆画，香港《美术家》主编黄蒙田先生曾做过这样的介绍：“我看过许多儿童画，还不曾发现过一个9岁的儿童像卜镝的记忆力那样好的。他那些极具吸引力而又有着非凡想象力的画，往往是由旅行回来，看电影、电视，听音乐和故事以后的一连串回忆活动而引起的。人们在看戏回来后可能会对别人复述其中典型人物的故事和某些突出的情节，但卜镝不是用语言，而是用绘画的形式表达出来的——当然他不是如实记忆描写而是用简单的概括、夸张甚至加上主观改造的方法描写。这正是卜镝记忆画的特色。而它之所以有趣、生动和被我们重视，正是因为它具有这些创造性的特色。”

父母应该知道的事儿

电影、电视中出现的人物、风土、建筑、服饰等是很难记得很详细的，用绘画形象凭记忆再度描绘出来是不容易的，尤其是像卜镝那样不依靠任何图片参考资料，而只根据一刹那经过的银幕形象作为记忆的依据就更难。

这种记忆画依据记忆，但又不是记忆的如实描写。想象有如长了翅膀一样，在回忆的情节中穿插了他从心灵深处引起的反应。在情节和造型设计上，是按照卜镝幼小心灵所特有的、充满大胆与稚气的形象结构组织成画面的，我们看起来奇趣无比。卜镝自己也这样说过：“看电影时对那些特殊的东西就特别注意地记，如外国的建筑、人物的服饰等，有时用手指在裤腿上画画，但作起画来还是发现有些东西细节记忆不清，那就靠自己的想象去补充了。”

特别的爱给特别的你

情商型孩子的情感特别丰富细腻，因此心灵特别脆弱，需要精心地呵护。

月儿船船，身儿弯弯。

飘呀飘呀，飘在蓝天。

星儿姐姐，坐在小船。

船儿划划，划到东南。

中华妈妈，想念台湾。

台湾哥哥，快回家园。

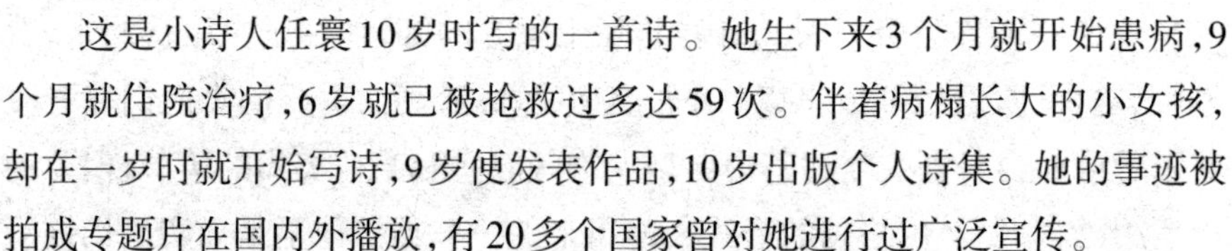

这是小诗人任寰10岁时写的一首诗。她生下来3个月就开始患病，9个月就住院治疗，6岁就已被抢救过多达59次。伴着病榻长大的小女孩，却在一岁时就开始写诗，9岁便发表作品，10岁出版个人诗集。她的事迹被拍成专题片在国内外播放，有20多个国家曾对她进行过广泛宣传。

任寰在身体上有诸多不幸，但在情感上却比同龄人幸运。

3个月的时候，她母亲从女儿的哭声里，听出了更多的意义，她发现在孩子胖胖的脸颊上起了小小的红点。她不知道是什么，抱孩子去了医院。医生说："这是婴儿湿疹，你们要抓紧治，不然会严重起来。小孩怎么喂得这么胖呀？可能是过敏性体质吧。"

医生的判断是正确的，可给的药却不适合，开的是肤氢松软膏，天津制药厂的。母亲给孩子抹在脸上，谁知它刺激了孩子过敏的皮肤，湿疹不仅没有消退，反而越发厉害了。母亲把一管肤氢松软膏抹完，可就是一点也不"轻松"，孩子的整个脸上全变成了湿疹，还在向头顶蔓延。妈妈的心，比孩子更加痛苦。女儿3个月患湿疹开始，任寰家便和"湿"结缘了。

全家挤在一间屋子里，这屋子冬天进不来一丝阳光；夏天的太阳，是从窗前那栋5层楼的一角透过来的。如果她家楼的前面不盖那栋5层高的楼，也许会有更多的阳光照进她们家的小屋，屋里也就不会这么"湿"了。

任寰的母亲歇完产假之后，便带孩子去上班，感到全身关节疼痛。去医院检查，竟患了"风湿病"，遵医嘱，需要休息。她母亲又和"湿"结下了不解之缘。

可母亲的不幸，却变成了女儿的幸运。

这就使她母亲能够日日夜夜和女儿生活在一起。半年之后，根据工厂

的规定,她母亲吃了"劳保",每月只发60%的工资,20多元。她父亲大学毕业十多年了,还没有涨过一次工资,仍是每月58元。1963年,长春电影制片厂曾决定给他涨一级,那时他没有结婚,一人吃饱全家不饿,他还用自己的不少稿酬支援了农村贫苦的父亲,他主动提出不要涨工资,让给别人了。

他全家一共收入才70多元,4口人花用,你可以想象他家中的生活状况。孩子生病,按照规定可以在他厂子里报销一半医疗费用。从女儿出生9个月发生过敏性哮喘之后,便反复发作成了肺炎,每次都要住院抢救,这样,每个月的工资,差不多就全部交给了医院,如果孩子一个月发病两次,他的生活便只有靠借债维持了。

她母亲不愿意吃"劳保"只拿60%的工资,不到6个月,她曾挣扎着去上班。可是孩子离开妈妈,立刻就生病了。母亲也支持不住。姐妹们劝她:"别去上班了,安心照看孩子吧!孩子少闹一回病,就全有了,不然你就在班上,心里也不安;孩子一闹病,你还得请事假,不照样扣工资吗?"

慢慢地,她的心安定下来了:"我的好女儿啊,让妈妈和你在一起吧!"从1周岁到3周岁,妈妈和女儿一起度过了她的哺乳期和婴儿期。

按照我国的国情,大多数母亲都有自己的工作,要做到婴儿两岁前母亲专心育儿是困难的。但母亲尽量多地和孩子在一起,对孩子也是十分有益的。

任寰的母亲是由于患病,才获得了专心育儿的条件,这正是坏事变成了好事。由于女儿0岁至3岁这一重要时期,一直和她在一起,她便不自觉地影响了女儿,进行了"亲情沟通教育"。而她的儿子,由于在这一时期没有在她身边,便失去了母亲教育的最好时机,所以才出现了两个孩子智力上的明显差距。这也证明了儿童早期亲情沟通的重要性。

父母应该知道的事儿

对于怀抱中的婴儿,母亲不但要供给她身体发育的乳汁,而且还要想到作为一个人一生最重要的精神和智力方面的发育。可这一点,却常常被很多妈妈忽视了。

谁能随时随地不厌其烦地反复把同一事物灌输给孩子呢?只有和幼

儿经常在一起生活密切的母亲，只有母亲有着这样深厚的、伟大的爱。母亲的教育，特别是在3岁以前对幼儿的影响之大，远远超出母亲自己的想象。"孩子是反映母亲形象的一面镜子"，母亲啊，你会从3岁孩子的身上看到自己的影子！

因此，母亲在孩子两岁之前应专心于育儿。对于妇女来说，有什么工作比育儿更为重要呢？动物一出生就可以独立地活下去，而婴儿离开母亲的双手就活不下去了。从未成熟的婴儿发育到成熟，母亲只有认真地进行培养，才能称为生了孩子。经过一番痛苦之后生出来的孩子，如果不好好培育，那也就失去了痛苦的价值。两岁以前的教育，在某种程度上能够决定孩子的未来。

快乐在左，孩子在右

尼金斯基是芭蕾舞史上最伟大的男性舞者，有"舞蹈之神"的尊称。尼金斯基的一生跟他的天赋一样非凡，生而为舞蹈奇才，他双腿的骨骼构造近似于鸟类，很自然地可在空中飞腾，开展舞艺趋于独一的完美；为人，他经历人类心识转换最惊心动魄的过程，终因主客观条件错搭，进入人格分裂的精神炼狱而无法脱身。

起初，尼金斯基的学习进度缓慢。他的老师不了解他的心理，以为他懒，便去通知了他的母亲。他的母亲伤心流泪，要他用功学习。他和其他孩子一样，是顽皮的。有一次，他用弹弓射中老师的眼睛，终于被勒令休学。希望破灭，他母亲伤透了心。家中债台高筑，随时都有被迫迁出的可能。一次，他母亲需要5个卢布，以还清一项再也不能逃避的债务。她告贷无门，只得向一位友好的邻居开口。那个女人听后就叹息，接着流出眼泪说没钱。尼金斯基见到这种情景，眼看一家的三餐都成了问题，就痛下决心，要学习舞艺，以期来日可帮助母亲。复学后，他以惊人的速度前进，从不自满，从不厌倦。一天，学生们在课室等老师，尼金斯基自己却在练习腾空的技术，由于太专心，没注意到室中的长凳，他从空中全力降下，腹部撞到了凳子，被救入医院后，在死神手中挣扎了三个月。

此后，尼金斯基一直是学校里成绩最好的学生，被称为“世界第八大奇观”。他的才华和表现也给他带来了痛苦。班上的同学嫉妒他，嘲弄他，把他当做是游戏中的小丑。他极力忍受这种痛苦。一次，当他在练舞时，一个同学把一个音乐铁架打在他的头上，把他打昏了，使他足有五天不省人事，医生都以为他活不了了。又有一次，舞校的学生在马林斯基剧院参加演出时，尼金斯基不知手上有喷嚏粉，而跟一位要上场的歌星握手。一个恶作剧的学生又欺骗那位歌星说他的假胡子歪了，他于是伸手调整。他上场唱不到两句，便不停打起喷嚏来。

尼金斯基的身材不高，体重只有一百三十磅。不过，他的臂力足以把一个舞员高高举起，一身肌肉非常强韧。

情商型孩子情绪很微妙，你看一件不大的事，就让尼金斯基完全变成了一个另外的孩子，一下就懂事、上进肯学了。

我国著名翻译家傅雷的儿子傅聪，是弹奏肖邦钢琴曲的世界权威，他的性格和情绪与一般孩子也不一样。

傅聪是一个有特异气质的孩子，他对爱好的事物常常会全身心都灌注进去，忘却周围的一切。有一次，他独自偷偷出门，在马路边观望熙熙攘攘的市景，快乐得走了神，走着走着，竟和路边的电线杆子撞了一头，额角上鼓起了一个包，闹了一场小小的笑话。他按照父亲的规定，每天几小时几小时地练习弹琴，有时弹得十分困倦，手指酸痛，也不敢松弛一下，只好勉勉强强地弹下去。但有时却弹出了神，心头不知到来了什么灵感，忽然离开琴谱，奏出自己的调子来。在楼上工作的父亲，从琴声中觉察异样，从楼梯上轻轻下来。傅聪见父亲来了，吓得什么似的，连忙又回到琴谱上去。但这一次傅雷并不是来制止的，他叫孩子重复弹奏原来的自奏曲，听了一遍，又听一遍，并亲自用空白五线谱把曲调记录下来，说这是一曲很好的创作，还特地给起了一个题目，叫做《春天》。

傅聪少年时代就经历过一次流浪历险记。1949年上海解放后，傅雷全家从昆明迁回上海，把傅聪单独留在昆明继续学习。但傅聪非常想家，一心想回继续学习音乐，竟然对父亲所委托的朋友不告而别，没有旅费，临行

前由一些同学友人主动帮他开了一场演奏会，募了一些钱。这件事使上海的家中和昆明两地闹了一场虚惊。傅雷后来告诉友人说："你看，在家靠父母，出外靠朋友，把帽子脱下翻过来，大家帮帮忙，这孩子就是这样回上海来了。"傅聪一方面非常害怕父亲，似乎胆小、温顺、怯弱，但在昆明开音乐会募款，然后独自回上海，却有点惊天动地的味道，显示出独立不羁的奔放情感。

父母应该知道的事儿

情商型孩子的情绪复杂微妙，波动起伏大，经常会做一些不可理喻的事，调皮捣蛋，干些恶作剧和坏事，让人哭笑不得，因此父母要善于调适孩子的情绪控制力，否则其很容易进入疯狂状态。

形象的表达靠直觉

海伦·凯特是世界最负盛名的盲聋作家，她的自传《我的一生》鼓舞了千百万残疾人。

海伦·凯勤出生在常春藤绿屋旁边的一座小屋里。

长着一双蓝眼睛的婴儿很快就表现出欢快外向的性格，迷住了周围的所有人。因为生来就善于模仿，所以一些手势和单词海伦学起来很容易，这让她的父母乐不可支。海伦的父亲坚持认为，6个月的时候海伦就会说"你好"和她最爱说的"水"字了。

1岁之后，海伦开始学走路了。她从妈妈的怀里挣脱出来，在地上蹒跚学步，想抓住天空中的一缕阳光。她的父亲凯勒上校爱怜地想起每天晚上回到家时海伦都会欢快地跑过来吻他的情景。海伦的每一天都充满了惊人的发现。她高兴地让她的妈妈躲到巨大的黄杨木树篱后面，一起玩捉迷藏的游戏。

凯勒夫人后来告诉海伦说，那时她的眼睛可尖了，别人没看见的纽扣和针，她都能找到。海伦在12岁的时候写道："在我生命之初，一切都很简单，与所有其他小生命有很多相像的地方。"

在1882年2月一个寒冷的日子里，海伦忽然发起了罕见的高烧。医生

在诊断之后说，她得了一种不治之症，胃部和脑部急性充血。高烧很快退去，海伦显然能够活下来了。看到女儿能奇迹般地康复，凯勒夫妇感到无比的欢欣鼓舞。然而，在烧退之后的那天，凯勒夫人却注意到她把手伸到女儿眼前时，海伦并没有眨眼。日子一天天过去，凯勒夫人发现，即使她大声喊叫，海伦也毫无反应。海伦的生命虽然保住了，但高烧却使她的大脑受到了永久性的损伤，她再也看不见东西，听不到声音了。

"我年龄太小，根本搞不清出了什么事，"海伦后来解释道，"现在看来，当时我在醒过来并发现周围又黑又静时，一定是以为已到了夜间。我当时肯定很奇怪：白天为什么老是不来呢？然而，慢慢地我就对周围的静寂和黑暗习以为常，也记不得以前还有过白天了。因为我再也听不到任何声响，所以没过多久，就连我的童音也听不到了。"

海伦陷入深深的绝望之中。后来，她曾把这种绝望比作一种无序状态。

她感到无助，感到孤独。她把自己比作海上的一艘航船，正在浓雾之中摸索着前行。"但是，并不是所有的东西全都失去了，"海伦后来写道，"很多最美好的东西都是上帝赐予的，视力和听力只是其中的两件。在上帝赐给我的礼物当中，最珍贵也最奇妙的一件仍然为我所拥有。我的思维依然清晰，也依然活跃。"

在19世纪80年代，人们对身体上的严重缺陷还知之甚少。1784年在巴黎建立了世界上的第一所盲人学校，自那时以来，已差不多过去了100年。在许多人的眼里，与海伦情况相同的人都无异于白痴，是没有思维或感觉。凯特·凯勒的兄弟弗雷德·亚当斯曾力劝他的哥哥把海伦送到教养所去。"你真该把这个孩子送走，凯特"，他在信中写道，"她有智力缺陷，看着她在你面前走动不是什么好事。"确实，对于家中的客人和仆人来说，乍一看，海伦往往显得不好管教。在别人理解不了她的手势时，她感到沮丧。每到这时，她就会躺在地上，拳打脚踢，大哭大闹，直到筋疲力尽，才算罢休。

但是，凯勒夫妇却认为，海伦能做出一些模仿动作是智商高的表现。

想吃蛋糕时，她会做一个调制蛋糕糊的手势；面包用抹黄油和切面包的动作来表示；想要冰淇淋时，她会模仿转动冰淇淋冷冻器把手的动作，然后团紧身子，做出浑身哆嗦的样子。海伦渐渐长大，她的符号语汇也越来越丰富。

海伦·凯勒尽管看不见、听不到，却能用心去体察一切，凭直觉了解，用形象表达。

父母应该知道的事儿

情商型孩子的形象直觉能力最强。形象直觉的特点是情商型孩子观察世界时，似乎不用思考，就能马上作出正确的判断和反应，就好像生而知之而不是学而知之似的，给人否认经验作用的形象。

内在比外表坚强得多

海伦的父母为她请了一位家庭教师，叫沙利文，正是沙利文的到来，才使海伦·凯勒大放异彩。

沙利文来到凯勒家之后，开始时对所见所闻感觉不错。但是，到第二天吃早饭时，面对所看到的情景，她却惊呆了。吃饭的时候，海伦从一个人身边跑向另一个人，检查家里每个人的盘子里有什么吃的，抓到了就往嘴里塞。凯勒夫妇怜悯海伦，便让她随心所欲，独往独来，在她哭叫的时候又显得极为苦恼。如果海伦得不到想要的东西，她就会大发脾气。她对不能清楚地表达自己的想法很灰心，久而久之，脾气就变得越来越差了。凯勒家的仆人温妮告诉沙利文说，为了让海伦完成平日里该做的大多数事情，如梳理头发或系鞋带等，非得采取强制措施才行。

沙利文马上意识到这种放任自流的态度有百害而无一利，她认为家人的这种态度是海伦的最大障碍。沙利文打定主意，要教会海伦以文明的方式行事。不过，她也敏锐地感觉到，事实上在凯勒全家人的心目中，她还是个新来乍到的人。她知道，要改变这一切，非得循序渐进才行，要想在不引起这家人反感的情况下取得成功，手段也必须圆熟巧妙。沙利文明白，驯服这个受她管教的人是一项挑战，但她也从海伦的身上看到了巨大的

希望。

沙利文的重大挑战是在她到达这里几天后在早餐桌上出现的。像往常一样,海伦仍旧围着桌子转来转去,用双手摸每人的盘子,检查里面有什么食物,而且想吃什么就抓什么。没有人对这种扰乱行为提出异议,全家没一个人理她,该说什么还说什么。海伦试图从沙利文的盘子里拿吃的,可老师把她的手推开了。海伦沉着脸,生气地拧沙利文的胳膊。沙利文随即抽了一下海伦的手,海伦立刻用怪嗓尖叫着,抓起沙利文的盘子,为此,她的手又被狠狠地打了一下。全家人都惊恐地看着。最后,凯勒夫人默不作声地站起身来,离开了餐室。其他人也跟着她鱼贯而出。等他们出去之后,沙利文锁上屋门,屋里只剩下她和海伦两个人。

沙利文一点儿胃口也没了,但她强迫自己继续吃饭。海伦躺在地上,一边尖叫,一边蹬腿,还使出全身的力气,想把沙利文的椅子从桌子旁边拉走。她拉不动椅子,便不再叫喊,而是站起来,想弄清沙利文在干什么。她发现沙利文还在吃饭,便再次伸手抓她老师的食物。"啪"的一声,沙利文又朝她的手上狠狠地打了一下。海伦发现屋里没有别人,便回到自己的座位上,用手开始吃自己的食物。接着,沙利文在海伦的手里放了一把勺子,并舀了一满勺食物。海伦把勺子猛地朝屋子另一边扔去,食物飞向空中。沙利文从椅子上拉起海伦,把这个浑身抽动的姑娘揪到勺子落下的地方。沙利文迫她捡起勺子,然后把一边挣扎、一边号哭的海伦拖到她的椅子上,让她坐好,并试图把一勺食物塞到她的嘴里。沙利文把勺子一次一次地按到海伦手里,勺子一次次地掉在地上,直到海伦的饥饿感最终压倒她的倔脾气,勺子才留在了她的手中。她终于开始把食物拔进自己的嘴里。她变得筋疲力尽,于是安安静静地吃完了早饭。但战斗并没有结束。

沙利文手把手地教海伦怎样叠围裙和怎样放到桌子上。但是,亚麻围裙每递给海伦一次,她就扔到地上一次。沙利文又采用早些时候的战略,决不退后一步,直到海伦最终退却,把围裙叠好并放在桌子上。沙利文知道战斗仍未结束,但她觉得她已经赢得了第一个回合。

后来,沙利文在给珀金斯学院的教师和她多年的好友索菲娅·霍普金

斯的信中这样写道:“我想,在这个小女孩掌握我能教给她的两个要点——服从和爱——之前,我和她还会有很多次这样的交锋。”

到这时,海伦已经把安妮·沙利文视为一个稀奇古怪的对手,她觉得自己已经开始了一场隐蔽的战争,便瞅准机会将沙利文锁在她的房间里并藏起了钥匙。为了让沙利文能从房间里出来,凯勒上校不得不在窗子下面竖起一架梯子。沙利文明白,她和海伦必有一次心灵的碰撞。为了维护作为海伦的老师所应有的地位,沙利文提出她和海伦应单独到住宅附近的小屋里住两个星期。海伦的父母认为这项安排不会产生好的效果,但他们生怕失去海伦的这位老师,便很不情愿地同意了这项计划。

在住进小屋以后的前两个小时里,战斗始终没有停止过,海伦不是踢就是叫,不到筋疲力尽决不罢休。沙利文后来对当时的情景做了描述:“我从没见过一个孩子竟有那么大的力气和耐性。但是,对于我们两人来说,幸运的是交锋开始后,我要略微强大一点,更执著一点。”

海伦·凯勒是在1880年6月27日出生的,但后来她说,安妮·沙利文到她家来的那一天“是我灵魂的诞生之日”。海伦在沙利文到来之前一直被禁锢在似乎是无法摆脱的束缚之中,是沙利文把她从中解救了出来。学生和老师,即以尊严和仁慈,依靠内心的坚强信心,战胜人体的缺陷,超越那个时期社会所提出的某些要求,携手前进,去为全世界树立了一个最出名的活样板。

父母应该知道的事儿

商型孩子执著和沉溺于内心的意念,对于外在世界往往并不在意,有时显得很温顺,有时显得很荒唐,不管他人的想法,去做他内心愿意做的事。

丰富的内心世界

情商型孩子天性浪漫,情感奔放,多愁善感,因此感情上又特别脆弱,容易受伤。

一个有成就的艺术家,并非都是独具才能或掌握了精湛艺术,而是

因为

他有比一般人更强烈的感情，又能将自己的感情传达给别人。正如著名画家李可染先生所说：艺术家应该是一个“多情善感”的人。

是的，很难想象一个对生活冷漠的人，对生活毫无兴趣，对事物毫无感情的人，能成为一个好的艺术家。

这种表面看不见的潜在的精神上和心理上的素质，对于有志从艺的孩子来说，也具有同等重要的意义。许多有成就的前辈曾多次告诫我们，在培养孩子各种绘画技艺的同时，要用敏锐的眼光发现，并异常重视这种宝贵的创作上的内在素质的培植。

儿童画家卜镝在童年的创作能突破他狭窄的生活面与他思维的时空界限，除让他学习一般儿童应该学习的表现技巧之外，还与他的父母特别重视他的精神素质培养有关，这样做的结果是提高了他对生活的感受力。

卜镝在9岁时，听了妈妈讲安徒生童话中《海的女儿》的故事后，画了一幅饱含感情的画。诗人柯岩看了这幅画后为之感动，她说：“从这幅画里重新找到了自己童年的梦，我不仅从画面上感到了那串串泪珠的热度，而且海的女儿那追求为人而终不可得的绝望与痛苦，使我几天都笼罩在深深的灰色的寂寞里。作为成人，我是完全懂得海的女儿宁愿化为泡沫的执著的追求的，而小小的卜镝几乎是泼彩的画法，又使我想起自己童年时无于海的女儿而顿足痛哭的情景。”

“卜镝，你画这幅画时哭了么?”柯岩问。

“哭完了一场画的。”卜镝答。

“就哭了一场么?”柯岩又接着问。

“不，一边画还一边哭呢，画完了就不哭了。”卜镝接连回答诗人的问话。

柯岩又接着说：“卜镝画完了就不哭了!多么可爱而又稚气的自信啊!他比小时候的我积极；哭完了之后立即行动起来，把人间的颜色送到海底去了。”

伟大的作品对人的心灵震撼和感情拨动的力量是巨大的。只有动人

的感情，才能产生动人的作品。

安徒生的故事太美了。卜镝向妈妈要来《安徒生童话集》自己读了起来。随着故事的情节，他时而开怀大笑，时而低声叹息，时而流泪，时而深思。最使他难忘的是卖火柴的女孩，她和自己差不多年纪，却没有欢乐的童年，在圣诞节之夜，蜷曲在路边被冻死了。她的愿望是多么简单：她只要一盆炉火，能烤烤她冻僵的双腿；她只要有一只烤鹅，能和所有的人一样过个圣诞节；她只要再看看亲爱的祖母，再得到她的爱抚……但是随着小小火柴的熄灭，这一切都消失了，什么也没有了，只剩下寒冷、黑暗、饥饿……

卜镝揉揉发红的眼睛，抬头看着周围的一切，窗外寒风怒号，室内却温暖如春，连棉衣都不用穿。雪白的灯光照着整齐的书柜、沙发和果盘里的大苹果，爸爸在案头看书，妈妈在厨房忙碌，一股股肉香不时飘进屋里，小妹妹正在翻看新买的画册，她的小脸蛋红彤彤的，和她的毛衣一样颜色……

卜镝看着，想着，一幅画的构思就诞生了，他赶紧四处找纸，尽快把这张画画下来。可是不巧，裁好的纸都用完了。怎么办？他忽然看见父亲身边有几张蓝色的卡片纸，“对，就用这个画。”

灰蓝的纸成了夜空的底色，画的下部是白雪覆盖的田野、城市和村庄，卜镝在空中画了一辆飞驰的鹿橇，上面坐着他和妹妹卜桦，身边还有一袋丰盛的礼物，是送给卖火柴的小姑娘的，有面包、香肠、苹果，还有奶奶的大皮袄。飞奔的鹿撒开四蹄，疾驰的车掠过月亮，可卜镝还嫌它慢：“小鹿，你快跑，快快地跑，千万别让她的火柴燃尽了……”

画完了画，卜镝才舒了一口气，好像是完成了一件大事，他似乎看见卖火柴的小女孩穿上了大皮袄，脸上露出了微笑。

卜镝的性格与妹妹不同，他平时不太爱讲话，尤其是在生人面前，显得格外腼腆，只会憨厚地一笑。因此，许多人初次与他见面时竟然以为他是个女孩。

比他小两岁的妹妹恰恰相反，妹妹在幼儿园时就能绘声绘色地复述出老师讲的故事，家里来了客人，她能主动打招呼，给客人拿糖送茶；假如两

个人一起上街或办事，总是妹妹讲得细致，叙述得生动。就是两个人吵起架来，妹妹的小嘴像连珠炮似的说个不停，哥哥总是说不过妹妹。

然而尽管卜镝不善于用语言表达自己的感情，但他的内心世界却是非常丰富的，他更善于用形象表达小小心灵的爱。

卜镝7岁时看了罗马尼亚影片《波隆贝斯库》，影片的结尾是年轻的音乐家被疾病、宗教分歧摧残致死，他难过地哭了。

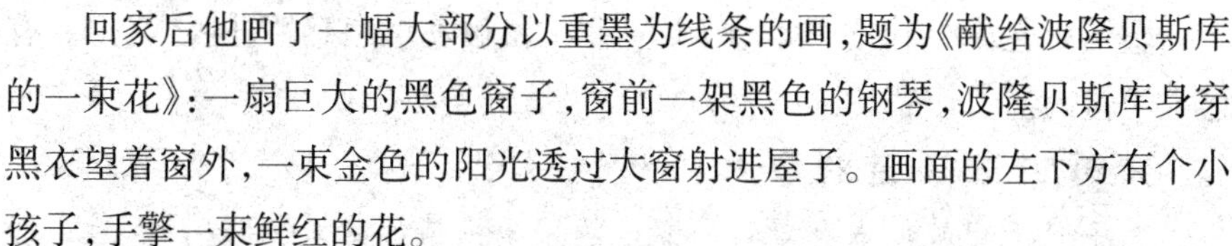

回家后他画了一幅大部分以重墨为线条的画，题为《献给波隆贝斯库的一束花》：一扇巨大的黑色窗子，窗前一架黑色的钢琴，波隆贝斯库身穿黑衣望着窗外，一束金色的阳光透过大窗射进屋子。画面的左下方有个小孩子，手擎一束鲜红的花。

电影中的孩子是个身穿沙裙的小姑娘，卜镝在这幅画里却画了个小男孩。也许这就是卜镝自己吧。记者袁莉莉在介绍卜镝创作的文中写道："凡是看过这幅画的人都立刻为小作者深情的笔调所感动，他是那样地同情这位早逝的天才音乐家。"

卜镝8岁时看了印度电影《流浪者》，主人公拉兹在少年时曾一度误入歧途，当他认识了美丽善良的少女丽达时，便弃暗投明，一心踏上真正的人生，但那不公平的社会又使他美好的追求一个一个地破灭，经历了种种痛苦的遭遇。

卜镝边看边流泪，回家后，他的美术日记不是简单地记述影片中的自然情节或某些段落，而是反映了小作者强烈的爱和憎，他画了一幅体现拉兹和丽达理想追求和美好愿望的《拉兹的梦》。画面上云雾缭绕，琼楼玉宇，到处都是鲜花，一对幸福的恋人——拉兹和丽达并肩挽手奔向那闪光的未来。

电视剧《响铃公主》讲的是王爷的女儿响铃公主爱上了自幼青梅竹马的青年猎人刘刚，由于门第悬殊，狠毒的王爷设计害死了刘刚，痴情的公主最后以死殉情。

卜镝边看电视，边画人物速写，边流泪。为什么好人总是要死呢？不，我要让他们活下去，活在我的画中。

这次他用了一张长方的纸，在一边画了美丽的响铃公主，另一边画了勇敢的猎人刘刚，周围用几组小画表现了他们儿时欢乐嬉戏的场面和他们之间纯真的爱情。他在画的下面写道：“响铃公主和刘刚叔叔，狠心的王爷把你们杀害了，但我永远让你们活在我的画中。”

人类最能震撼心灵的是感情，感情的表露是所有方式中最有力的因素。

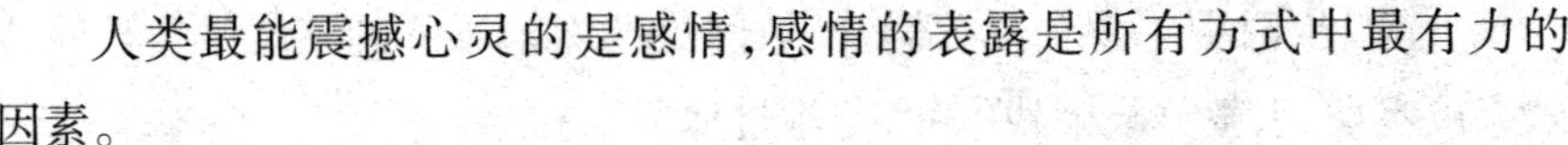

感情是艺术创作之母，点燃生活火花和触发炽烈感情，随之产生具有感人力量的艺术作品。

父母应该知道的事儿

孩子对于超越他本身年龄的深沉的人生感情的体验，往往是通过人类长期积累起来的精神财富——伟大的艺术作品作为媒介的。

三、情商教育让孩子受用一生

作为天才的情商型孩子,他们的作品具有异乎寻常的特质。他们执著于内心的意念,他们往往具有视通万里的直觉,有一种常人所无法理解的智慧,为了捍卫内心的意念。他们完全切断与外面的沟通,全身心进入内心世界时,人们会认为他们行为怪异,其实这是他们保护真正自我的一种智慧。

情商教育对孩子一生的影响

傅聪在波兰肖邦音乐大赛中取得骄人成绩后,他的父亲傅雷曾对傅聪的成长过程分析道:

傅聪3岁到4岁的时候,站在小凳上,头刚好伸到和我的书桌一样高的时候,就爱听古典音乐。只要收音机或唱机上放送西洋乐曲,不论是声乐还是器乐,也不论是哪一乐派的作品,他都安安静静地听着,时间久了也不会吵闹或是打瞌睡。我看了心里想:不管他将来学哪一科,能有一个艺术园地耕种,他一辈子都受用不尽。我有了这种想法后,在傅聪9岁半时,进小学四年级的秋天,就让他开始学钢琴。

过了一年多,由于孩子学习进度的快速,不能不减轻他的负担,我便把他从小学撤回。这并非说我那时已决定让他专学音乐,只是认为小学的课程和钢琴学习可能在家里结合会更好。傅聪到14岁时,花在文史和别的学科上的时间,比花在琴上的更多。并且另外请了老师,教授英文、代数、几何等。国文的教学主要由我自己掌握:从孔、孟、先秦诸子、《战国策》、《左

传》、《晏子春秋》、《史记》、《汉书》、《世说新语》等为上选材料，以富有伦理观念与哲理气息兼有趣味性的故事、寓言、史实为主，以古典诗歌与纯文艺的散文为辅。用意是要把语文知识、道德观念和文艺熏陶结合在一起。我还记得着重向他指出，“民可使由之，不可使知之”的专制政论的荒谬，也强调“左右皆日不可，勿听；诸大夫皆曰不可，勿听；国人皆曰不可，然后察之”一类的民主思想，“富贵不能淫，贫贱不能移，威武不能屈”那种有关操守的教训，以及“吾日三省吾身”，“人而无信，不知其可也”，“三人行，必有吾师”等的生活作风。教学方法是从来不直接讲解，而是叫孩子事前准备，自己先讲，不了解的文义，只用旁敲侧击的言语指引他，让他自己找出正确的答案来，误解的地方也不直接改正，而是向他提许多问题，使他自动发觉他的矛盾。目的是培养孩子的思考能力与基本逻辑。不过这方法也是有条件的，在悟性较差，智力发展较迟的孩子身上就行不通。

“在这种客观条件之下，傅聪经过不少挫折而还能有些小成绩，在初次去波兰时得到国外音乐界的赞许，据我分析，有这么几点原因。

第一，他对音乐的热爱和对艺术的严肃态度，不但始终如一，还随着年龄而剧增，从而加强了他的学习意志，不断地对自己提出严格要求。无论到哪儿，他一看到琴就坐下来，一听到音乐就把什么都忘了。

第二，1951~1952这两年正是他的艺术心灵开始成熟的时期，而正好他又下了很大的苦功。睡在床上往往还在推敲乐曲的章节句读，斟酌表达的方式，或是背乐谱；有时竟会废寝忘食。手指弹痛了，指尖上包着橡皮膏再弹。1954年冬，波兰女钢琴家斯门齐安卡到上海，告诉我傅聪常常十个手指都包了橡皮膏登台。

第三，自幼培养的独立思考与注重逻辑的习惯，终于起了作用，使他后来虽无良师指导，也能够很有自信地单独摸索，而居然不曾误入歧途——这一点直到他在罗马尼亚比赛有了成绩，我才得到证实，放了心。

第四，他在十二三岁以前所接触和欣赏的音乐，已不限于钢琴乐曲，而是包括各种不同的体裁、不同的风格，所以他的音乐视野比较宽广。

第五，他不用大人怎样鼓励，从小就喜欢诗歌、小说、戏剧、绘画，并对

一切美的事物美的风景都有强烈的感受，使他对音乐能从整个艺术的意境，而不限于音乐的意境去体会，补偿了我们音乐传统的不足。不用说，他感情的成熟比一般孩子早得多。我素来主张艺术家的理智必须与感情平衡，对傅聪尤其注意这一点，所以在他14岁以前只给他念田园诗、叙事诗与不太伤感的抒情诗；但他私下偷看了我的藏书，不到15岁已经醉心于罗曼蒂克文艺，把南唐后主的词偷偷地背给他弟弟听了。

第六，我来往的朋友包括各种职业，医生、律师、工程师、科学家、音乐家、画家、作家、记者都有，谈的话题非常广泛；偏偏孩子从七八岁起专爱躲在客厅门后窃听大人谈话，挥之不去，去而复来，无形中表现出他多方面的好奇心，而平日的所见所闻也加强和扩大了他的好奇心。

家庭中的艺术气氛，关注社会上大小问题的习惯，孩子在成年累月的浸润之下，对他的成长不能说没有影响。”

可以说，作为钢琴演奏天才，傅聪的成功，在某种程度上是必然的。

父母应该知道的事儿

当情商型孩子由默默无闻变得光彩万丈时，会让人感到惊奇万分，其实这都是有迹可寻的，这是他们热爱艺术，刻苦学习，见识广博的结果。

引导孩子成长要注意“寻根”

在参加肖邦音乐比赛前，傅聪弹的肖邦乐曲已被波兰教授们认为“赋有肖邦的灵魂”，甚至说他是“一个中国籍的波兰人”。比赛期间，评判员中巴西的女钢琴家，70岁高龄的塔里番洛夫人对傅聪说：“你有很大的才能，真正的音乐才能。除了非常敏感以外，你还有热烈的、慷慨激昂的气质，悲壮的情感，异乎寻常的精致、微妙的色觉，还有最难得的一点，就是少有的细腻与高雅的意境，特别像在你的“玛祖卡”中表现的。我历任第二、三、四届的评判员、从未听见这样天才式的玛祖卡。这是有历史意义的：“一个中国人创造了真正的玛祖卡的表达风格。”英国的评判员路易士·坎忒纳对他自己的学生们说：“傅聪的玛祖卡真是奇妙，在我听来简直是一个梦，不能相信真有其事。我无法想象那么多的层次，那么典雅，又有那么好的节奏，

典型的波兰玛祖卡节奏。”意大利评判员。钢琴家阿高斯蒂教授对傅聪说：“只有古老的文明才能给你那么多难得的天赋，肖邦的意境很像中国艺术的意境。”

这位意大利教授的评语，无意中解答了大家心中的一个谜。

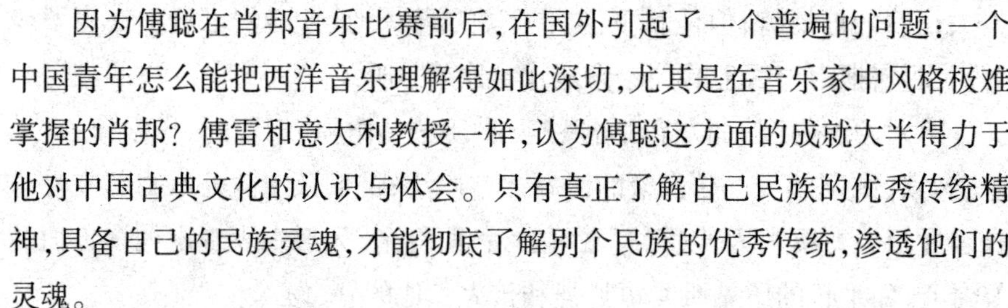

因为傅聪在肖邦音乐比赛前后，在国外引起了一个普遍的问题：一个中国青年怎么能把西洋音乐理解得如此深切，尤其是在音乐家中风格极难掌握的肖邦？傅雷和意大利教授一样，认为傅聪这方面的成就大半得力于他对中国古典文化的认识与体会。只有真正了解自己民族的优秀传统精神，具备自己的民族灵魂，才能彻底了解别个民族的优秀传统，渗透他们的灵魂。

1956年3月间南斯拉夫的报刊《POLITIKA》以《钢琴诗人》为题，评论傅聪在南国京城演奏莫扎特与肖邦的两支钢琴协奏曲时，也说：“很久以来，我们没有听到变化这样多的触键，使钢琴能显出最微妙的层次的音质。在傅聪的思想与实践中间，在他对于音乐的深刻的理解中间，有一股灵感，达到了纯粹的诗的境界。傅聪的演奏艺术，是从中国艺术传统的高度明确性脱胎出来的。他在琴上表达的诗意，不就是中国古诗的特殊面目之一吗？他镂刻细节的手腕，不是使我们想起中国画册上的画吗？”的确，中国艺术最大的特色，是从诗歌到绘画到戏剧，都讲究乐而不淫，哀而不怨，雍容有度；讲究典雅、自然，反对装腔作势和过火的恶趣，反对无目的地炫耀技巧。而这些也是世界一切高级艺术共同的准则。

傅聪在自己谈到这个问题时说：“我觉得，肖邦就好像是我的命运，我天生的气质，就好像肖邦就是我。我的感觉是这样，你知道吗？我弹他的音乐，就觉得好像我自己很自然地在说我自己的话。而德彪西是我的文化在说话，我弹德彪西的时候，我觉得感情最放松，因为他的音乐的根是东方的文化，他的美学是东方的东西，他跟其他作曲家是完全不一样的。很奇怪，德彪西是最能够做到一个能入能出的境界，那就是中国文化的这个美学上一直在追求的东西，而且他有这个‘无我之境’，就是‘寒波淡淡起，白鸟悠悠下’那种境界，德彪西里头全是那种境界。所以，我弹德彪西的时

候,最不紧张,最放松,这也就是因为我的文化在说话。我的文化就不是一个小我,而是一个大我,我就没有了,这样的话,我就可以……'听无音之音者为聪'!这个无音之音就是德彪西里头充满了无音之音——整个地来讲,所有的音乐都有很多无音之音,要听得到无音之音的人才,才懂音乐,才真正懂音乐。还有莫扎特,莫扎特是什么呢?那是我的理想,就是我的理想世界在说话。所以,莫扎特对于我来讲,我觉得还有过犹不及的缺陷。因为他是我追求的理想。欧洲人说他有希腊精神,因为他是那么的健康。

我爸爸的《家书》里有一篇他自己写的《音乐笔记》,他寄给我的一篇是《关于莫扎特》,一篇是《什么叫做古典的》。这个《音乐笔记》很有意思,他就讲到莫扎特,古典的——古典不是古板,不是道学家,相反,古典是健康的,是自然而然的,完全是天人合一的,这个才是古典。这个比文化还要高,泥土气还要重,天生一朵花就那么长,这个才是真正的理想世界。舒伯特是另外一回事情了。我总是说舒伯特像陶渊明,舒伯特的境界里头有一些我觉得就像中国知识分子尤其是文人传统上特有的那种对人生的感慨。这个也是舒伯特所特有的东西其他欧洲音乐家很少有这个东西的。他那种诗意跟肖邦完全不一样,肖邦他就像李后主的词,那是生死之痛,家国之恨,而不是陶渊明的那种。像陶渊明关于生死的那些诗,有一种哲学意味的对人生的感慨,这个也是中国文人的传统,在文化上也是达到了很高的境界的。"

傅雷本人音乐鉴赏水平很高,但并非音乐演奏家,可他有意识地培养傅聪的音乐才能。他请过多名钢琴家做傅聪的老师,傅聪的成功除了自身因素之外,与各国多名钢琴家的指导和训练是分不开的。

父母应该知道的事儿

作为天才的情商型孩子,他们的作品具有异乎寻常的特质,往往让人难以理解,感觉不像是人脑所能产生出来的东西。天才的作品与文明、社会、民族这种大环境相关,并且是它们的结晶。

父母是孩子的保护伞和过滤器

傅聪的成才是与他父亲傅雷的教育密不可分的。傅雷很早就发现在孩子幼小的身心中,有成为音乐家的素质,便首先在家中由父母亲自担当起教育的责任,并在最基础的文化教育中,环绕着音乐教育这个中心。正如傅雷在对己、对人、对工作、对生活的各方面都要求认真、严肃、一丝不苟的精神一样,他对待幼小的孩子也是十分严格的。很少看到他同孩子嬉戏逗乐,也不见他对孩子的调皮淘气行为表示过欣赏。他亲自编制教材,给孩子订定日课,以身作则,亲自督促,严格执行。孩子在父亲的面前,总是小心翼翼,不敢有所任性,只有当父亲出门的时候,才敢大声笑闹,恣情玩乐。他规定孩子应该怎样说话,怎样行动,做什么,吃什么,不能有所逾越。比如每天同桌进餐,他就注意孩子坐得是否端正,手肘靠在桌边的姿势是否妨碍了同席的人,饭菜咀嚼是否发出丧失礼貌的咀嚼声。甚至因傅聪不爱吃青菜,专拣肉食,又不听父亲的警告,就罚他只吃白饭,不许吃菜。孩子学习语文,父亲却只准他使用铅笔、蘸水钢笔和毛笔,不许用当时在小学生中已经流行的自来水笔。

有的人对幼童的教育,主张任其自然而因势利导,像傅雷那样的严格施教,是有些"残酷"的。但是大器之成,有待雕琢,在傅聪长大成材的道路上,我们可以看到作为父亲的傅雷所灌注的心血。

其次,艺术环境也很重要,没有专业训练,艺术上出类拔萃也是不可能的。9岁半时,傅聪跟了前上海交响乐队的创办人兼指挥,意大利钢琴家梅·百器先生,他是19世纪大钢琴家李斯特的再传弟子。傅聪在国内所受的唯一严格的钢琴训练,就是在梅·百器先生门下的3年。

1946年8月,梅·百器离世。傅聪换了几个教师,没有遇到合适的。教师们也觉得他是个问题儿童,同时也很不用功,而喜爱音乐的热情并未稍减。从他开始学琴起,每次因为他练琴不努力而被他父亲锁上琴,叫他不

必再学的时候，每次他都对着琴哭得很伤心。1948年，他正课不交卷，私下却乱弹高深的作品，以致杨嘉仁先生也觉得无法教下去了；他父亲便要他改受正规教育，让他以同等学历考入高中（大同附中）。他父亲一向有个成见，认为一个不上不下的空头艺术家最要不得，还不如安分守己学一门实科，对社会多少还能有所贡献。不久他们全家去昆明，孩子进了昆明的粤秀中学。1950年秋，他又自作主张，以同等学历考入云南大学外文系一年级。这期间，他的钢琴学习完全停顿，只偶尔为当地的合唱队担任伴奏。

可是他学音乐的念头并没有放弃，昆明的青年朋友们也觉得他长此蹉跎太可惜，劝他回家。1951年初夏他便离开云大，只身回上海（他父亲及其他家人是1949年先回的），跟苏联籍的女钢琴家勃隆斯丹夫人学了一年。那时（傅聪17岁）他父亲才肯定傅聪可以专攻音乐。因为他能刻苦用功，在琴上每天练习七八个小时，就是酷暑天气，衣裤尽湿，也不稍休；而他对音乐的理解也显出有独到之处。除了琴，那个时期他还另跟老师念英国文学，自己阅读了不少政治理论的书籍。1952年夏，勃隆斯丹夫人去了加拿大。从此到1954年8月，傅聪又没有钢琴老师了，只能靠自学前进。

天才的闪光不只需要刻苦精进的个性、家庭和艺术的环境，同时还需要适时的机遇。

1953年夏天，政府给了他一个难得的机会：经过选拔，派他到罗马尼亚去参加"第四届国际青年与学生和平友好联欢节"的钢琴比赛；接着又随我们的艺术代表团去民主德国与波兰作访问演出。他表演肖邦的乐曲，受到波兰肖邦专家们的重视；波兰政府向中国政府正式提出，邀请傅聪参加1955年2月至3月举行的"第五届肖邦国际钢琴比赛"。1954年8月，傅聪由政府正式派往波兰，由波兰的老教授杰维埃茨基亲自指导，准备比赛节目。比赛结束后，政府为了进一步培养他，让他继续留在波兰学习。

在艺术成长的重要关头，遇到全国解放、政府重视文艺、大力培养人才的伟大时代，不能不说是傅聪莫大的幸运。波兰政府与音乐界热情的帮助，更是促成傅聪走上艺术大道的重要因素。

父母应该知道的事儿

一个天才的情商型孩子既与他特异的气质相关，也与特殊机遇相关，还与社会环境、艺术环境相关，其中家庭环境是最重要的。

天才的境界和高度

从外表看上去，天才和白痴都显得与常人很隔阂，双方很难交流沟通，理解对方。但天才是因其内心异常丰富，境界异常高远而异于常人。他们好像是由特殊材料制成的生命，有一种特异功能。

芭蕾舞最初原是男性的天下，直到法国路易十四胖得跳不动之时，才起用女舞手。从此，男舞手变成陪衬。而尼金斯基的升起，刷新了男性舞者的角色，他被誉为“舞蹈之神”、“最伟大的男性舞蹈家”。他的技巧，他的演绎，以及他对性格的塑造集中表现了他的天才。据说，他根本否定了地心引力，因为他下降时的速度比他上升时更为缓慢。他能以最轻盈最动人的技巧跳出最难的舞步。

伊丽莎白·贺雪编的《巴黎每日志》一书中1919年5月18日记载的正是俄国芭蕾舞团演出的盛况。部长、大使、艺术家、批评家、漂亮的妇女，以及一大堆故作高雅的人们，聚集一堂。当时的舞星有：芭芙洛娃，卡莎维娜，艾达·露彬斯坦和尼金斯基。

谈到尼金斯基，H·拉费丹在《Ltillustration》里头写道：“他是什么做成的？他是空心的吗？他有没有躯干？有没有骨头？当他极轻微地用力，离开地面，你会去找寻一块他似乎是靠它才腾起来的跳板。你看他跳跃，上升，停在他的弹线的顶点上达几秒钟，悬着不动，在一种倾斜的延续中，双脚和膝盖夹在一起。他以他的演技，给我们带来了可爱又繁多的形象……这一切确实是惊人的！”诺爱丽伯爵夫人描写尼金斯基时说：“没有看过他的人，永远无法知道青春的力量……”很多观众都离开座位，涌到后台的两翼，只为了看他的一个退场的飞跃动作。“很超卓的，尼金斯基的变形是潜

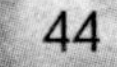

意识的，我觉得这事实上是他的天才的印证。”班诺伊斯也这样说。对这种令人难于置信的飞跃，尼金斯基的回答是：“不！不！不难！你只要跳起来，再向上一冲就行。”此外，他能够把自己全部融入到他所饰演的角色中。

父母应该知道的事儿

尼金斯基就是这样一个奇异的人，对于他来说不难甚至自然而然的事，常人却怎么努力也做不到。将人的能力发挥到顶点的人，这是人才，而超越人的限度，进入人才所无法逾越的境界和高度的，就是天才，这种奇迹的产生，是一个看不见的世界在帮助他，是“神”在点化他。

其实我们未必了解孩子

1913年，尼金斯基与一位匈牙利贵族的女儿结婚。

在他们婚后的五年中，生活紧张混乱。尼金斯基的妻子是匈牙利人，而当时匈牙利和俄国正在进行战争。他们迁到布达佩斯，住在她的家里。隔年的岁月，也尽是怨恨，她亲戚想强迫她和尼金斯基离婚。英国青年作家及思想家哥林·威尔逊认为：尼金斯基是神和孩子的结合体，他妻子对他孩子的一面很是了解，而对他神的一面却是一无所知。尼金斯基自组的舞团和他的新芭蕾舞在纽约有个舞季，可是他们有数不尽的困难和苦恼必须克服。尼金斯基没有做生意的才干。这位被形容有“一张沉思中的佛、埃及雕像的面容”的舞蹈家，气质秉性极为内向，这些无尽的人间琐事，把他搞得极为紧张，而且他背负时代的战火，时常为死去兵士的幻影所困扰。

1917年12月，他们移居圣·摩里兹，这时他们已经有一个孩子。尼金斯基这时在编一个新的芭蕾舞，同时也开始阅读许多书籍。他经常和妻子去滑雪、远足、滑水。他也开始写日记，写出他对一般事物的看法，也常常练习绘画的技巧。他结识了一位托尔斯泰专家，因而兴起隐居的念头，想放弃舞蹈，归隐在俄国的一个小农庄里，或者是一家寺院。他的妻子对他已经感到不耐烦，对他所想的一切都没有什么认同。可是，尼金斯基还是思想着托尔斯泰、陀斯妥也夫斯基和尼采。一个星期天，一个年轻的仆人告诉尼金斯基夫人说她的丈夫站在村中的一条路上，身上挂着一个十字

架，频问过路者有没有上教堂。那人小时候见过尼采，他还告诉夫人说："尼采先生被带走以前，也经常是这样的。"尼金斯基夫人去请教一个精神病专家，别的征象也出现了。他的房里挂满了画，全是红色和黑色的，像染满了血的停尸房。"他们是死兵的脸，"他告诉他的妻子，"那是战争……"

他有两次以凶暴的态度对待她。她写道："他像是个陌生的人。"后来便是他"和神结婚"的事件。他也曾受邀去跳舞。在许许多多观众之前，他站着不动，凝视观众近半个钟头。他妻子写道："观众就像被催眠了。"最后，他告诉观众："我要为你们舞出战争，舞出战争带来的痛苦和死亡……你们没有尽什么力来防止这场战争，所以你们对它也应该负责。""他的手势都是伟大的。观众像是被弄呆了。"他跳出一种像毕加索的《基尼卡》那样的舞蹈。几个星期后，在苏黎士的一个精神病专家跟他的妻子说："你该勇敢起来，你的丈夫已经不可医治地疯了。"

同一天，她的父母抵达苏黎士。当他们得知尼金斯基发疯的消息后，就等到女儿离开旅馆，然后召警察带走了"那个疯子"。从此，这位舞蹈奇才完全沉入他个人的世界里，再也没有回转过来。在以后的岁月中，在不同的疗养院内，他一直看着天空，从不回答一个问题，对什么都不感兴趣。他卸下一切责任、爱、恨、眼泪和欢欣，永久地隐去了。1950年4月8日，他死在伦敦的一家医院里。

哲学家尼采、诗人荷乐德林都是以疯狂的形式保护了真正内心的那个自我意念。

父母应该知道的事儿

情商型孩子执著于内心的意念，他们往往具有视通万里的直觉，有一种常人所无法理解的智慧。为了捍卫内心的意念，他们完全切断与外面的沟通，全身心地进入内心世界时，人们会认为他疯了，其实这是他们保护真正自我的一种智慧。

关注、学习和交流很重要

小诗人任寰上学后，就开始背古典诗歌，和三年级的哥哥一块儿背，哥

哥还没背会，她就先背会了。她的父母鼓励了她，她就更有兴趣了，以后一天背一首。

她开始写诗了，当她的父母发现了孩子对写作有着浓厚的兴趣之后，她爸爸便开始对她有意识地引导。

培养孩子学会观察和思考，这是成材的重要一环。

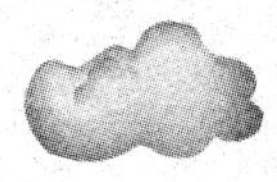

许多伟大的科学家、文学家都讲过观察和思考的意义，爱因斯坦说："发展独立思考和独立判断的一般能力，应当始终放在首位。"爱迪生说："不下

决心培养思考习惯的人，便失去了生活中的最大乐趣。"心理学家认为：观察是有意识的感知，观察能力是人的智力结构中的"触角"，人的智力发展，均从感知——观察开始。要想当作家，首先要学会观察。

任寰的不幸也带给了她好处。她从小患过敏性哮喘，病一发作，气就喘不过来，说不出话。这使她从小不爱说话。多次住院，打吊瓶、输氧，她也不能多说话。这种生活，使她自然形成了善于用眼睛观察、用耳朵听话的特点。她见到那么多人，一双眼睛盯着看，像摄像机似的，都印进心里。耳朵像录音机，把人们说的话都记住了。

任寰爱好写作，她爸爸从作家的体会上教她自觉地学会观察和思考，发展她的观察和思考的能力，教育她学写日记。上学后不久，就给她讲观察的重要，给了她一个巴掌大的小本本，让她学观察，记日记。她从7岁就开始写日记了。这是培养观察和思考能力的最好方法。孩子到了二年级，她爸爸就有意识地教她描写大自然的各种景物的变化，三年级以后，就叫她注意观察人物、观察人的心理，进而观察思考社会和人生。

请看《10岁女孩任寰诗文选》这本书吧。这就是她观察生活、思考生活的结晶。她把自己的文章题为《我对世界说》。这里边有她的观察手记，有人物速写。她已把她周围的人、同学，都写成了速写像。

著名诗歌评论家谢冕称赞任寰的特点是具有思辨性。对社会、对人生的思考，比我们想得多，是这一代孩子的特点。这种优点要发展，就要鼓励孩子遇事问个为什么，不要嫌烦而不回答他们，而是要启发他们自己去

思考。

宋代大诗人陆游云“汝果欲学诗，功夫在诗外”，我们不是教她写诗的具体方法、技巧，而是着重在诗外教育她学会认识人生、社会，要有诗人的真诚，要有优秀的品格。

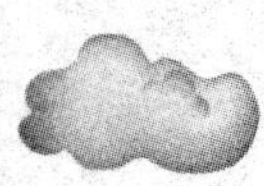

要引导孩子广泛地接触生活，向生活、向大自然学习。要努力让孩子扩大眼界，多学活的知识。这样，就能启发他多思考问题，多观察事物的特点，培养想象的能力。

父母应该知道的事儿

情商型孩子的观察力与思考能力是越练越强的。那些循规蹈矩、不善于独立思考、死板的孩子，可能在课本学习上分数高，但长大以后缺乏创造性，难以成材。

四、小事儿也是大事情

天才情商型孩子的学习靠的是直觉,形象的力量,以内在的灵魂去感触世界,了解世界,创造新的艺术。情商型孩子总是沉浸于他的艺术之中,现实生活只是为了肉体的存在,他的艺术是至高无上的存在,呈现着自我的独特光辉,是他内在灵魂的体现。

关心不够的父母就是渎职

6岁的海伦·凯勒用拳头在安妮·沙利文的嘴上留下了印记,这位年方20的老师有两颗门牙被打落在小屋的地上。她给嘴做了做冷敷,想起在到来之前,她曾觉得自己的这个新学生应该是个面庞清秀、皮肤白皙、腼腆害羞的孩子。这种想法当然是错的,但她绝不会因此而放弃这个年幼的学生。沙利文从离这儿1000多英里的地方跑来,就是为了教育这个从1岁零7个月时起就双目失明、两耳失聪和不会说话的孩子。沙利文对身遭不幸的孩子并不陌生,她不打算因为两颗门牙落地就打点行装,一走了之。

海伦是个任性的孩子。她碰上安妮·沙利文,算是遇到了对手,虽然她当时并没有意识到这一点。海伦听不见看不着,还是个哑巴(当时人们都这么称呼没有说话能力的人),可她并不愚笨。身体上的各种缺陷让她感到灰心丧气,所以随着年龄的增长,她的行为举止越来越不成样子。有一次,她把她妈妈锁在储藏室里关了好几个小时,她把身体靠在门上,体会着她妈妈撞门时产生的颤动感,高兴地笑着。搞这种恶作剧没有聪明的脑瓜是不行的,但海伦后来曾说,她的生命是个"没有希望,没有期盼,没有惊

奇、信仰或欢乐的存在，仅此而已。”她把自己描绘成“一个生活在地狱中的幽灵”，只有触觉和对振动及气味的感觉，是一个被禁锢在绝望世界中的囚徒。

凯勒先生和夫人对无法帮助海伦深感愧疚，便把安妮·沙利文请来担任他们女儿的教师。1887年3月3日，凯勒夫人和她的继子詹姆斯去火车站接沙利文小姐。海伦觉察到那天家里有一种兴奋不安的气氛，只是不明白发生了什么事。当马车驶近凯勒家时，年轻的老师看到海伦站在门前的台阶上。这个女孩头发凌乱，衣服肮脏，黑色鞋子上系着白鞋带，这副模样深深地镌刻在安妮的记忆之中。尽管海伦外表邋遢，但沙利文注意到这个孩子还是很漂亮的。

马车停了，海伦冲下台阶，朝沙利文径直跑来。她那忙乱的手指在这位年轻妇女的脸上如饥似渴地来回摸着，想“看看”这个陌生人。沙利文试图亲吻海伦，可这孩子却使足力气，把沙利文一把推开，差点儿使她摔倒在地。海伦抓住沙利文的手包，在上面发疯似地摸来摸去，最后找到了钥匙孔。她用力拉着沙利文的袖口，打着手势，想让沙利文拧一下钥匙。

“她脑子肯定好使，人很聪明。”沙利文对凯勒夫人说。

“你真这么想?”凯特·凯勒满怀希望地答道。

以前几乎没人说过海伦聪明。事实上，亲戚们都把她描绘成一头该被赶走的野兽。海伦原是个正常的孩子，但在1岁零7个月的时候发过一场高烧。这场高烧损害了她的大脑，使她成了聋子和瞎子。没过多久，她就把婴儿时期说过的一些词语忘得一干二净了。

虽然凯勒夫妇帮不了女儿，但他们也不想把她送到教养所去。他们转而求助于安妮·沙利文，希望她能把海伦从内心深处的黑暗牢笼中解救出来。

当凯勒夫人在早春的那一天把沙利文带到她的房间时，海伦就跟在她们身后。海伦认为老师的手提包里肯定有食品，非要打开不可。沙利文意识到这个孩子饿了，便把她的新学生引到行李箱前，那里面有糖果。在海伦做出吃的动作时，她把海伦的一只手放在行李箱上，把另一只放在自己

的手上。海伦渴望和别人交流，所以自己编过一些手势语言。因此，她一下子就明白了这些手势的含义。沙利文把几块糖果给了海伦作为奖励。

正是因为沙利文满足了海伦那种渴望与别人交流的意愿，她才开掘出海伦内心的无限潜能。

父母应该知道的事儿

天才的情商型孩子在家庭和学校中会做出一些无理取闹、莫名其妙的行动，往往是因为家长和老师没有和不能对他们内心深层的需求给予满足。

持之以恒见成效

早在马萨诸塞州波士顿的珀金斯学院上学时，安妮·沙利文就掌握了手势语言。这种体系靠手指形状的变化来表示字母，是一位发誓绝不说话的特拉普派僧侣在西班牙发明的。一个又聋又瞎的人，可以在别人以一次比划一个字母的方式组合单词时，通过触摸他的手来读懂这些字母。沙利文和一个长期住在珀金斯学院的人很要好，这个人叫劳拉·布里奇曼，她从两岁起就成了双目失明的聋人。沙利文和她保持了毕生的友谊，通过这种联系，沙利文对聋、哑、盲人与众不同的世界有了深刻的了解。

珀金斯学院的学生曾让沙利文把他们自己做的一个布娃娃带给海伦作为礼物。吃过早饭后，沙利文便把这件礼品交给了孩子。海伦摸着这个布娃娃，脸上露出了愉快的神情。沙利文马上拉起海伦的一只手，拼出d-o-l-l（布娃娃）这几个字母。海伦被沙利文手指的触摸迷住了，脸上露出了某种认知过程正在发生的表情。为了强化这一讯息，沙利文用海伦自编的那种手势语告诉她可以留下这件东西。孩子知道后笑着把那只布娃娃抱在了怀里。沙利文随即又在海伦的手上把d-o-l-l拼了一遍。然后，她把自己的手掌伸给孩子。她惊奇地看到海伦纤细的手指在她的手上缓慢地拼出了d-o-l-l这4个字母。看到自己的学生做出了反应，沙利文有点儿得意。

两个星期来，沙利文不断地在让海伦在自己手上拼写字母。

虽然海伦顺从地在她的老师手上重复着单词的拼写，但对于她来说，做这些动作毫无意义。沙利文一直期望并为之祈祷的突破终于在1887年4月5日发生了：沙利文向珀金斯学院发出了如下报告：

今天早晨，她在洗脸时，想要知道“水”的名称。我拼出了w-a-t-e-r（水），就没再多想这件事，直到吃完早饭以后，我们出门来到抽水房。我让海伦把她的杯子放在出水龙头下面，我去压水。冷水冲出来，灌满了杯子，我随即在海伦的另一只手上拼出w-a-t-e-r。冷水冲到她的手上，她刚有感觉，“水”这个词就出来了。这好像让她吃了一惊。她扔掉杯子，一动不动地站着。她的脸放射出新的光彩。随后，她扑在地上，问它的名称，用手指指压水机和棚架，还突然转了一圈，问我的名字。我拼的是“老师”。

后来，海伦在她于1903年出版的自传《我的一生》中描述了当时的情景：“有人在抽水，我的老师把我的手放在出水龙头的下面。冷水从我手上冲过去，她立刻在我的另一只手上拼出‘水’这个词，先慢后快。我一动不动地站着，注意力全部固定在她手指的动作上。我突然模模糊糊地意识到已经忘却的某种东西——思维在恢复；不知怎的，在我面前，语言的秘密被解开了。”她进一步评论说，“我好像是死而复生了……”

父母应该知道的事儿

情商型孩子的学习靠的是直觉、形象的力量，以内在的灵魂去感触世界，了解世界，创造新的艺术。

追求艺术的灵魂魅力

大音乐家莫扎特之所以成为独一无二的人物，正是由于这种清明高远、乐天愉快的内在心情，是在残酷的命运不断摧残之下保留下来的。

大家都熟知贝多芬的悲惨命运并寄以极大的同情，而关心莫扎特的苦难的，即使是音乐界也为数不多。因为贝多芬的音乐几乎每页都是与命运肉搏的历史，他的英勇与顽强对每个人都是直接的鼓励；而莫扎特却是不声不响地忍受鞭挞，只凭着坚定的信仰，像殉道的使徒一般唱着温馨甘美的乐句安慰自己，安慰别人。虽然他的书信中常有的怨叹，也不比普通人

对生活的怨叹有什么更尖锐更沉痛的口吻,可是他的一生,除了童年时期饱受宠爱,像个美丽的花苞以外,比贝多芬更艰苦。《费加罗的婚礼》与《唐·璜》在布拉格所博得的荣名,并没给他任何物质的保障。两次受雇于萨尔斯堡的两任大主教,结果是受了一顿辱骂,被人连推带踢地逐出宫廷。从25岁到31岁,6年中间没有固定的收入。他热爱维也纳,维也纳只报以冷淡、轻视、嫉妒;音乐界还用种种卑鄙手段打击他几次最优秀的演出。1787年,奥地利皇帝约瑟夫终于任命他为宫廷作曲家,年俸还不够他付房租和仆役的工资。

为了婚姻,他和最敬爱的父亲几乎决裂,至死没有完全恢复感情。而婚后的生活又充满无穷无尽的烦恼:9年之中搬了12次家;生了6个孩子,夭殇了4个。他的妻子康施坦丝·韦伯产前产后总是闹病,需要名贵的药品,需要到巴登温泉去疗养,分娩以前要准备迎接婴儿,接着又往往要准备埋葬。当铺是莫扎特常去的地方,放高利贷的债主成为他唯一的救星。

在这样悲惨的生活中,莫扎特还是终身不断地创作。贫穷、疾病、妒忌、倾轧,日常生活中一切琐碎的困扰都不能使他消沉,每天的心情一丝一毫都没受到损害。所以他的作品从来不透露他痛苦的消息,非但没有愤怒与反抗的呼号,连挣扎的气息都找不到。后世的人单听他的音乐,万万想象不出他的遭遇而只能认识他的心灵——多么明智、多么高贵、多么纯洁的心灵!音乐史家都说,莫扎特的作品所反映的不是他的生活,而是他的灵魂。是的,他从来都不把艺术作为反抗的工具,作为受难的证人,而只借来表现他的忍耐与天使般的温柔。他自己得不到抚慰,却永远在抚慰别人。但最为欣幸的是,他在现实生活中得不到的幸福,却能在精神上创造出来,甚至可以说他先天就获得了这幸福,所以他反复不已地传达给我们。

父母应该知道的事儿

天才的情商型孩子总是沉浸于他的艺术之中,现实生活只是为了肉体的存在,而他的艺术才是至高无上的存在,呈现着自我的独特光辉,是他内在灵魂的体现。

与现实生活脱节的人生

朦胧派诗人顾城可以说是与现实生活脱节的一个典型。

黑夜像山谷，
白昼像峰巅。
睡吧！合上双眼，
世界就与我无关。

朦胧派的杰作《生命幻想曲》很难想象出自于12岁时的顾城。但另一方面，生活中的他一直是一个长不大的孩子，内心处于婴幼儿那种高度自我的状态，在成年后，他写下了这样的诗句：

我是一个孩子，
一个被幻想妈妈宠坏的孩子，
我任性。

正是这样的奇异个性融合于一身，才发生了他做出杀妻又自杀的惊人事件。

顾城自述道：

“我一开始写诗完全是自然状态，遇到露水和昆虫的叫声，生命也会自然发出声音，这声音在我12岁去农村时响成了一片。我去的是个叫火道的小村子，只有土和干草，但在春天到来的时候，一切就不同了。天上有种细微的骚动。一群鸟飞来，我忘不了那些快乐的鸟，像暴雨一样落在我的周围，几里、几十里都是它们快乐的叫喊。

我最初的创作可以说是从那儿开始的。我在那儿住了好几年。我觉得生命中有一种本质的热爱，不管世上的人对你怎样，春天总会到来，天上的鸟和地上千百种开放的花总在对你说话，这时你想回答它们。最美丽的时候，甚至能听到万物轻柔的对话，你就是这对话的一部分。有一种秘密使你快乐，你是唯一听到的人。我用树枝在河滩上写诗，写《生命幻想曲》，写《我赞美世界》。我赞美世界用蜜蜂的歌、蝴蝶的舞和花朵的诗。我把希望溶进花香。

17岁我回到城里，看见好多人，我很尴尬，我不会说话。人们都在说一样的话，你说的不一样，他们就不懂。这里边好像有一个魔鬼，不是他们在说，是另一个东西。城市像一架机器、一个钟，每分、每秒都让你服从它。我不能适应这一切，就爬到楼顶上去看书。那时候已经有了一点书。我在书里听到另一些声音，这声音给我安慰，洛尔迦说："哑孩子在寻找他的声音，偷他声音的是蟋蟀王。我开始找我被偷走的声音。"

最后，这个一直热爱安徒生童话的诗人在南太平洋寻找到了最后的归宿。

父母应该知道的事儿

情商型孩子在艺术上可以是异乎寻常的成熟，而在现实生活中也可以说异乎寻常的不成熟，经常会弄出一些可笑、可悲、可怕的事。

慧由爱始，慧缘爱终

英国伟大的女作家弗吉尼亚·伍尔夫即是一例。

弗吉尼亚·伍尔夫具有十分矛盾的心态，她一方面以独立不羁的精神进行着自己激进的文学实验，另一方面却对他人的反应和评论表现出病态的敏感。在1921年4月8日的日记里，她提到自己因为受到报界的冷遇，一位友人在见面时对她的作品也只字不提，因而情绪低落。她甚至怀疑自己"不再能引起人们的兴趣，作为作家我失败了，落伍了，年纪大了，无法做得更好了。"当时她正在创作《雅各的房间》，抑郁的心情使她常常无法继续写下去。《雅各的房间》、《达罗卫夫人》和《到灯塔去》问世后曾受到一些批评，也令她心中不快。她在1927年5月5日的日记里坦陈《泰晤士报文学增刊》对这些作品的评论令我相当沮丧。

过去每当弗吉尼亚陷于自我怀疑和抑郁心境中时，她的丈夫伦纳德总是她最坚定的支持者和安慰者。她的日记里有大量材料显示，每当她完成了一部作品，伦纳德是多么善于给她适时的鼓励，而她又是多么看重他的意见。譬如《夜与日》——"伦纳德今天早上才对这本书发表了意见。我承认，他的看法给了我很大的喜悦"。《雅各的房间》——"伦纳德星期天读完

了《雅各的房间》，他认为这是我最好的一部作品。他认为这是部天才的作品，他认为这书很美，也很吸引人，他的评价使我心神不宁。我不安又激动”。《到灯塔去》——“好啦，伦纳德读完了《到灯塔去》，认为它绝对是我最好的一部作品，是部杰作，我得到了如此大的宽慰”。《奥兰多》——“他认真地看待《奥兰多》，这倒出乎我的意料。他认为该书在许多方面都较《到灯塔去》更为出色，独具匠心”。《海浪》“我承认自己很担心伦纳德的看法，我很紧张”。“伦纳德说：这是篇上乘之作……上帝啊！我多么如释重负！我在雨中艰难行走，陶醉在欢乐中。”

可是就在弗吉尼亚自杀的前几年里，她感到自己失去了这个可以绝对信赖的精神支柱。她在写作《岁月》时非常缺乏自信，时时陷于自我怀疑和绝望之中，甚至害怕让伦纳德读到手稿。伦纳德事实上并不喜欢这本书，但仍然违心地予以夸奖。不过他的赞词如“很有趣”、“很不寻常”之类显得十分勉强，弗吉尼亚在内心深处并不相信他说的是真话。至于《三个基尼》，弗吉尼亚在1938年4月11日的日记里记载道：“伦纳德没有像我希望的那样称赞我。”1940年弗吉尼亚写出了《罗杰·弗莱传》，伦纳德可能意识到她不能容忍他的假话，便直截了当地告诉她：“写法是错误的纯粹是分析，而不是历史。严肃而压抑。事实上对圈外人来说很沉闷。”弗吉尼亚说她听到伦纳德的评论时“就像被极其坚硬有力的鸟喙啄着”，这句话竟和《到灯塔去》里形容拉姆齐先生冷酷性格的用语一模一样！

我们也许可以说弗吉尼亚·伍尔夫的心理过于脆弱，不能直面真相，但正如她在《奥兰多》里所说：“我们被真相所毁灭。生命是一场梦。正是梦醒使我们死。剥夺我们梦境的人剥夺了我们的生命。”伦纳德使弗吉尼亚对他的梦最终幻灭了。如果说伦纳德对夫妻感情不忠或许是捕风捉影的话，那么他不管出于什么原因而放弃了对弗吉尼亚的感情支持则是一种不可推卸的罪责。我们不禁想到《海浪》里罗达对路易的期望：“要是我们能一起登上高峰，凭高远眺，要是我们能凌空独立，远离尘俗，那有多好！”可是她最后不得不对他说：“我最恨妥协和人们口头的是非毁誉，只信赖孤独和不可抗拒的死亡，因此我们只好分道扬镳了。”

终其一生，弗吉尼亚·伍尔夫既与社会和文学的体制在抗争，也与自我在抗争。在生命的最后阶段，她陷入了前所未有的精神危机，然而就在她感到孤独、衰竭甚至绝望的时候，也仍然没有放弃努力。我们看到她在30年代后期决然地转变方向，实验文学创作的新形式，探索新的历史观与文学观。她从“匿名者”和“局外人”的立场出发，希望在社会边缘地带看到新的地平线，寻找到公众的声音，重建共同的历史记忆。遗作《幕间》和《阿依》，代表着她艰苦卓绝的最后努力。

父母应该知道的事儿

天才是在环境的保护膜和丝茧中生活的，一旦这种气氛上的保护膜失去，那么天才的毁灭也就到来了。

天才的保护问题

根据知情者的说法，弗吉尼亚与伦纳德结婚后在性生活上是失败的。他们在度完蜜月后不久曾就“山羊（弗吉尼亚的绰号）的性冷淡”问题向姐姐范尼莎咨询过。范尼莎事后告诉友人克莱夫说：“我想我或许惹恼了她，但也可能安慰了她，我说我认为她根本就不理解也不同情男人的性激情。”伦纳德的朋友杰拉尔德·布伦兰在1967年回忆道：“伦纳德告诉我，在他们度蜜月的时候他曾试图同她做爱，而她陷入了那样一种强烈的受刺激状态，他不得不作罢；正如他所知道的，这种状态乃是她精神受疯狂袭击的前奏。这种疯狂当然是遗传性的，但她早年所受异父哥哥的诱奸无疑也是一种先决因素。因此，尽管我应该说伦纳德是个性欲很强的男人，他也不得不完全放弃获得任何性满足的想法。”克莱夫后来在一次闲聊时也说过这样的话：“他们结婚6年了。婚姻生活很少带给她快感。没有什么比这件事更隐秘的了。”

弗吉尼亚对自己的心理缺陷十分清楚，她曾在1930年6月22日给埃塞尔·史密斯的信中坦陈道：“我在性方面总是畏怯的……我对真实生活的恐惧总是把我囚禁在一间女修道院里。”

伦纳德无疑是爱弗吉尼亚的，但这种爱首先源于对弗吉尼亚的精神和

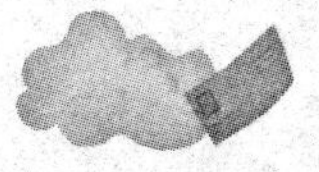

智力的钦慕。他在日记里把弗吉尼亚称为阿丝帕西亚，即古希腊时代雅典君主伯利克里斯的情妇，一个以智慧著称的女人。他写道："我在和阿丝帕西亚相爱。当我想到阿丝帕西亚的时候，我就想起那些山岗，清晰地耸立着但又背衬寒冷的蓝色天空，显得很遥远，上面覆盖着雪，从来没有阳光融化它，也从来没有人踏上过它。"他同时也预见到，这位阿丝帕西亚会因为高度的精神性而对任何亲密行为产生拒斥——"假如人们触摸她，她会变得疯狂，就像某些女人在摸到毛毛虫时发疯一样。"

他们终于度过了那段最阴郁的和充满危机的日子。对美好感情的信念本身和对婚姻纽带的岩石般的忠诚帮助他克服了他们之间的分歧。十年后，弗吉尼亚·伍尔夫在1925年6月14目的日记里宣布伦纳德是自己生命中隐藏的核心，是她活力的源泉。

我偎依在我生命的核心上，它就是与伦纳德一起生活的这彻底的安慰，我在那里发现一切都如此满意和宁静，因此复苏了我自己，获得了一个新的开端；感到完全不受伤害。我认为，我们生活的巨大成功，在于我们的财富是隐藏着的；或者毋宁说存在于如此普通的事物之中，所以没有什么能够碰到它。

他们的朋友杰拉尔德·布伦兰在写了上述关于伦纳德"不得不完全放弃获得任何性满足的想法"之后，紧接着指出："他告诉我，他准备好了要这样去做，'因为她是个天才'。"伦纳德无疑是把他和弗吉尼亚在精神上的契合置于最重要的地位。他对她的崇拜足以克服夫妻生活中的任何障碍。

他们开始了一种独特的精神性的爱，成功地作为性爱的补偿和替代。他们发明了一种私密性话语，运用"密码语言"来进行夫妻间充满爱意的游戏。伦纳德把弗吉尼亚戏称为一只可爱的鸟，从1912年到1941年近30年的共同生活中，伦纳德是弗吉尼亚最亲密的伴侣和最忠实的帮助者。可以说没有伦纳德就没有弗吉尼亚·伍尔夫的成就。鉴于弗吉尼亚脆弱的身心状况，他在生活中对弗吉尼亚照顾得非常细心，为她做饭、喂食、演奏音乐。他对弗吉尼亚的健康情况特别警觉，在给弗吉尼亚的一些信件中不厌其烦地叮嘱她注意服药的反应，甚至给人以大惊小怪的可笑印象。

不容忽视的事实是，弗吉尼亚·伍尔夫自从1915年那次精神崩溃之后，到她自杀前的近26年时间里再没有发作过严重的精神病。这是她得以正常写作的重要前提。除此之外，伦纳德为她排除了一切生活杂务的干扰，使她能够潜心写作，更是居功至伟。

父母应该知道的事儿

由于艺术天才在性格、人际关系上高度不成熟，因此如何保护这世间难得的“稀有资源”就是一个很重要的问题。在环境上，社会、民族、政府、机构要对那些特立独行的天才宽容，并要有意识地予以资助、关心，而家庭对他们则要有牺牲、奉献精神，并给予爱的保护。

五、情商型孩子的审美心理

儿童的审美心理的发展，从出生到青少年，大致要经历紧密联系的四个阶段：前审美阶段（0～3岁左右），审美心理萌发阶段（3岁左右~7岁），前艺术审美阶段（6~13岁），艺术性审美发展阶段（12～20岁以上）。因此，从这个时期开始及以后漫长的人生称为“艺术性审美心理的发展时期”。

天生的艺术审美潜质

情商型孩子审美心理的发展究竟以什么为标志？也就是说，儿童的审美心理是什么核心成分或主要因素在发展，从而带动整个审美心理的发展？对这个问题，不同的审美心理学家和美学家有不同的观点。《现代美学体系》在讨论这个问题时列举了一些美学家、审美心理学家和审美教育家的点。例如，加德纳的“儿童艺术品感知发展阶段论”表明他研究的是“儿童审美感知敏感性”的发展；英国学者瑞德认为是个体的一种“情感认知力”的发育成长；英国学者威特金认为“审美发展是对世界的欣赏力的发展，是一种关联事物的意识”。但这些观点都不能完整地说明个体审美心理的发展。衡量儿童（或个体）审美心理发展有三个标志，即审美态度的发展、审美趣味的发展和变化、审美感兴力的提高，一句话，就是儿童审美心理结构的协调发展。

儿童的审美心理的发展，从出生到青少年，大致要经历紧密联系的四个阶段：前审美阶段（0~3岁左右），审美心理萌发阶段（3岁左右~7岁），前艺术审美阶段（6~13岁），艺术性审美发展阶段（12~20岁以上）。

因此，从这个时期开始及以后漫长的人生称为“艺术性审美心理的发展时期”。

婴儿出生后不久(3个半月)便对黄色、白色和桃红色有较长时间的注视。实验者对50名出生仅5天的婴儿弹奏不同频率的乐音，观察婴儿身体的运动和心跳频率的变化，结果发现：大多数婴儿具有敏锐地辨别不同频率声音的能力。这两项实验表明，儿童具有发展审美感知能力的生物学潜质。

婴儿从11～12周开始已能从生活中各种声源里区分出人的声音，尤其喜欢母亲的声音。2～7个月的婴儿会对着母亲和熟悉人的面孔微笑，而对陌生人产生恐惧的表情。这表明婴儿开始有了最初的知觉反应。这也证明，在社会环境的影响下，儿童的感知潜能在发展。微笑是愉悦情绪的表现形式之一。

6个月左右的孩子开始主动地对音乐作出反应，而不再是被动地接收音乐。他们会转向发出音乐声音的地方，并做出高兴乃至惊喜的表示，以后往往会连续地晃动身体。

1岁左右，婴儿开始发声唱“咿呀之歌”。婴儿在2岁左右开始唱“轮廓歌”。3岁左右的幼儿已有试图使自己的动作与音乐节奏相协调的迹象，他们还表现出想与大人一起跳舞的意向。3岁以前，婴儿的动作与音乐的协调能力逐渐提高。

婴儿出生后只有未分化的兴奋，到3个月左右，兴奋开始分化为快乐和苦恼。到2岁左右，儿童可以表现出大部分成人的复杂情绪。

1岁半的婴儿看画册能将画中动物与他熟悉的实际动物联系起来。2岁左右的婴儿开始执笔“涂鸦”。

上述观察和实验结果表明，婴儿的视知觉和听知觉、音乐表达欲望和形象表达欲望在2岁以内的婴儿身上都有比较明显的表现。这是儿童审美感兴力发展的基础。加德纳认为，在2岁以内的婴儿，一般感知能力和审美感知能力还没有分化，艺术品的呈现是作为一般的刺激物，只起到促进儿童一般感知能力发展的作用。另有学者认为，2岁婴儿所表现出的对乐音

和音乐、对亮丽色彩和图画的偏爱，已初露一般感知与审美感知分化的端倪。2岁婴儿所表现出的对音乐和图画的色彩的偏爱，仍然属于生理性本能的偏爱，但这却是审美偏爱和审美感知敏感性的基础。

2岁以内婴儿还没有审美态度。

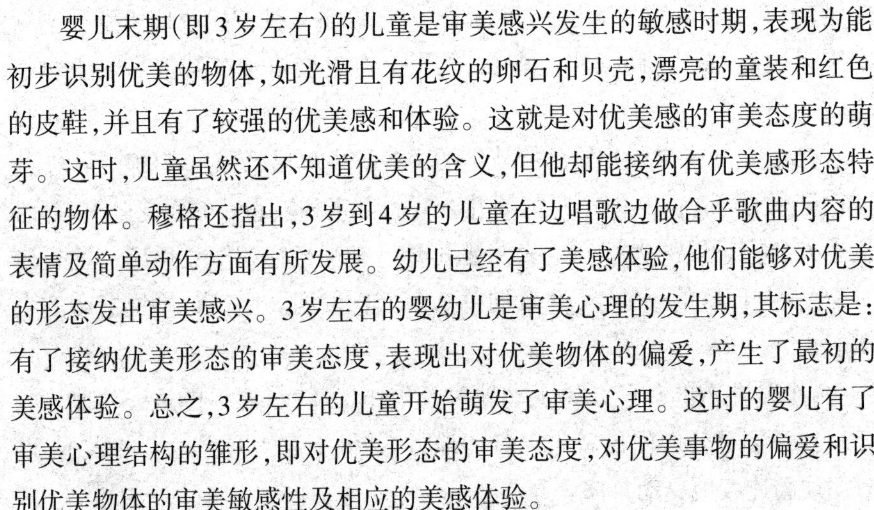

婴儿末期（即3岁左右）的儿童是审美感兴发生的敏感时期，表现为能初步识别优美的物体，如光滑且有花纹的卵石和贝壳，漂亮的童装和红色的皮鞋，并且有了较强的优美感和体验。这就是对优美感的审美态度的萌芽。这时，儿童虽然还不知道优美的含义，但他却能接纳有优美感形态特征的物体。穆格还指出，3岁到4岁的儿童在边唱歌边做合乎歌曲内容的表情及简单动作方面有所发展。幼儿已经有了美感体验，他们能够对优美的形态发出审美感兴。3岁左右的婴幼儿是审美心理的发生期，其标志是：有了接纳优美形态的审美态度，表现出对优美物体的偏爱，产生了最初的美感体验。总之，3岁左右的儿童开始萌发了审美心理。这时的婴儿有了审美心理结构的雏形，即对优美形态的审美态度，对优美事物的偏爱和识别优美物体的审美敏感性及相应的美感体验。

父母应该知道的事儿

初生婴儿还没有审美心理结构，但已具备形成审美心理结构的生物学潜质。在一般的社会审美文化和教育的影响下，凡属正常儿童都有形成审美心理结构的心理潜能。

审美态度、趣味、感兴力的发展

幼儿期的儿童一般都能接受有优美形态的艺术品，如有色彩的动物图画，优美的音乐和歌曲，欢快的舞蹈和令人愉快的儿歌等。幼儿中、晚期时，大部分儿童都能区分什么是美的、什么是丑的。大部分女童认为，穿上漂亮的服装，涂上口红和胭脂的女人是美的、漂亮的，这时的儿童（除个别好动儿童以外）绝大部分都愿意参加学唱歌、说歌谣、跳舞、绘画、看木偶戏、看动画片、参加文艺晚会，模仿电影、电视剧和喜剧小品中人物的语言和动作等活动，并在这些活动中感受愉悦和快乐。

幼儿中、晚期能够接纳喜剧形态的艺术品，并有了同情的笑、理智的笑、嘲笑（反讽）和戏谑的笑（诙谐感），但很少表现出“轻松的笑”（幽默感）。幼儿一般不能接纳抽象的、荒诞的、非现实主义的艺术品。

幼儿有了明显的审美偏爱。对于美术作品，他们一般偏爱采用夸张和拟人风格表现所画的动物题材的美术作品。他们对有色彩的图画的偏爱明显地超过无色彩的图画。幼儿主要从审美的角度选择自己的服装，而不考虑童装的面料质量和经济价值。他们明显地偏爱有饰物、色彩艳丽、款式新颖的童装。女孩子一般偏爱优美的舞蹈和音乐，并乐于参与演唱和舞蹈的表演活动；男童一般更偏爱游戏、绘画、泥塑和摆积木等。

在幼儿期，随着儿童的不断成长，逐渐形成了一般的审美标准。整个幼儿期的儿童正处在审美标准和非审美标准的分化阶段。

年龄较大的幼儿审美理想开始萌芽，具体的表现是对漂亮童装的追求，对表演活动的追求，对舞蹈和乐器演奏的追求等。

音乐感知能力的发展

根据国外学者的研究，4～5岁的幼儿能成功地模仿打出2、3或4个音符组成的简单节奏模式。6岁儿童大多能准确地模仿3、4个音符组成的节奏模式。总的来说，一个6～7岁的孩子在音乐方面已经拥有许多基本技能。如果他比较聪明的话，能理解音乐体系中最基本的节拍、和声、终止式和各种配合，如给他一点提示和引导，他还能将这些部分组合成一个音乐的单元。

本特利的一项测试表明，大多数7岁的儿童能分辨出一个440Hz的音和一个与之相差12Hz的音的音高差别，萨金特和罗奇的实验表明，教一些3～6岁的儿童唱三段8～16小节的曲调，分6个训练期一共3周，最后一个训练期结束后的一周，要求这些孩子重新唱出这些曲调，并对他们的复唱在音高、旋律、音程及调性方面进行评分。结果是：3～4岁儿童在音高辨别方面能力最强；5～6岁的儿童在音程和调性两方面表现较好。

在唱歌方面。在5岁儿童的记忆中，已拥有一些广泛的保留曲目，这些曲目反映了儿童的文化背景。5岁的儿童已能较好地唱出一首歌曲，

虽然离完整和准确仍然很远。

我国幼教工作者曾指出，5岁左右的儿童可以教识乐谱、乐器演奏。这时的幼儿对照乐谱可以用乐器奏出歌曲或音乐。

绘画能力的发展

3~7岁的儿童在绘画方面已经从涂鸦期，经过象征期的过渡，图式期(或定型期)，个别幼儿已进入写实期。在图形和色彩识别方面，幼儿的感知能力都有相当快的发展。

审美评价能力的发展

儿童审美评价能力的发展是儿童审美心理发展的一个重要标志，它能比较综合地反映儿童审美心理的发展水平。根据我们的研究，5岁以上儿童已经能够采用一般的审美标准，评价同伴和自己的绘画作品，还能够评价儿童唱歌和跳舞的优劣。当然，他们还没有掌握艺术性审美标准。

父母应该知道的事儿

幼儿最喜欢听故事，其中最愿意听轻松愉快的故事。如果是敌对双方进行竞争或对抗题材的故事，他们愿意听到“正义方”战胜“敌对方”(或他们认为“好人”的一方战胜“坏人”的一方)的结局。幼儿一般不愿意接受悲剧性结局，这表明他们还没有悲剧感。

审美心理向艺术性的审美水平过渡

小学生已形成了比较稳定的丑与美的标准，他们已经能够独立地区别美与丑的事物，以及美与丑的事物特征。小学生有时模仿老年人的言行动作，模仿电影、电视中“反面人物”的言行动作，甚至模仿残疾人的动作。这表明小学生开始有了丑感，并开始接纳“丑”的审美形态。小学高年级的学生在看电影时能够表现出对剧中悲剧角色的同情，有时被感动得流泪。这表明小学高年级的学生已经有了悲剧感，并开始接纳悲剧的审美形态。小学高年级的个别学生开始出现朦胧的崇高感和幽默感，这是崇高和幽默审美态度的萌芽。

绝大多数小学低年级学生和一些高年级学生仍然喜欢看电视节目中的动画片，但对动画片中的故事情节更加关注。小学高年级学生一般都比较喜欢哼唱当时的流行歌曲和流行音乐，表现出对流行歌曲的偏爱。

小学高年级学生已经掌握了少量的艺术性的审美标准。例如，小学低年级学生在评价唱歌优劣时，以音量的大小、歌词的准确程度、能否完整地把歌唱下来为标准；而到了高年级，则以音乐的优美程度、是否“跑调”和旋律是否明确，以及有没有感情为评价标准。这表明小学高年级学生开始采用艺术性的审美标准来评价艺术形式。再如，小学低年级学生在评价朗读课文优劣时，常以声音是否洪亮、吐字是否清楚、朗读是否连贯为标准；而到了小学高年级，学生们则开始以朗读是否抑扬顿挫、是否表达了作者的感情为评价标准。这也表明，小学高年级学生开始采用文学艺术的标准。

前面说过，7岁儿童能够分辨“四分之一音”的音高差别，而12岁的小学生中大多数能分辨出“八分之一音”的音高差别。这说明音高辨别力在小学阶段还随着年龄的增长而提高。

有证据表明，对音乐的感性大约在6岁之后开始出现。到了8岁，这种能力明显提高，他能领悟一个没有终止的旋律是“不完整的”，还能分辨音阶中主音和属音的区别，理解“完全终止”的作用，到10岁左右也能掌握“半终止”了。

关于和声技能的发展，国外学者的研究发现，在从二部、三部和四部赋格曲中找音乐主题的游戏中，9~10岁的儿童在这个游戏中表现得越来越好。当然，即使是12岁的孩子在某些方面也还有困难。这表明，和声技能在小学阶段有明显的发展变化。

到小学高年级，学生基本上都能掌握常见的几何图形和各种颜色，而且对颜色差异的敏感性也在不断地提高。小学生对美术作品的评价虽然总的说来是“写实主义”的，即以画的像不像实际物体为主要标准，但小学高年级儿童已明显地能够区分不同表现形式的美术作品了，例如，他们能够区分什么是中国画，什么是素描，什么是油画或水粉画。但他们最为称赞的还是中国画中传统的“工笔重彩画”，他们认为画这样的画需要很高的

技艺。对中国画中的“写意画”的欣赏力还较差。

小学生的绘画虽然以“写实”为主，但他们已经开始对夸张的漫画表现出极大的兴趣。个别的学生已经开始模仿着“创作”漫画。含义比较明显的漫画，小学生能够看懂，但蕴意较深的漫画，他们还是看不懂。

小学生的审美情感已经相当丰富，不仅优美感、喜剧感、悲剧感都变得越来越细腻，越来越深刻，而且到了小学高年级，部分学生还出现了崇高感和幽默感。但荒诞感还是很少见。

上述三个方面的发展情况已经表明，小学高年级学生中已经有一部分学生开始从一般的审美心理水平向艺术性的审美水平过渡。

父母应该知道的事儿

小学生普遍喜欢看连环画和插图较多的儿童读物，表明他们偏爱形象化的书籍。一般来说，男生比女生更偏爱美术，女生比男生更偏爱唱歌跳舞。男生的审美兴趣似乎被体育方面的兴趣所挤掉。

审美偏爱与理想的发展

加德纳先生研究了少年期和青年初期(13~20岁)审美感知的发展，揭示了青少年审美感知力的年龄特征。学生进入中学后，审美心理结构所发生的最大变化是审美态度和审美趣味的变化。有学者在1989~1993年曾在辽宁省的一些城市中学里对部分初中生和高中生进行过问卷调查，现将调查统计结果概述如下。

初、高中生的审美偏爱

初中生和高中生最偏爱的艺术形式是中国的相声和当时流行的喜剧电视小品，其次是旅游观赏名胜古迹及自然风光；再次是欣赏流行歌曲。初中生和高中生中喜欢欣赏戏剧的人数最少，其次是喜欢欣赏书法的人数较少；再次是喜欢欣赏舞蹈的人数较少。

中学生的审美偏爱存在着明显的性别差异和年龄差异。从性别上看，女生比男生更偏爱歌曲、音乐、舞蹈、文学作品、时装表演和欣赏人的相貌仪表。而男生比女生更偏爱美术、书法和体育艺术(指体操、跳水、花样滑

冰等体育运动项目)。

在调查中,采取让被调查的学生选择他喜欢的所有艺术形式的办法,得出了初中生和高中生所偏爱的艺术形式的广度。其统计结果是:高中男生喜欢的艺术形式的广度最大,平均是8项,高中女生平均是7.4项;初中女生平均是6项,初中男生平均是4.4项。

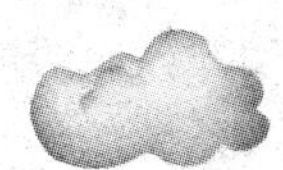

从统计的结果来看,中学生所喜欢的艺术形式的广度有随年龄增长而增多的趋势。这说明高中生比初中生喜欢的艺术形式更多,审美广度(范围)更大。审美广度的扩大表明了审美态度的发展。

初、高中生的审美理想

我们在调查问卷中列出了15种艺术职业,让被调查的学生从中选出一种自己最向往从事的艺术职业。

初中生和高中生最向往的艺术职业是摄影师、文学家、建筑设计师(和服装设计师。我们将初中生和高中生向往从事的艺术职业的多少作为测量其审美理想广度的指标。调查统计结果表明,高中生的审美理想广度小于初中生;从性别差异来看,男生的审美理想广度略大于女生。

初、高中生的审美创作活动

我们调查的审美创作活动,是指学生在一定审美或艺术创作动机的驱使下,所从事的艺术品创作或审美环境创作活动。这些活动是学生乐于创作并创作过3次以上的。这里面不包括艺术知识学习、艺术技能练习和艺术技能模仿等活动。

中学生的艺术创作活动主要集中在文学、美术、书法、摄影、文艺节目和生活艺术方面(生活艺术指学生自己设计居室陈设、修剪花草、编织小的生活用品等)。初中生和高中生的审美态度调查结果表明,该阶段的学生审美态度在提高、审美范围在扩大。除了在小学阶段所能接纳的审美形态之外,初中高年级学生已经有了比较稳定的崇高感和幽默感,悲剧感变得更加深刻。高中生普遍能够接纳和理解优美、喜剧、悲剧、崇高、幽默和丑感等形态的文学艺术作品。但个体差异较为明显。造成个体差异的原因

可能与学生的文学和艺术修养水平有关。一般来说，阅读文学作品范围较广的学生，其审美态度的发展较为全面。

经过对儿童审美心理发展过程的综合性描述，我们可以初步了解儿童审美心理发展的大致轮廓。根据上面的综合描述，作出下列定性分析。

(1)初生婴儿没有审美心理。只有审美心理赖以形成和发展的生物学潜质和心理潜能。

(2)0～3岁婴儿的审美心理潜能有较快的发展，但必须在正常的文化环境氛围内。音乐、色彩和图形刺激有利于婴儿审美心理潜能的发挥和发展。婴儿期以内的婴儿还没有形成审美心理结构，所以将其称为“前审美阶段”。

(3)3岁左右的婴幼儿很可能产生最初始的审美心理活动，是审美心理发生的敏感期。其标志是对优美的事物特征产生审美感知，产生美感体验，并有初步的审美偏爱和选择优美事物的审美标准。这就是幼儿最初的审美心理结构的雏形。

(4)整个幼儿期至学前儿童，其审美感兴力在迅速地发展，有了初步的审美偏爱和审美评价活动，也有了模糊的审美标准，审美标准和非审美标准处在分化之中。但幼儿的审美感知力和审美趣味都局限在优美的审美形态之内，幼儿还没有优美感以外的审美情感，也不能接纳优美以外的其他审美形态，所以将此阶段称为“审美心理的萌发阶段”。

(5)小学时期的学龄儿童接纳审美形态的范围开始扩大，到小学高年级阶段，儿童已经能够接纳优美形态、丑感形态、悲剧形态、喜剧形态，但除了优美形态外，对其他审美形态的领悟(或理解)还非常肤浅。对应地，小学儿童已经有了优美感、喜剧感、悲剧感和丑感的美感体验，其中以优美感和喜剧感的体验较为深刻。小学生有了相对稳定的审美偏爱，偏爱优美的歌曲、音乐和舞蹈，喜欢看喜剧，喜欢看有色彩的图画，喜欢听有情节的故事，喜欢看故事片或电视剧。小学高年级学生已经有了比较具体的美丽与丑陋的审美评价标准，他们能鉴别美与丑的事物和美与丑的事物特征。小学生的审美感知能力还在持续地发展，审美感知的敏感性在提高，主要表

现在鉴赏音乐、歌曲和美术作品方面。但他们对抽象的、浪漫的、荒诞的、幽默的和崇高的艺术品还缺乏敏感性或鉴赏能力。所以,这个阶段是加德纳所描述的处于"写实主义"的高峰期。由于这个时期的儿童有明显的接纳和理解艺术形态与艺术风格的困难,而且在审美评价活动中正处在主要采用非艺术审美标准时期,故将此时期儿童审美心理的发展命名为"前艺术的审美阶段",或称为"非艺术审美阶段"。这与加德纳的看法基本一致,即儿童还不能用艺术的眼光接纳和理解艺术品。

(6)进入中学的少年,由于其认知能力的提高、兴趣的广泛、情感的丰富,他们对许多艺术形式、艺术风格和审美形态产生浓厚的兴趣,表现为宽泛的审美偏爱,萌发出各种审美理想,并有试图从艺术家的角度审视艺术品的愿望和尝试艺术创作的欲望。如果我们的教育允许中学生选择所学的专业,并且不受将来就业和发展的制约,以及不受功利的影响,那么相信会有许多中学生选择钻研艺术的专业或课程。无奈,中学生课程的增多、升学和就业的现实压力,使他们不得不去学习和钻研科学知识与社会知识。另外,科学和社会文化知识对中学生也有吸引力。这样就使得他们不得不放弃对艺术问题的钻研和思考,而把主要精力放在学习科学文化知识上。这在决定性的程度上影响了学生审美心理,特别是艺术性审美心理的持续发展。所以,加德纳将这个时期称为"危机期"是不无道理的。

父母应该知道的事儿

到了中学以后,只有少数被认定为有艺术天赋的学生选定艺术学习方向,接受严格的艺术技能的训练。然而,这些专业性的艺术训练常常是十分艰难和痛苦的,同样需要耐心和毅力。由于他们被限定在狭窄的专业艺术领域之内,且主要注重艺术技巧的训练,所以那种轻松、自由的审美心理也没有得到正常的发展,反而形成了专业的、功利的、僵化的审美个性。这些在艺术专业领域上已有展露的孩子,从中学生开始就进入了艺术性审美心理的发展时期,然而能否得到持续的发展、发展到什么程度,这就要看社会环境对个人的兴趣是否有利了。

六、情商型孩子的情感心理剖析

对于儿童，可能的或假设的幻想世界并不次于真实世界。在儿童眼里，自我与外部世界、梦和醒、现实与幻觉、有生命的和无生命的、昨天和今天完全混杂在一起。在成人看来，儿童是生活在错觉和幻觉的宇宙中。但也正为如此，儿童才最天真、最纯朴，赤裸裸毫不掩藏、遮盖。他们的心灵完全是袒露着的。

游戏中的宇宙世界

和原始人的心理一样，儿童也是用感性的态度去感知世界和理解世界的。在儿童眼里，宇宙万物也都是有生命和感情的。荣格指出："对于儿童来说，月亮是一个人或一张脸，或是星星的保护者，乌云似乎是小羊，玩具娃娃也喝水、吃饭、睡觉……牛是马的妻子，狗是猫的丈夫……"如果你要告诉儿童，月亮是地球的卫星，围绕地球转动，月球的表面是不毛之地，月亮的光是反射太阳的光而来，那么儿童一定不懂得；而如果你说月亮是嫦娥仙子，表面上的黑影是吴刚在砍树，月食就是月亮被天狗吃了，所以我们要敲锣打鼓去救，对这样充满诗意和想象的解释，儿童很快就懂得了。李白诗曰：

小时不识月，呼作白玉盘。
又疑瑶台镜，飞在青云端。
仙人垂两足，桂树何团团。
白兔捣药成，问言与谁餐？

儿童是多么天真，他们的想象又是多么丰富而美丽！儿童也分不清心理、物理的东西，分不清感觉到的和想象的东西的界线。他们会把帽子看做是自己的亲密朋友，他们用身体去碰撞桌子，以示惩罚它们。他们也会怜悯一块石头，因为它总是躺在一个地方。对于儿童，可能的或假设的幻想世界并不次于真实世界。

在中国现代散文作家中，对童心最一往情深，并且描写最生动、最透彻的要算丰子恺先生了。他在《给我的孩子们》一文里，对他的小瞻瞻这样写道：瞻瞻！……你是身心全部公开的真人。你什么事情都会拼命地用全副精力去对付。小小的失意，像花生米翻落地了，自己嚼了舌头了，小猫不肯吃糕了，你都要哭得嘴唇翻白，昏去一两分钟。外婆普陀烧香买回来给你的泥人，你何等鞠躬尽瘁地抱他，喂他；有一次你自己失手把他打破了，你的号哭的悲哀，比大人们的破产、失恋，broken heart，如丧考妣，全军覆没的悲哀都要真切。两把芭蕉扇做的脚踏车，麻雀牌堆成的火车、汽车，你何等认真地看待，挺直了嗓子叫"汪——""咕咕咕……"，来代替汽笛。宝妹妹讲故事给你听，说到"月亮妹妹挂下一只篮来，宝妹妹坐在篮里吊了上去，瞻瞻在下面看"的时候，你何等激昂地同她争，说"瞻瞻要上去，宝妹妹在下面看！"甚至哭到漫姑面前去求审判。我每次剃了头，你真心地疑我变了和尚，好几时不要我抱。最是今年夏天，你坐在我膝下发现了我腋下的长毛，当做黄鼠狼的时候，你何等伤心，你立刻从我身上爬下去，起初眼瞪瞪地对我端相，继而大失所望地号哭，看看，哭哭，如同被判定了死罪的亲友一样。你要我抱你到车站里去，多多益善地要买香蕉，满满地擒了两手回来。回到门口时你已经熟睡在我的肩上，手里的香蕉不知落在那里去了。这是何等可佩服的直率、自然与热情！大人间的所谓"沉默"、"含蓄"、"深刻"的美德，比起你来，全是不自然的，病的，伪的！

请看，儿童的真假不分、虚实莫辨可以达到何种程度！在《谈自己的画》一文中，他又赞扬孩子们道：我家没有一个好凳子，不是断了脚的，就是擦了漆的，它们当凳子给我们坐的时候少，当游戏工具给孩子们用的时候多。在孩子们眼中，这种工具的用处真广大，请酒时可以当桌子用，搭棚时

可以当墙壁用，做客人时，可以当船用，开火车时可以当车站用。他们的身体比凳子高得有限，看他们搬来搬去非常吃力。有时汗流满面，有时被压在凳子底下。但他们好像为生活而拼命奋斗的劳动者，决不辞劳。汗流满面时可用一双污的小手来揩抹，被压在凳子底下时只要哭过几声，就带着眼泪去工作了……总之，他们无论干什么事都认真而专心，把身心全部的力量拿出来干。哭的时候用全力去哭，笑的时候用全力去笑，一切游戏都用全力去干。干一件事的时候，把这件事以外的一切别的事统统忘却。一旦拿了笔写字，便把注意力全部集中在纸上。纸放在桌子上的水痕里也不管，衣袖带翻了墨水瓶也不管，衣裳角拖在火钵里燃烧了也不管。一旦知道同伴们有了有趣的游戏，冬晨睡在床里的会立刻从被窝钻出，穿了寝衣去参加；正在换衣服的会赤了膊去参加，正在浴池的也会立刻离开浴盆，用湿淋淋的赤身去参加。被参加的团体中的人们对于这浪漫的参加者也恬不为怪，因为他们大家把全精神沉浸在游戏的兴味中，大家入了“忘我”的三昧境，更无余暇顾到实际生活上的事及世间的习惯了。

他在另一篇文章里又写道：

当他热衷于一种游戏的时候，吃饭要叫到五六遍才来，吃了两三口就走，游戏中不得已出去小便，常常先放了半场，勒住裤腰，走回来玩一会游戏，再去放出后半场。看书发现一个疑问，立刻捧了书来找我，茅坑间里也会找寻过来。得了解答，拔脚便走，常常把一只拖鞋遗剩在我面前的地上而去，直到穿袜走了七八步方才觉察，独脚跳回来取鞋。

父母应该知道的事儿

在儿童眼里，自我与外部世界、梦和醒、现实与幻觉、有生命的和无生命的、昨天和今天完全混杂在一起。在成人看来，儿童是生活在错觉和幻觉的宇宙中。但也正因为如此，儿童才最天真、最纯朴，赤裸裸毫不掩藏、遮盖。他们的心灵完全是袒露着的。

世界上没有办不到的事

孩子们的想象力多么丰富，生活兴味又是多么浓厚！他们在游戏时怀

着多么大的热情创造着种种幻想的属于他们自己的世界！他们是多么认真地对待他们的创造物。当儿童以竹为马，以椅为车时，竹虽不足以代表马，椅虽不足以代表车，可是儿童觉得这无关紧要。当游戏中的事物仅成为暗示的工具时，远远超越了原来的事物，这当然是孩子们丰富的想象力所致。

由于想象力的丰富和不受实际生活的限制，孩子们的世界就非常广大自由，年纪愈小，他的世界就愈广大，“他见到了天上的月亮，会认真地要求父母给他捉下来；见了已死的小鸟，会认真地喊它活回来；两把芭蕉扇可以认真地变成他的脚踏车；一只藤椅子可以认真地变成他的黄包车；戴了铜盆帽会立刻认真地变成新官人；穿了爸爸的衣服会立刻变成爸爸。照他热诚的欲望，屋里所有的东西应该都放在地上，任他玩弄；所有的小贩应该一天到晚集中在我家的门口，由他随时去买来吃或玩；房子的屋顶应该统统除去，可以使他在家里随时望见月亮、鹞子和飞机；眠床里应该有泥土，种花草，养着蝴蝶与青蛙，可以让他一醒觉就在野外游戏。看他那热诚的态度，以为这种要求绝非梦想或奢望，应该是人力所能办到的。他以为人们的一切欲望应该都是可能的。所以不能达到目的的时候，便那样愤慨地号哭”。在儿童的眼里，世界上没有办不到的事。拿破仑的字典里没有“难”字，孩子的字典里没有“不可能”这个词。这是丰子恺对小瞻瞻的描写。在另一篇文章里，他又写道：

你又要把一杯茶水横转来藏在抽斗里，要皮球停在壁上，要拉住火车的尾巴，要月亮出来，要天停止下雨。在这等小小的事件中，明明表示着你们的小弱的体力与智力不足以应付强盛的创作欲，表现欲的驱使，因而遭逢失败。然而你们是不受大自然的支配，不受人类社会的束缚的创造者，所以你的遭逢失败，例如火车尾巴拉不住，月亮呼不出来的时候，你们绝不承认是事实的不可能，总以为是爹爹妈妈不肯帮你们办到，同不许你们弄自鸣钟同例，所以愤愤地哭了，你们的世界何等广大！

父母应该知道的事儿

实在说来，孩子们对游戏的这种态度比游戏本身更重要。游戏的态度

是自由的态度,有了这种态度便不很注意于事物的物质性,也不计较它能否代表某种意义,这时的儿童就从受束缚的现实中,从成人强加给他们的限制中逃避出来,于是各种生活领域中的界限被消除了,或者说,这种界限在儿童那里本来就是不存在的。

用饱含着情感的知觉去认知万物

还应该提到的是,同情和怜悯在儿童身上也显现得很早。"一个27个月的婴儿,在给他看到一张画上面画着一个被锁链锁着的人在哭泣时,他便哭了。一个三岁的男孩用拳头追打每一个打了他的狗的人,口中嚷道:'你怎么不知道它疼呀!'这个男孩在四岁时,在听到有人对他读的童话——狗奔向刺猬而且要用牙咬它时,他便用哭和嚎叫特别强烈地反映着。一个5岁的男孩,在画上看见一只兔子被狗追着,他非常不安起来。只有在他发明了独创的方法,从狗那里拯救了兔子时他才安心;这方法就是把这张画对半折,使狗和兔子各在画的相反的方面。这儿童确信兔子现在完全安全了。"皮亚杰举过一个例子,说有一个小女孩"在厨房桌上看到一只杀死的拔去了羽毛的鸭子,深受刺激。当晚发现她沉默地躺在沙发上,引得别人以为她正在生病。开始时,她并不回答问题,后来以大声回答:'我就是那只死去了的鸭子。"'斯特谈过一个4岁的女孩的故事:"一天晚上——寝室已经完全黑暗下来——她突然非常焦急地喊叫着要知道她的某个玩具娃娃是否已经卷在厚毛毡里;她显然是担心,如果没有,她的玩具娃娃将要在十一月寒冷的气候里患感冒,当我们劝她安静下来的时候她的眼泪流下来了。"一位初中一年级的同学在一篇作文中写了这样一件经历:

一天,我的伙伴——小黑猫被车撞死了,我很伤心。小猫再也不能跟我玩了。我用小铁锹挖了一个小小的坑,把小猫埋葬了。我看着这个小小的坟,不觉泪水模糊了视线。

由此可见,儿童不仅把万物看成有生命的,而且还把自己纯真的爱灌注于万物。把万物看成是有生命的本来就是一种情感态度,是用饱含着情感的知觉去认知万物的结果。

人的冲动是先天的，对于外界的顾忌是后天学来的。原始人和儿童是受自己性情支配的，而文明人则不如此，后者知道怎样去适应社会，这是后天的第二天性。我们的第一天性是服从自然，服从欲望，儿童只有第一天性，只知满足自己的欲望，只凭一时冲动行事，他要随心所欲，一意孤行。他的一举一动都出于自然，不懂得道德、法律、习俗。可以说儿童时代是随心所欲的时候。他服从的是感情活动的规律。一位心理学家举例说，一个女孩学开店，她的母亲从她那儿买了点东西，说是第二天派人来取。为了使第二天快点来到，她就走到自己的“店铺”，站在那里，认真地、大声地打了几声鼾，这就表示过了一夜，接着她满意地说：“现在是早晨了！”可见，对于她来说所谓夜，并不需要床，不需要黑暗，甚至也不用躺下——打几声鼾已足够构成她的“夜”的幻想知觉的基础了。皮亚杰从儿童的游戏机能上证明了这一点。他说游戏“就是把真实东西转变成为他所想要的东西，从而使他的自我得到满足。玩洋娃娃的儿童是按照他所喜欢的那个样子来重演他自己的生活。他重新生活在他所喜欢的生活中，他解决了他所有的一切冲突。尤其是他借助一些虚构的故事来补偿和改善现实世界”。“游戏并不是主体想服从现实，是想把现实同化于自己”。就是说游戏是通过同化作用来改变现实，以满足自己的要求。“例如，倘若儿童有一个吃中午饭的场面的话，我们可以断定在一两个小时以后儿童便会用玩具娃娃重新做出这种场面，并且会带来一个较为愉快的结局。例如，一位女孩会训练她的玩具娃娃比她的父母对她的训练更明智些，或是在游戏中她接受了她在吃中饭时所有没接受过的东西（例如，她在吃中饭时没有喝完一碗她不爱喝的汤，而玩具娃娃却在这里象征性地喝完了它），同样地，倘若那孩子被一只大狗给吓坏了，在象征性游戏中狗会变成不再那么恶劣了，或是儿童变得勇敢大胆了。一般说来，象征性游戏可帮助解决感情上的冲突，也可以帮助使对未满足的需求得到补偿，角色的颠倒（例如，服从与权威的颠倒），和自我的解放与扩张等。

父母应该知道的事儿

从认识论的角度看，儿童心理的这些特点表明，他们没有因果观念或

逻辑观念，如同原始人一样。郭沫若说，对儿童“不能以理智的律令相绳，而其中自有赤条条的真理”。这赤条条的真理，便是高尔基所说的“儿童要求娱乐，他的要求合乎生物规律”。

儿童的独具慧眼

比起成年人来，儿童的这种心理如同原始人一样更富有创造性，更近似于艺术创作心理。考林乌德说：“那些根本不可能对科学和哲学有什么高深见解的儿童，却不断地表示了一种高度的艺术能力，有些很小的儿童都能比他们的长者更好地即兴作诗或歌唱，而同样情况也适合于野蛮人和原始部族。野蛮人在讲故事、唱歌、绘画、雕刻和舞蹈方面的能力和他们对周围世界的知识和控制能力比较起来是完全不相称的”。这种现象是不难理解的，因为儿童不受束缚，没有硬性禁锢，无章可循，无法可遵，使他们只能依照他们所知道的，而不是实际上所能准确观察到的样子去精确地表现事物，他们是“变形”的天然大师，是强调主观表现的无意识的先驱，能任性地造世界上没有的物，没有指点反而使他无拘无束，免得步入后尘。

也正由于他的注意力分散、易变、跳跃，使他对生疏事物永远保持着好奇与新鲜感。在未知事物的底蕴的时候，一方面激发他的好奇心，另一方面又使他尽力调动他极有限的感知去类比、去揣测、去猜测呈现在眼前的新事物。这样，他们往往对万物进行“添加”和“移位”——赋予事物本无的性质，将不同类、不同属的东西搅在一起。如儿童在绘画中就常常对面临的物或想象的物进行无情的破坏，随意重新分布和组合——把鱼弄到天上，把树栽到屋顶，替牛或狗添上双翼，甚至一个人的脑袋下赫然地长着两腿而无身躯。儿童的杜撰和想当然，是幻境的发祥地。他们的涂抹和幻想创造出令人吃惊的场面。

儿童的这种态度昭示我们：一切都明了和明确了的地方，就不再有想象力施展身手的机会。精确的知识和概念不是对想象力的重大打击，在早已知道太阳是不断进行巨大的热核反应的炽热天体的今日，阿波罗神就不再拥有魅力，而月宫的嫦娥和白兔只对童稚才有意义。魅力来自遐思，遐

思不需太多实在的确知，它宁可求助于猜想，而这些恰恰是儿童得天独厚的。自然的魅力往往在它尚未展开全部秘密之时，生活的魅力则往往在于它的尚未来临的时刻和对它的神秘期待之中。

所以，丰子恺说，儿童有“明慧的心眼，比大人们所见的完全得多。天地间最健全的心眼，只是孩子们的所有物，世间事物的真相，只有孩子们能最明确、最完全地见到。我比起他们来，真的心眼已经被世智尘劳所蒙蔽，所沮丧，是一个可怜的残废者了”。安徒生的童话《皇帝的新装》可视为这段话的最好注解。丰子恺自己也讲过一件事。有一次，他问四岁的华瞻最喜欢什么事，华瞻率然地回答说：“逃难”。逃难对于大人来说是多么惊慌、紧张忧患的一种经历，但在孩子的心目中却是“爸爸、妈妈、宝妹、软软……娘姨，大家坐汽车，去看大轮船”。这是多么有趣味的事。原来他所见的是逃难的这一方面。“不止这一端；我们所打算，计较，争夺的洋钱，在他们看来个个是白银的浮雕的胸章；仆仆奔走的行人，扰扰攘攘的社会，在他们看来都是无目的地在游戏，在演剧”。这说明：“他能撤去世间事物的因果关系的网，看见事物的本身的真相。”丰子恺由此想到“我在世智尘劳的真实生活中，也应该懂得这撤网的方法，暂时看看事物本身的真相”。这意思是天真纯朴地接受自然。

的确，儿童的眼光和成人的眼光是不一样的，成人虽有所见，也必然有所蔽，人们有时是需要用儿童的眼光看事物的。因为，“对于孩童，那物件的实用性和目的性仍是陌生的；他拿未熟悉的眼睛看每一件事物，他还具有未被沾染的能力，把物作为物自身来吸取。这对于一个感觉庸常的人，一般熟悉的东西的影响，对于他，是极为表面的。人的一个完全单纯的动作，当人们不知道它的实用目的时，作为一个有意义的神秘的、庄严的动作，将在自身为自身作用着”。所以画家亨利·马蒂斯说：“‘看’在自身是一创造性的事业，要求着努力。在我们日常生活里所看见的，是被我们的习俗或多或少地歪曲着。”而摆脱世俗“需要某种勇气，对于一个眼熟的目的地一切好像是第一次看见的那样，这种勇气是必不可少的。人们必须毕生能够像孩子那样看见世界，因为丧失这种视觉能力就意味着同时丧失每个

独创性的表现。例如,我相信,对于艺术家没有比画一朵玫瑰更困难,因为他必须忘掉在他以前所画的一切玫瑰才能创造”。法国画家柯罗表示:“我每天都要请求造物者,要他把我变成一个孩童,就是说,要让我不带成见地去观察和表现大自然,像小孩一样。”

鲁道夫·阿恩海姆对此也有精到的分析。他认为,人们总是习惯于按照生物和非生物、人类和非人类、精神和物质等范畴,去对各种存在物进行分类。如果在分类时,只以表现性作为对各种存在物进行分类的标准,那么那些具有同种表现性质的树木和人就有可能被归并到同一类之中,它们之间在这方面的类似程度甚至比人与人之间的类似程度还要高。这样,人类社会就可以与自然界事物归为一类,如果人类社会中所发生的某种风云变幻与暴风雨来临之前天空中所发生的那种变动相同,那么这两种事件就可以归到一类。他指出,由于我们总是习惯于从科学的角度和经济的角度去思考和看待一切,所以我们总是要以事物的大小、轻重和其他尺度去衡量它们。“这些习惯上的有用和无用、敌意和友好的标准,只能阻碍我们对事物的表现性的感知,甚至使我们在这方面不如一个儿童或一个原始人。”“在人与人之间的交往关系中,我们同样也是习惯于按照人们的社会地位、经济收入、年龄、职务、民族或种族去衡量一切——而用这样一些范畴去解释人时,就会完全忽视人的内在本质的外部表现形式。”

这段话告诉我们,成人多习惯于用实用和势利的眼光看事物,只有涉世未深的儿童才能够用审美的或艺术的态度去感受和知觉世界。

父母应该知道的事儿

儿童的思想是不定向的,由于他们的智力不成熟,心理上很少受概念的约束,因而不能认真地思考一个问题、在某一事物上投注长久的注意力,这就使儿童能够驰骋活泼的意象。这种意象是不招而自来的,是完全由易变的情绪和突发性遐想唤起的。

童心·即真心

从成人眼光来看,儿童的心理类似变态。然而,从某种意义上来说,也许成人的心理倒是变态的。丰子恺说:“我自己明明觉得,我是一个二重人

格的人。一方面是一个已近知命之年的、三男四女俱已长大的、虚伪的、冷酷的、势利的老人(我敢说凡成人,没有一个不虚伪、冷酷、势利),另一方面又是一个天真的、热情的、好奇的、不通世故的孩子。这两种人格,常常在我心中交战。虽然有时或胜或败,或起或伏,但总归是势均力敌,不相上下,始终在我心中对峙着。为了这两者的侵略与抗战,我精神上受了不少的苦痛。”一位心理学家甚至指出:假如每个人知道并且坦白地承认他们的信仰和行为的真实动机,那么社会便几乎无法继续存在下去。

依丰子恺看,人的心都有包皮。这包皮的质料与重数,依各人而不同。有的人的心似乎是用单层的纱布包的,略略遮蔽一点,然而真的赤色的心的玲珑的姿态,隐约可见。有的人的心用纸包,虽看不到,细细摸起来也可以摸得出,且有时纸要破,露出绯红的一点来。有的人的心用铁皮包,甚至用到八重九重,那是无论如何也摸不出,不会破的,而真的心的姿态无论如何不会显露了。所以,“人们谈话的时候,往往言来语去,顾虑周至,防卫严密,用意深刻,同下棋一样。我觉得太紧张,太可怕了”。可是“我家的三岁的瞻瞻的心,连一层纱布都不包,我看见是赤裸裸而鲜红的”。丰子恺还说:“我们大人的举止警惕,是为了身体手足的筋觉已经受了种种现实的压迫而痉挛了的缘故。孩子们尚保存有天赋的健全的身手与真朴活跃的元气,岂像我们的穷屈?揖让、进退、规行、矩步等大人们的礼貌,犹如刑具,都是戕伐这天赋的健全的身手的。于是活跃的人逐渐变成了手足麻痹,半身不遂的残废者。残废者要求健全者的举止同他自己一样,何其乖谬!”成人“比起他们的天真、健全、活跃的生活来,明明是变态的、病的、残废的”。难怪诗人们赞美说孩子离天堂不远,成人的分辨率所看不见感不到的,他们都能见得感得。维柯说,假如但丁“生在更野蛮的九、十、十一或十二世纪的意大利,既不懂经院哲学,又不通拉丁文,那么,他就会是个更伟大的诗人”。随着年龄的增加,童稚的心渐渐被尘世生活侵染,幻想生活也日益被实际生活所取代,终于他从“天国”降到人间,他想象的人生,也变成实际的现实主义人生。总之,他从“诗人”变为“凡人”了。

李贽在《童心说》中提出,童心就是真心,而真心就是“绝假纯真”,一个

人“若失却童心，便失却真心，失却真心，便失却真人”。童心怎样失去的呢？这非止一端，李贽说：“其长也，有道理从闻见而入，而以为主于其内而童心失；其久也，道理闻见日以益多，则所知所觉日以益广，于是焉又知美名之好也，而务欲以扬之而童心失；知不美之名之可丑也，而务欲以掩之而童心失……夫既以闻见道理为心矣，则所言者皆闻见道理之者，非童心自出之言也。言虽之，于我何与？岂非以假人言假言，而事假事文假文乎？盖其人既假，则无所不假矣。……天下之至之，未有不出于童心焉者也。”

李贽所说从闻见而入的道理，即封建礼教。人是在这种礼教中被异化而丧失真我的。同时，适应现实的需要也促进此种演变。高觉敷曾举例描述：“记得某年某日我在上海坐黄包车过宝山路，在天通庵路转弯时，忽然有一个七八岁的孩子提起一只手臂喝令停止。这大概因为他那天或前几天看见行使职权时的印度巡捕，他看得眼热了，于是幻想自己为一个不拿棍的巡捕，可是黄包车夫太不识趣了，居然冲过去，打破他的幻想，但是他的幻想也许并未打破，他仍可以自己为巡捕，而以这黄包车夫为不服从命令的呆子。所以你虽冲过去，他却依旧在幻想中作他的巡捕。”但是，随着“孩子们的年纪逐渐长大，他的宇宙便逐渐为成人所征服，幻想只好在年纪小的时候才可以给他一点帮助。到后来便敌不过实在世界的势力了。作一次巡捕，固然煞有介事的耀武扬威，你的车拉过去，不因他举臂而停止，我的车也拉过去，又不因他的举臂而停止。不服从命令的车夫若逐渐多起来，他的幻想便逐渐失去效力，于是他乃不得不自觉其渺乎小哉，无力足恃，只好拜倒在实在世界的势力之下了”。皮亚杰则把儿童心理比喻为两架不同的织布机，说儿童的心理是在两架不同的织布机上纺织出来的，而这两架织布机好像是上下层安放着的。儿童最重要的工作是在下面一层完成的。这种工作是儿童自己做的。它在混乱状态中吸引着他，而且看来会满足他的需要的东西都聚集在这些需要的面前了。这就是主观性、欲望、游戏和幻想层。而上面一层是一点一滴地在社会环境中构成的，儿童的年龄越大，这种社会环境影响越大。这就是客观性、言语、逻辑观念层，总之是现实层。一旦上层的负担过重，它就会弯曲、叽嘎作响乃至崩溃，于

是构成上层的这些因素便会落到下层而和原来的下层因素混起来。这样，儿童期就逐渐地结束了。

童心是宝贵的，是令人神往的。童心不懂得别人希望他、要求他喜欢什么，它只知道真诚，它不可能不真诚。古今中外，不论什么人、什么艺术派别，没有不喜欢赤子之心的，这大概是人的本性使然吧！但这种童心是不能持久的。龚自珍感叹说："少年哀乐过于人，歌泣无端字字真。既壮周旋杂痴黠，童心来复梦中身。"这句话的意思是说：在虚伪的官场中周旋，丧失了少年的真诚，真正的童心只有在梦中复现，这是多么可悲。对于成年人来说，时过境迁，他们从儿童身上发现了那久违的、早已淡忘，甚至消逝了的纯朴单纯、未经侵染的天真好奇和那种非功利态度，以及对大千世界的最初热情。

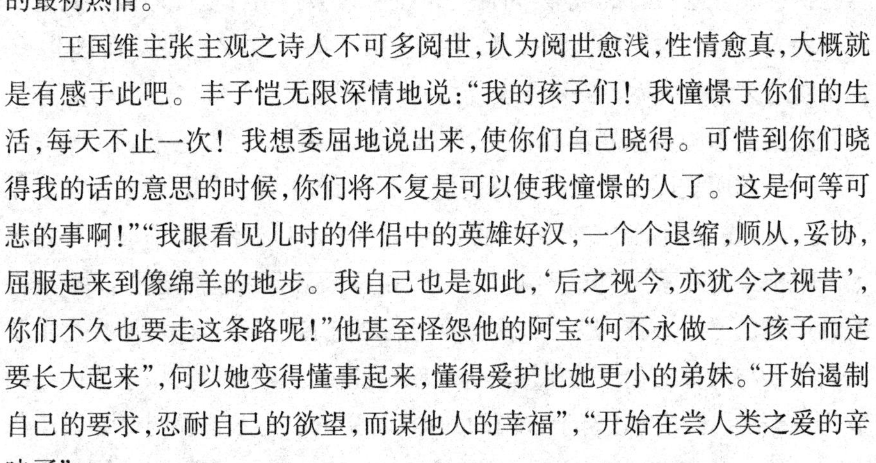

王国维主张主观之诗人不可多阅世，认为阅世愈浅，性情愈真，大概就是有感于此吧。丰子恺无限深情地说："我的孩子们！我憧憬于你们的生活，每天不止一次！我想委屈地说出来，使你们自己晓得。可惜到你们晓得我的话的意思的时候，你们将不复是可以使我憧憬的人了。这是何等可悲的事啊！""我眼看见儿时的伴侣中的英雄好汉，一个个退缩，顺从，妥协，屈服起来到像绵羊的地步。我自己也是如此，'后之视今，亦犹今之视昔'，你们不久也要走这条路呢！"他甚至怪怨他的阿宝"何不永做一个孩子而定要长大起来"，何以她变得懂事起来，懂得爱护比她更小的弟妹。"开始遏制自己的要求，忍耐自己的欲望，而谋他人的幸福"，"开始在尝人类之爱的辛味了"。

人类的童年虽然一去不复返，但人类的童心却仍然应该而且可能保持和再现。所谓大人不失其赤子之心者也。马克思说："成人不能再成为儿童，否则他就稚气了。但是儿童的天真难道不使他感到愉快吗？他自己不该努力在更高的程度上使儿童的纯朴的本质再现吗？"艺术创作就是人类的童心在更高的程度上的复活和再现。艺术家就是最具有童心的人。都德说："诗人是还能够用儿童的眼光去看的。"鲍德莱说："天才不是别的，只是童年能够自由恢复。"郭沫若也说："小儿如何有可以尊崇之处？我们请

随便就一个小友来观察吧，你看他终日之间无时无刻不是在倾倒全我以事于创造、表现、享乐。小儿的行径正是天才生活的缩型，正是全我生活的规范！”英国文学家兰姆说：“难道最智者和最善者的心中没有存留着一些童心，以适应早年醉心的事吗？难道在最智，尤其在最良善的妇女心中，没有一些童稚的气质，不但在行动上表现出来，且在语言和思想的习惯上表现出来吗？我认识一个妇人，有三十五岁左右，她还是将无生之物比拟人类，称之为He或She，或者对它们说话。有一天，她走过一片石墙，墙后有一丛向日葵花，正开得茂盛，她说：“看呀，这些花都由墙上露出脸窥我们，而且在轻颦浅笑呢？”

情商型孩子在更多的时候接受的是专业艺术教育，艺术教师素质的高低直接影响艺术教育的成败，对此恐怕没有人会提出异议。但对于究竟什么样的人才算是称职的艺术教师，则可能仁者见仁，智者见智。在这里，我们试图对艺术教师做一回形象设计。

美国艺术教育家霍斯曼认为，艺术教师必须是一个“艺术家教师”，是一个对于其所教课方面具备良好技能，一方面具有高深知识的艺术家。在《艺术与学校》一书中，霍斯曼归纳了作为一个称职艺术教师所必须具备的如下十个方面的素质：想为年轻人工作；是一个富有创造性的艺术家；具备所教课程的必备技能；是一个教学计划的制定者与革新家；对所有艺术及其在社会与人类文化中的作用较为敏感；是地方艺术博物馆或艺术中心的成员；具备艺术史与建筑学方面的知识；对流行的艺术书籍、画廊、国家与地方上的艺术家、电影等比较了解；懂得如何将知识传授给学生，同时又能从学生那里获得具有创造品质的作品；有一个充满艺术气氛的住处，能够使来访者意识到艺术是居民生活的重要部分。

可以说，霍斯曼的上述标准是全方位的，从心理准备到技能准备，从课程教学到计划制定，从自身专业到相关艺术，从学校课堂到家庭住处，几乎无不涉及。霍斯曼对教师素质的要求是高标准的，艺术教师必须是艺术家、革新家、教学计划的制定者、艺术博物馆的成员，按他的称谓即“艺术家—教师”。霍斯曼对艺术教师提出的这种全方位、高标准的要求，对我们具

有很大的参考价值，艺术教师必须对各种艺术形式都有所了解，必须富有创造性。

以上的论述证明，情商型孩子的心理过程全凭感情支配，这是他们丰富的想象力和创造力的基础。而一任感情支配便会隐入常人所认为的心理变态。但不隐入变态就不能绝假纯真。如果视绝假纯真为常态的话，那就可以正因为变态才常态；而失却绝假纯真的常人，反而正因为常态而变态了。

父母应该知道的事儿

家长和学校的教师作为情商型孩子的施教者，也就是艺术教师，把握好自己的角色是很重要的。

七、情商型孩子的专业教育问题

在艺术教学过程中，父母创设良好的艺术氛围，尽可能地激发孩子积极主动、全身心、全方位地参与艺术欣赏和艺术表现活动，使他们获得艺术审美的愉悦体验，进而培养他们对艺术的兴趣与爱好，提高他们的艺术审美能力。

艺术教育遵循的参与方针

儿童的艺术教学过程，主要是一个在教师启发和指导下的学生参与体验艺术的过程，没有学生的积极主动参与，就难有真正的艺术教学。为此，我们提出了艺术教学的参与方针，其基本含义是：在艺术教学过程中，教育者创设良好的艺术氛围，尽可能地激发学生积极主动、全身心、全方位地参与艺术欣赏和艺术表现活动，使他们获得艺术审美的愉悦体验，进而培养他们对艺术的兴趣与爱好，提高他们的艺术审美能力。

在参与方针中，第一重含义无疑是“参与”。

有人说，对于任何事情，参与是成功的一半，可见参与的重要性。而对于艺术教学来说则更是如此。可以说，在艺术教学过程中，没有参与，学生就产生不了艺术审美体验，也就不可能提高其艺术审美能力，艺术教学的审美育人目标也就不可能真正实现。因此，大凡著名的教学法都是很强调参与性的，如奥尔夫教学法从节奏入手，每人都击节奏、念节奏，要求的是运动知觉和言语知觉的共同参与；匈牙利科达依教学法要求每个人都进入到自己歌唱的声部里，强调的是听觉和言语知觉等的共同参与；瑞士音乐

教育家达尔克罗兹的体态律动更是要求人人都动作起来，突出的还是视觉和运动知觉等的共同参与。

除了参与之外，“体验”可算是参与方针的第二重含义。

艺术审美体验的一个重要特点是其内在性，体验的价值因而也“来自其自身的、内在的、自给自足的本质”，而不是其作为走向非审美体验的手段，也不为功利主义的目的服务，“它是为其自身原体验而体验的”。有人认为，年龄是影响艺术体验获得的一个主要因素，甚至断言，儿童阶段不能产生艺术体验。这种观点是站不住脚的。高兴地唱着“闪闪发亮的小星星”的小学一年级学生所获得的那种艺术审美体验，与沉浸在贝多芬第九交响曲的辉煌之中的音乐家的体验是有着共同之外的，其主要区别恐怕就在于体验的深度与强度不同而已。艺术教育的任务之一就是要缩小这种程度之间的差别。任何一个正常人只要能摆脱强迫性的、把体验作为手段来使用的那种外在要求，并主动参与艺术活动，艺术的审美愉悦体验就能够产生。正如德国哲学家卡西尔所说的：“艺术体验总是一种动态的而非静态的态度——无论是对艺术家本人还是对观赏者。我们不可能处身于艺术形式的王国中而不参与到这些形式的创造活动中去。”因而可以说，主动参与是艺术体验产生的前提，体验是参与的必然结果。

由于使学生获得艺术审美体验本身就是艺术教学的目的之一，因而在艺术教学过程中是否让学生参与到了艺术活动之中，以及参与程度的高低，都将直接影响到整个艺术教学的成败。一个在艺术大舞台上有出色表演的艺术家，如果仍把学生当做是自己的观众，而不善于诱导他们同自己一起参与艺术创作与欣赏的话，那么他就很难在中小学教室里重复演绎剧场中那激动人心的一幕；而一个善于引导学生积极参与，但艺术专业素质远不如艺术家的中小学艺术教师，却很可能把一堂艺术课上得生动活泼。

艺术教学遵循参与方针，并不意味着为让学生更好地参与到艺术活动中，便必须把每一节课都要设计得像举行一台预先排练好的晚会那样有条不紊、轰轰烈烈。艺术教学不论采取什么样的形式，只要能给学生的艺术参与提供更多的机会，创造更好的条件，就能获得好的教学效果。那种诸

如上述的刻意安排,会使得学生难以参与其中。教学本是一种创造性的活动,艺术教学更是如此。学生的参与本来就是一种即兴创造,如果一切都安排得好好的,就有可能失去一种氛围,学生就有可能失去参与艺术的冲动。

艺术教学遵循参与方针,也不意味着要把每一节课都组织得像小孩做游戏那样热热闹闹、一玩了事。虽然有的教师能创造性地把艺术教学活动设计得像游戏活动那样生动有趣,学生也参与得十分开心,但教学效果往往甚微。教学活动毕竟不同于游戏活动,它是有着明确而具体的教学任务和目标的,不能像游戏那样玩个痛快就完事,而应让学生获得艺术体验,为他们的大胆创造提供感性经验。

艺术教学遵循参与方针,关键是既要把教学过程设计成有利于学生积极主动地、全身心地参与的艺术活动过程,又能巧妙地把艺术教学目标融入其中。具体说来,首先,艺术教学要把学生的学习转化为学生全身心参与的积极活动过程,并尽可能使学生的听觉、视觉感受既外显于操作性的行为之中,又内化于心灵体验之中;其次,艺术教学要为学生主动参与和即兴创造提供氛围和机会,要以学生为中心,而不要让学生在教师划定的范围里被动地兜圈子,教师既是学生参与活动的设计者,也是学生参与行为的欣赏者;最后,艺术教学要让学生在教师的引导下,在主动参与艺术活动中不知不觉地完成学习任务,使学生在参与艺术欣赏和艺术表现活动的过程中,既获得了艺术审美的愉悦体验,同时也学习掌握了有关的艺术基本知识以及欣赏表现技能。要做到上述几点,则又取决于教师在遵循参与原则进行艺术教学时能否正确处理或灵活协调好动与静、师与生、主动和促动、过程和结果之间的关系。

当然,参与方针,并不是一味地要求动的参与而排斥静的参与,并不是一味地要求身体的参与而忽视心灵的参与,艺术教学必须动静结合,使学生全身心地参与到艺术教学活动之中。

动静结合在教学形式上不是表现为一半动,一半静,如果说学校所设课程中,除体育以外的其他课程更多的是需要静的话,那么艺术教学和体

育教学一样，则更多的是需要动（当然，艺术和体育也是有区别的，体育主要是身体的动，而艺术还得有心灵的动，即体验）。这是为什么呢？

艺术是人类情感符号的创造。苏珊·朗格认为，艺术就是将人类情感呈现出来供人观赏，把人类情感转变为可见或可听形式的一种符号手段的客观存在，通过一种诉诸直觉的意象，传达出内在生命的信息。俄国文学家托尔斯泰也说过："在自己心里曾经一度体验过的感情，在唤起这种感情之后，用动作、红条、色彩、声音以及言语所能表达的形象来传达出这种感情——这就是艺术活动。"可见，人的内心情感是需要外在表达的，艺术则以动作声音等可见可听的动态形式承担起了人类情感表达的重任。必须指出的是，如果艺术教学一味地追求学生表面上的动觉参与是不可取的。学生的动觉参与应该是"自发的、不自觉的，即使由于旁观者的存在而有所节制，形式上也是不拘一格的"。如果学生的动作看上去经过了排练，拘泥于形式，我们就得怀疑这种动作对情感的表达是否有真实感，学生是否仅仅是在老师的要求下"做做动作"而已。身体动作是内心体验的真实写照，因此学生只有对艺术产生了真正的体验，才能产生身体动作的表现冲动，这时候的动作才不是那种做做而已的动作，艺术教学中要求的动就是这样的动。

然而，身体四肢的动仅仅是表现一个人内心体验的途径之一，有时候一个人一动不动地坐在那里，照样能从其面部表情上窥视出他那剧烈运动着的内心，而这时的表现形式就不是静而是动。可见，有时候表面上的静实质上也是一种动。所以，艺术教学的参与原则，虽然强调表面上的动（动觉参与），但并不一概排斥表面上的静，它排斥的只是那种在表面上和实质上都是静的静。而表面上是静而实质上是动的静（心灵参与），同样是重要的，而且在某些情况下参与原则更注重这样的静。

艺术教学中的动是有层次之分的。蹦蹦跳跳、涂涂画画、敲敲打打这类动是浅层次的；师生问答、交流讨论、即兴表演这类动是中层次的；心潮澎湃、浮想联翩这类心灵震颤的动则是高层次的。上述不同类型的动虽有层次之分，但并无好坏之别，而且所分层次也并不是截然分开的，往往是互

相关联甚至是融为一体的。当然，不同年龄阶段、不同教学内容，需要有相应层次的动作为其动的主导形式，比如高年级艺术欣赏课，就更多地需要高层次的动。一方面，高年级学生艺术审美能力较强，对艺术欣赏的反应形式更趋向于内心体验；另一方面，对艺术作品的欣赏，需要有一定的安静环境和情绪氛围，吵吵闹闹、心情浮躁是不能进行艺术欣赏的。

总之，在艺术教学中，我们既不能让学生一动不动地从头坐到尾，缺少必需的动觉参与，也不需要学生忙个不停地从头动到尾。艺术教学的参与原则要求的是动觉参与和心灵参与相结合，即要做到静中有动，动中有静；动而不乱，静而不呆；动静交替，有张有弛。

父母应该知道的事儿

因此，特别是对于天性好动的中小学生来说，艺术与艺术教学更多的是需要学生的动觉参与的。一个人的身体动作必与他当时的感情状态有直接联系，每一个身体动作都是一种情感的符号，并共同形成一种情感的“语汇”。奥尔夫教学法就特别重视身体动作，认定最重要的乐器是身体，认为空房子里有一位有能力调动学生自愿参与的教师，比满屋子的乐器加一位能力较差的教师要好得多。

艺术教育遵循的愉悦方针

为达到某种功利目的而实施的压抑人性、不给人以愉悦的艺术教学，不论其功利性结果多么令人羡慕，都是一种反艺术教学，即违反艺术规律，背离艺术教学目的的教学。

遵循愉悦方针进行艺术教学，使教学过程具有愉悦性特征，这一方面表现为在教学过程中，师生都处于一种愉快的状态，都能获得美感满足，都能感到意趣盎然。如果师生有一方没能进入状态，如兴致勃勃的教师因教学不得法而无法调动学生积极向上的情感，或是对艺术具有浓厚兴趣而情绪高昂的学生面对的是一位情绪低落萎靡不振的教师，教学过程也就不可能具有愉悦性特征。因此，师生情感的共鸣既是创造教学过程愉悦性的前提条件，也是教学过程具有愉悦性的标志之一。

另一方面，教学的愉悦性还表现为，在艺术教学过程中，教师依靠共鸣的师生情感，利用艺术的魅力吸引、感染学生，使其自觉自愿、主动积极并富有创造性地在无拘无束、轻松愉快的氛围中参与艺术活动。显然，如果没有亲身参与，学生就难以产生切身体验，不是自觉主动、轻松愉快的参与，学生产生的很可能就不是愉悦的体验。只有当学生从被说教、动员、强制、灌输的被动地位解放出来，处在对艺术的向往与渴求，以强烈的兴趣和迫切的期待，融自身的生命内容于艺术审美对象的状态时，他们才会感到自己进入了一种"自我实现"的自由境界，超越了个人功利的困扰(升学、名次、成绩等)，超越了现实的暂时纷争(师生关系、同学关系、父子关系等)，在个性的空前解放中获得极大的享受和愉快。可见，学生主动而愉快地参与艺术活动同样是艺术教学愉悦性得以产生的条件和主要标志。

为此，遵循愉悦方针进行艺术教学，就要求在教学过程中，既要注意形成师生的情感共鸣，同时更要注重保护学生的艺术兴致。

在艺术教学中，师生之间的情感共鸣表现为师生面对同一艺术审美对象，共同参与艺术活动，获得相同或相似的情感体验，并互相给予对方尊重和欣赏。由于生活经历的不同，艺术修养的差异，每个人对同一艺术对象的理解与表现也会不尽相同，但人们参与艺术活动所获得的愉悦体验是一样的。可以说，对于艺术，所有的人都是平等的，都处于一种主体地位，而不管他们世俗地位的差别有多大。因此，艺术教师首先必须对学生的艺术审美能力持信任态度，对他们相对于艺术所处的主体地位予以尊重。教师不要在学生面前以艺术权威自居，不要试图做出无所不知、无所不能的样子，不要摆出教授的架子，而是保持像木匠、管道工一样普通人的本色。即使学生对艺术的理解和表现有些幼稚可笑，也切不可持轻蔑态度，而应在共同参与艺术活动的过程中，巧妙地给学生以指导，即不要让学生认为你是在挑剔与讥笑他，相反，应该让他们感到老师与自己对艺术的理解和体验是多么的相似，对自己的艺术独创性和想象力是多么的欣赏和感到惊讶。

总之，当学生在全身心地参与艺术活动的时候，不要让他们感到在其

周围总是有那样一双冷漠的眼睛盯着他们,而应该让他们欣喜地发现老师正在和自己一起分享艺术的愉悦。此时,教师所持的必须是“一种寻找优点并加以赞赏的态度,而不是寻找缺点并加以责备的态度”。只有这样,教师才能创造出艺术教学所必需的“一种没有猜疑、小心翼翼、自卫,没有敌意和担心的课堂气氛”,也只有在这样的师生情感融合的课堂气氛里,学生才能真正地拥有和保持艺术所给予他们的愉悦。

父母应该知道的事儿

艺术是一种不折不扣的精神食粮,人们需要它,是因为它能够给人以愉悦、以享受。作为人类特有的精神食粮,艺术能使人在精神上产生愉悦和美感,这种精神需求的满足有时候甚至超过对物质的需求。正是因为艺术具有愉悦性,人们才可能会在心情舒畅的前提下去主动参与艺术审美活动。艺术教学若不能确保学生具有好心情、好情绪,是不可能获得好的教学效果的。

艺术教育遵循的融合方针

艺术教学的融合方针,是指运用各种教育与艺术形式所能提供的手段与方法,在某一艺术课程或该门艺术课程的某一方面的教学过程中,充分融合其他艺术课程或该门艺术课程的其他方面的内容,以便有效地提高艺术教学效益,拓宽学生的艺术视野与审美空间,全面提高学生的艺术修养。

那么,究竟是什么引发了我们提出这一方针呢?应该说主要是不尽如人意的艺术教育实践。艺术内容的丰富与教学课时的稀少、艺术形式的多彩与教学方法的单调、各艺术门类之间的亲情关系与各艺术课程之间的不相往来……如此种种充满矛盾的艺术教学现状,的确需要找出能够有效地解决这些矛盾的途径和办法,使中小学艺术教学真正做到融为一体、短时高效、丰富多彩,真正具有审美教育的性质。

让我们来看看两个艺术教学的实例。

这是20世纪60年代美国一所学校的艺术欣赏课。教师先让学生看一幅画,这幅画描绘的是一条小溪,小溪的对面是一座教堂,阳光透过弥漫的

雾霭照在小溪上，小溪波光粼粼。学生开始分组讨论，用小提琴在高音区的颤音来表现小溪上的雾霭和粼粼波光，用圣咏的合唱来表现小溪对岸的教堂，然后学生随即自己尝试着演奏，最后教师告诉大家，有一位作曲家正是根据这幅画写了一首作品。当教师播放这一作品时，全体参与创作的学生都怀着极高的兴致欣赏着。令学生惊奇的是，作曲家的思路和他们的思路竟是如此的相像！同样令学生兴奋的是，他们忽然领悟到，色彩斑斓的画面是完全可以用奇妙的音符组合起来表达的。

下面是在北京一所学校所上的一堂音乐课。

教师先在钢琴上弹出法国著名作曲家德彪西的《月光》曲，请学生在纸上写出或者画出自己对音乐的印象。教室里静静的，只有教师的琴声在回荡。学生的画令教师吃惊：弯弯的月亮、柳树的枝条、月色下的一叶扁舟……每一幅都不一样，但大都有一种月色朦胧之感。学生所写的诗句有的引自唐诗，有的则是学生自己创作的新诗。接着，教师请学生为所听的曲子命名，其中有一部分学生竟准确地说出了“月光”二字。然后，教师介绍了法国印象派诗人魏尔伦和他的《月光》诗，又让学生朗诵了里面的诗句，教师弹奏《月光》曲，让学生进行诗配乐表演。这堂充满着诗情画意的课使学生获得了美的享受。它美就美在教者巧妙地把音乐、画面、诗词三者融合在一起。应该说，这堂课的意外收获是，学生懂得了音符所表达的意境同样是可以用线条、色彩、诗句来描绘的。

上面所举的两个例子表明，音乐、美术、诗三者之间存在着某种天然的联系，正是这种天然的联系，使得我们有可能穿过某一种艺术形式而走进另一片艺术天地。英国作曲家、音乐评论家舒曼对此证实说：“有教养的音乐家能够从拉斐尔的圣母像得到不少启发，同样美术家也可以从莫扎特的交响乐中受益匪浅。不仅如此，对于雕塑家来说，每个演员都是静止不动的塑像，而对于演员来说，雕塑家的作品也何尝不是活跃的人物？在一个美术家心目中，诗歌都变成了图画，而音乐家则善于把图画用声音体现出来，这使得遵循融合原则进行艺术教学成为可能。

当然，融合方针要真正付诸艺术教学实践，不可回避的外在条件至少

包括：艺术教师必须具备足够广泛的艺术修养，以便能清楚地看到他正在进行的教学工作同其他领域之间的关系。艺术课教材所选内容及其编排方式等，必须为艺术教学遵循融合方针提供广泛的空间；学校必须提供必要的设备等。实践证明，艺术教学遵循融合方针是具有现实可行性的，前面的两个例子首先就为此作了充分的佐证。我们应该看到，虽然目前尚未有人明确地提出艺术教学的融合方针，但事实上，无论是在国外还是在国内的艺术教育理论与实践中，有许多著名的艺术教育家、普通的艺术教育教师，都自觉不自觉地在倡导、遵循并巧妙地运用着融合方针。

美国人霍斯曼在《艺术与学校》一书中扼要地提出过类似的建议，他告诉读者"一个不需要增加学习时间、教师数量和设备，却能扩充艺术课程的方法"，那就是使整个艺术教学课程一体化，同时充分运用现有的物质条件、空间、学校与社会的艺术人才。这种教学强调所有艺术基础的、共同的东西，即审美性、创造性、表现性。虽然霍斯曼没有对艺术教学课程一体化给予必要的论证，但他确信，"就像语言教学能把听、说、读、写综合起来一样，艺术教学也可以把视觉艺术、听觉艺术、触觉艺术等融为一体"。

我们提倡艺术融合教学，并不是说教音乐就必须与美术联系起来，或教美术就必须与音乐联系起来，而是指在有必要和可能的情况下才这样做。提出艺术教学的融合方针的目的之一，就是要改变那种单调、机械的教学形式。如果我们将融合方针作绝对化的理解，则可能不但达不到这一目的，而且还会在原有基础上增添新的单调、机械的因素。关于这一点，美术特级教师王竹特别提醒了我们，他说："美术课中，适当地引入音乐，在欣赏与创作活动中提供听觉的信息，对营造良好的艺术氛围，调动学生的积极性，陶冶学生的情操，是十分有益的。但是，一味地不分需要与否，每堂课放音乐，是十分不恰当的，而且往往是有害的。听觉效果过强的音乐往往会分散孩子们的注意力，不协调的音乐会干扰孩子们的情绪，长期地滥用音乐会使学生产生厌烦心理。"

艺术教学是一门最具艺术性的教学，我们只有尊重艺术特征，才可能获得教学的艺术效果。艺术教学如果在内容、手段、方法等各个方面都摒

弃单调、分隔，而遵循融合原则，把各种艺术形式巧妙地融合在一起，把同一种艺术形式的各个方面充分地融合在一起，把艺术学科和其他相关学科适当地融合在一起，把教学内容与教学环境、教学气氛有机地融合在一起，把学校艺术教学与社会艺术环境融合在一起，那么它将极大地丰富教学内容，拓展学生的艺术审美空间，增强教学活动的艺术趣味，激发学生的艺术学习兴趣，最大限度地发挥出其艺术教学效益，真正体现艺术教育的审美教育性质，真正实现艺术教育的审美育人目标。

父母应该知道的事儿

除了音乐与美术的相互融合外，音乐与诗歌、舞蹈（律动），美术与书法、化装表演等，都可以很好地融合在一起。总之，我们的艺术课应该在教师素质、教学设备等所能允许的范围内，尽可能地融合各种艺术形式，充分调动人体的全部感官。

八、未来音乐家的训练技巧

儿童的生活离不开音乐，美好的音乐与儿童纯真的心灵是相通的。孩子的发展需要音乐，音乐可以促进儿童发展。音乐的启蒙就是要孩子创造一个良好的音乐环境，采取生动有效的方法对孩子进行音乐教育，使孩子在生动有益的音乐活动中发展良好的心理品质，发挥音乐潜能。

揭秘音乐启蒙教育

为什么儿童的生活需要音乐？为什么儿童在听音乐时常常会比成年人更敏感、更富有激情地随着音乐手舞足蹈？儿童最喜欢、最乐于接受和理解的是什么样的音乐？怎样才能使更多更好的音乐渗透到孩子幼小的心田里，成为他们身心健康成长的营养？是否每一个孩子都具备音乐发展的潜能？音乐的启蒙怎样才能最有效地挖掘出每一个孩子潜藏的音乐才能？音乐才能的培养对儿童的全面发展有什么意义？怎样开始正确的音乐启蒙？

这些问题一定是父母和老师非常关心并急于寻找答案的问题，也正是本节所要致力探求的问题。

热爱音乐是儿童的天性

儿童满怀着好奇和探究的心理来到这个世界，他们睁开眼睛就要寻觅鲜艳、明快的色彩，看五彩缤纷的世界；他们竖起耳朵就要倾听母亲的声音和环境中丰富多变的音响。美丽、鲜明的色彩与图案可以满足儿童视觉的需要，而优美动听、欢快活泼的音乐便是满足他们听觉需要的最好刺激。

儿童终日生活在想象的世界里，一块积木、一堆沙土、一只小动物，这些简单的物品都能为他们提供丰富的想象天地，他们可以由此而编出许多童稚的故事；同样，生动形象、富有情感的音乐旋律与节奏，尤其是一些描述性的、模拟性的音乐，更是发挥儿童想象的好材料，他们可以从音乐中领略到大自然流水淙淙、鸟语花香、群蜂飞舞等美妙动人的场景。

儿童由于缺乏知识和经验，他们渴望模仿，通过模仿学习到技能和本领。音乐又为儿童提供了可以模仿的极好材料。一些歌的旋律非常朴素优美，节奏多次重复，朗朗上口，儿童不需要借助任何外部工具，张嘴就能模仿，而这种模仿本身就是一种最直接的学习。

天真活泼的儿童对音乐天然的热爱和向往帮助我们确定了这样的信念：每个儿童都需要音乐，每个儿童都有接受音乐文化的愿望和要求。音乐的启蒙就是要满足并激发儿童对音乐的兴趣，发现和培养儿童的音乐才能。

儿童需要音乐，那么音乐对于儿童的生活和成长又有什么意义呢？

前南斯拉夫的一所实用音乐学校经过多年的实验研究发现，在该校受过良好的音乐启蒙的孩子到了成年以后，仍然保持着强烈的好奇心，他们会对周围的音乐活动及所有富于创造性的活动形式抱有很大的热情，在生活中勇于克服困难，不怕失败。更主要的是，这些学生都成了一个个独立的人。他们认为，这便是音乐启蒙的成就。音乐启蒙的意义就在于保护和不断发展儿童的创造想象能力，使之不致随着年龄的增长而丧失。

匈牙利的音乐教育家认为，音乐刺激可以直接激起儿童进行各种活动的意向，是引导儿童发展的不可替代的因素，对于儿童认识、情感、意志的发展都有重要意义。

他们认为，感知能力是情感萌芽的起点。倾听音乐和唱歌可以发展儿童的接受能力和情感反应。在某种起特殊作用的音乐的帮助下（比如一些较为热烈的音乐），可以使儿童保持情感的激动状态；同样，在必要的时候，舒缓、柔和的音乐可以抑制情绪的激动，把儿童从某种竞争引起的激烈状态引向平静。音乐大大丰富了儿童的情感体验。

在音乐活动中，儿童的注意力可以通过各种途径得到发展。例如，一个新的音色、一首新的歌曲或乐曲很容易使孩子集中注意力，因而在倾听、歌唱和演奏活动中，儿童的注意力便得到了锻炼。

儿童的观察力在分辨旋律乐句的细微变化（音量大小、强弱、音色）中得到发展。因为儿童必须对他所听到的音乐作细致的观察，即听觉上的"观察"，然后才能去努力模仿他们听到的声音，唱好歌词和曲调。

唱歌也发展了儿童的记忆力。老师通过简单的哼唱旋律，把歌词教给孩子，儿童的音乐记忆力便在他自己的内心哼唱中得到了加强。

音乐活动还可以发展儿童的想象力。音乐刺激儿童产生与音乐性质相一致的新的情感体验，使儿童的幻想更美好。儿童的想象越丰富多彩，他从音乐活动中得到的愉悦也就越多。

音乐活动可以提高儿童的思维能力。例如，空间概念是抽象思维的起点，而视唱教学中手势语的帮助，即用手的动作来表示音的高低长短，对儿童空间概念的形成和巩固是很有意义的。

音乐活动还锻炼了儿童的意志。例如，一个乐感较弱的孩子学习音乐，他要唱准曲调，就必须集中注意力听清楚正确的乐声，并模仿出来，这就要求儿童做出意志的努力。

国外的研究成果对于深化我们的音乐教育观是很有启发的。他们重视对音乐教育自身规律的探讨，用儿童所喜闻乐见的各种形式进行的音乐启蒙，切切实实地在各种音乐活动中提高了儿童的音乐能力和心理品质。他们提倡学习音乐就是为了音乐本身，就是为了用音乐本身去打动孩子的心。他们遵循音乐艺术自身的规律和儿童身心发展的规律去进行音乐的启蒙。

而在我国，一些人将音乐教育看成是德育或智育的附属，过分强调音乐的教化作用，片面理解音乐对开发智力的作用，因而有时候表现出一些"急功近利"的倾向。比如，要突出音乐的教育意义，便到歌曲的歌词中去找思想性；音乐可以使孩子更聪明，便仅仅以教会几首歌或一样乐器为指标，重视了音乐的功能性，却相对地忽视了艺术性，对音乐艺术教育自身的

特殊规律不够重视。

音乐确实有着启迪智慧、教化人类等种种了不起的功能，但首先必须让孩子喜爱音乐，学会倾听、理解音乐，从听觉到心灵都沉浸在音乐之中，这样才能真正感受到音乐中流淌着的智慧和人格的力量，才能真正被音乐所动，从而使灵魂得到升华，变得更高尚、更有智慧。在儿童的音乐启蒙过程中，我们应当努力摸索、探寻最有效的教育方法，创造出生动、富有启发、卓有成效、富于美感的音乐活动形式，包括倾听音乐、歌曲教唱、节奏活动、音乐游戏等，让孩子们通过这些有趣的活动，体会音乐的美，学习表现这种美。在音乐活动的同时锻炼提高儿童的心理品质，培养和发挥儿童的音乐才能。

儿童潜藏的音乐才能是极其丰富宝贵的，远远超出我们成年人的估计。在成年人中，五音不全的音盲或对音乐一无所知的人还大有人在，所以有时候我们往往由于自身某些因素的局限低估了儿童的音乐潜能。有一个20个月大的小男孩，父亲是个小提琴手，家里经常播放优美的乐曲，音乐伴随着他一天天长大。父母用来制止他啼哭的最有效的工具就是音乐。恰恰有一次，由于电压不足，录音机磁带“跑调”了，他的哭声还没有完全停止，就急忙哽咽着告诉父亲：“磁带坏了！”而同时，站在一旁的小保姆竟然一点儿都没有听出来。这个对比不是很有趣吗？

心理学家和教育学家曾经建议，在儿童，特别是幼儿生活的环境中，在儿童视线所及的范围内，多布置一些鲜艳明快、美丽大方的装饰品或玩具，这些醒目的视觉刺激可以大大激活儿童视神经的反应，丰富儿童的视觉经验，发展儿童的视知觉。这个建议已经得到了普遍的采纳。那么，对于发展儿童的音乐听觉能力是否也可以借用这种方法呢？让儿童的生活中多一些优美动听的声音，同样可以提高儿童听觉的敏锐性。当儿童的生活中充满了音乐，儿童每天都能接触音乐、听音乐，这样慢慢地，儿童就能一天一天、一点一点地逐渐听懂音乐，也会学着表现音乐了，这是一个很简单的道理。就好比儿童学习语言，必须有一个语言环境，使他每天都能听到大人们说话，这样慢慢地他就能听懂成人的语言，并且也会自己学着说话了。

儿童模仿成人语言不仅在用词造句方面，而且连抑扬顿挫等音调变化都能学得自然而生动，这首先应当归功于语言环境的潜移默化的作用。同样的道理，学习音乐也需要环境，只要我们为儿童创造一个良好的音乐环境，我们就可以使每一个儿童的音乐潜能得到惊人的发挥。

总之，儿童的生活离不开音乐，美好的音乐与儿童纯真的心灵是相通的。儿童的发展需要音乐，音乐可以促进儿童发展。音乐的启蒙就是要为儿童创造一个良好的音乐环境，经常性地不间断地通过倾听、歌唱、拍手、游戏等多种形式，采取生动有效的方法对儿童进行音乐教育，使儿童在生动有益的音乐活动中发展良好的心理品质，发挥音乐潜能。

音乐是声音的艺术

与文学、绘画、雕塑、舞蹈、戏剧等艺术形式相区别，音乐是一门声音的艺术。它借助声音这一物质材料，建筑一个音响世界，作用于人的听觉，进而在人的情绪、情感和思想境界上达到某种沟通，从而作用于人的心灵。

音乐离不开声音。没有声音也就谈不到音乐。声音有以下四个基本特征：

(1)声音有一定的音高。不同频率产生不同的音高。声音的高低变化在音乐中是构成旋律的基础。

(2)声音有一定的时值。每个音都要经历一定的时间，经历时间不同，音的长短也就有所不同。音的长短在音乐中是构成节奏的基础。

(3)声音有一定的强度。不同的振幅产生不同强度的音，这种强弱也有相对性，强音后面的弱音会显得更弱，弱音后面的强音会使人感到特别强。音的强弱在音乐中是构成节拍的基础，也可使音乐有力度、有变化。

(4)声音有一定的音色。不同声音的质量产生不同的音色，各种乐器有各不相同的音色，不同人的发声也有不同的音色。同一种乐器，采用不同的演奏方法，都有不同音色的变化；同一个人用不同的发声方法，可以变化自己的音色。

音乐正是依靠声音的这些基本特性，按照一定的逻辑形式加以发展变化，并以此来描述客观世界和人的内心情感的。

以声音为物质材料，音乐有它特殊的表现手段。语言是人们交流思想感情的一种重要工具，它是通过具有一定意义的字词，以及由字词所构成的句子、段落和说话时的种种声调来表达交流的，而音乐则不像语言那样有非常具体和含义明确的词汇、句子，但它有时却能胜过、超越任何一种语言，成为一种人类都能理解的、不需翻译的、可直接交流思想感情的“世界语”。这是因为不同性质、不同特点的音乐是通过不同的旋律、节奏、力度、速度、音色、结构形式等表现手段而表达出来的，这些表现手段常常是综合在一起发生作用的。这些表现手段并非由某一个人臆想出来，而是在人类的长期音乐活动中所产生的。由于这些表现手段来自于自然界中的各种音响，来自于人们说话的声调、表达感情的方法，因而是人们所熟悉和易于接受的，也是全世界各民族共通的。

可见音乐一点儿也不深奥。音乐的种种表现手段在现实生活中都有着客观的依据。在我们的周围环境中，无论是自然界，还是社会生活中都充满着各种音响，如鸟叫、蛙鸣、暴风的呼啸、雨水的滴答、汽车的鸣笛声、火车飞机的隆隆声等，这些音响与人们语言的声调及民歌三者乃是音乐家们音乐语言的重要来源。世界名曲《野蜂》、《云雀》、《雨滴》、《田园交响乐》等，就是音乐艺术大师用高超的艺术手段所表现出来的一些大自然中的音响。为幼儿创作、深受幼儿喜爱的一些歌曲、乐曲中更是有许多模拟小鸭、小鸡、汽车、火车的象声音乐语汇及音响材料。我们从小培养儿童对周围生活的各种声音有敏锐的感觉和细微的辨别能力，就能为他们欣赏音乐作品打下良好的基础。因为周围生活中的这些声音都是具体的，能直接感受到的。有了倾听具体声音的经验，在以后倾听运用艺术手法来表现它们的比较抽象的音乐作品时就能很快领悟。

我们完全有理由确信，经过有效的音乐启蒙，可以带领孩子通过音响感知这一途径，走向音乐艺术的王国。

父母应该知道的事儿

音乐是表情达意的艺术，儿童恰恰具有喜形于色、感情外露的特点，他们还难以用言语表达他们内心的情感和体验，而音乐中强烈的情绪对比、

鲜明的感情描写正抒发了儿童的内心感受，所以儿童发自内心地喜欢音乐，以至于常常情不自禁地随着音乐手舞足蹈。

听力技能的培养

听力技能是幼儿必须具备的一项非常重要的基本技能。只有等幼儿真正能够“听”的时候，也就是说，只有等幼儿真正具备了一定听的能力的时候，我们才有可能开始着手培养他音乐方面的能力。所以说，听应该是幼儿音乐启蒙的第一步和出发点。

那么，怎样培养提高幼儿的听力技能，怎样帮助幼儿发展这一基本技能呢?

下面，我们就向您介绍一些训练幼儿听觉的方法和手段。在运用这些方法和手段之前，首先您还要明确以下这样几个问题：

(1)在对幼儿进行听力技能训练的时候，必须使孩子做到全神贯注，精神集中。孩子能不能做到这一点，就取决于他对你提供的音响材料是否感兴趣。如果是孩子喜欢的音乐，他就会不厌其烦地去听，甚至百听不厌。所以，你应该选择一些孩子感兴趣的音乐材料来对幼儿进行听力技能训练。

(2)在对幼儿进行听力技能训练的时候，应该让孩子明白，他正在听什么。假如是听一段对话，他就应该具备听懂对话所必需的词汇量，或者是正在使用的各种概念；假如是在听一段音乐，他就必须能够借助于最初对声音的感受、辨别和记忆能力，从而了解音乐所描绘的事物形象。这就是说，孩子熟悉了现实世界中他所感受过、听到过的各种音响，他才能够体会出音乐是怎样通过对现实世界各种音响的模拟和反映，来表现这个现实世界的。

(3)声音是短暂的，即发即逝的。要让孩子在这短暂的一瞬间辨别、比较和整理声音是非常困难的。因此，孩子必须通过大量的反复的实践，去听，去记忆。只有当他有了丰富的听觉经验，他就可以在听音乐的一瞬间，从总体上领悟声音，而不需要经过细致的辨别和比较了。

学会倾听声音

听力技能的培养可以有许许多多的途径,完全可以纳入日常活动计划之中。比如,可以和孩子们一起听和讨论各种声音,如呼啸的北风、潺潺的小溪、滴答的小雨、轻扬的雪花等;可以利用给孩子们讲故事的间隙,让孩子们集中注意力去听教室内外各种特殊的声音;可以通过唱歌和游戏去增加孩子们描绘声音的词汇量,增强孩子们的记忆力;可以邀请一些成年人和孩子们一起交流彼此的听觉经验;可以在课堂上带有针对性地向孩子们提问,启发他们有意识地去听……总之,有很多机会、场合和时间可以去培养孩子们的听力技能。

我们在这里所提供的听力游戏,只是想给您以某些启发。各位老师和家长可以根据孩子的实际情况、性格特点、兴趣爱好等去进行改编,从而使这些特殊的听力游戏更加适合于您的孩子。当然,您还可以自己发明一些更加有趣的游戏。

1.倾听人体声音

(1)和孩子们面对面地在一起,看着你的孩子,也让孩子注视着你,让他模仿你发出的各种各样的声音:拍手声、拍腿声、跺脚声、轻快的跳动声和各种噪音等。

学会了面对面地玩这个游戏以后,还可以把它变得稍微难一些再玩。例如,用屏风或书橱、大硬纸板等,将你和孩子隔开来,使他看不见你,而依靠听觉来模仿你发出的各种声音。

(2)找三四个孩子背过身去,或者藏在屏风后面,只叫其中一个孩子说话,然后问房间里其他的孩子:他们几个人中谁在说话呢?

这种辨别声音的游戏也还可以再增加一些难度,让背过身去或者藏在屏风后面的孩子除了一个人不说话以外,其他几个孩子一齐说话,这时你再问:他们几个人中间是谁没有说话呢?

(3)让孩子们围成一圈,你对第一个孩子说一段耳语,让他们一个一个挨着顺序轻轻地把这耳语传递下去,传到最后一个孩子,你请他把听到的耳语大声说出来,看看这耳语在传递过程中是不是走样了。

2.倾听日常用具的声音

(1)找两个不同的物品(比如钥匙串和小木棒),让孩子仔细地倾听,辨别它们通过敲击各自所发出的不同声音。然后你背过身去,不让孩子看见,晃动钥匙,或者轻轻地用木棒敲打桌子,请孩子说出是哪一样东西在发出声音。

在玩这个游戏时,刚开始选择的物品发出的声音差别应该大一些,然后可以慢慢地缩小差别,提高孩子们的分辨能力;还可以逐渐增加发声体的数量,一次用四五种物品,甚至更多,让孩子们去辨别。

(2)准备两套发声体,你一套,孩子一套。每套包括三种能发出不同声音的物品。让孩子先看着你做不同方式的发声,然后请他用他那套发声体,模仿你发出同样的声音。

你还可以躲在屏风或书柜后面去做,再请他只凭听觉模仿你发出同样的声音。

(3)绘制一些你和孩子游戏时所用的各种发声物体的图片,你用实物发出声音,让孩子根据他听到的声音,从这些图片中找出相应的发声物体的图片。还可以不让孩子看见你用的是什么物品,要求他仅仅根据听觉来挑选图片。

(4)让孩子们围坐成一圈,分发三四种能发出不同声音的物品,每人一件。请一个孩子到圆圈中央来,用手帕蒙住他的眼睛。这时请围成圈的孩子们一起敲打他们手中的物品,让圈子中央的孩子寻找与他自己拿的物品发出一样声音的另一件发声物品,他找到了拿这个物品的孩子以后,便和他交换位置,游戏继续进行。玩过几次以后,可以换一个发声物品,再接着玩。

3.倾听乐器的声音

上面列举的所有游戏,都可以换用打击乐器来进行。

对于年龄稍微大一些的孩子,或者是已经有大量的听觉实践,对声音有了足够的认识的孩子,就可以试着使用音叉了。

准备两套音叉,你用一个音叉敲击,让孩子选择一个相应的音叉发出

和你一样的声音。由于音叉有固定音高,因此这个游戏可以帮助孩子建立准确的音高概念。

还可以借鉴上一节介绍的各种游戏方法,使音叉游戏的难度适当加大,增加其复杂性。

4.倾听周围环境的声音

请孩子们闭上眼睛,问他们能听见什么声音:

房间里的声音;

房间外面的声音;

更远一些地方的声音。

对于孩子,可以启发他区分出声音的远近。让他试着去模仿这些声音。可以试着请年龄大一些的孩子用文字或图形去记录或描述他们听到的声音。

带孩子到户外作短距离的散步,让孩子倾听环境中各种动听的声音。回来的路上可以让孩子重复、回忆模仿他们听见的各种声音。回到家里,让孩子寻找合适的文字语言去形容、描述这些声音。学会一些象声词,比如:嘶(sī)、欧(ōu)、嘟(dū)、呜(wū)等。

动物的声音、人的声音、机器的声音、交通工具的声音和音乐声等,这些在日常生活、周围环境中随处可闻。让孩子随时倾听这些声音,体会声音的各种特性:高的、低的,远的、近的、强的、弱的,长的、短的、响亮的、轻柔的、优美的、粗俗的,等等。

学会记忆声音

利用你身体的各个部位,发出几种不同的声音(拍手、拍肩、跺脚等),让孩子按照顺序模仿你。你还可以躲到屏风后面去做,重复这一游戏。

声音顺序传递游戏(适合于大班幼儿)。

让孩子们围成一圈,第一个孩子随便发出一种声音开始游戏,全体孩子都重复这一声音;第二个孩子重复第一种声音,并且再增加一种新的声音,全体孩子都重复这两种声音;第三个孩子重复前两种声音,再增加第三种声音,全体孩子都重复这三种声音……依次类推,看看孩子能按顺序记

住多少不同的声音。

准备两套相同的能发声的物体(日常生活用具或乐器都可以),你一套,孩子们一套,你用自己的那一套发声物体发出各种不同的声音,然后请一个孩子按照你的发声顺序,模仿你发出同样的声音。

这个游戏还可以一步步加深。

你所发出的声音的种类可以一次比一次多。

用你的那套发声物体发声时不让孩子们看,让孩子们模仿。

选择四种或四种以上的物体,让它们同时发出声音,请孩子们听;再拿走一个物体,只用三种物体来发出声音,请孩子们听,并问他们少了哪一种物体的声音。

教孩子们唱一些简短的歌曲,让他们记住歌词、旋律和节奏类型。

组织一次"听力游园会",让孩子们在花园里散步或游戏,同时你用录音机播放一些声音录音,看看孩子们在无意识的状态下,能不能记住录音机播放的声音顺序。

做将声音信号和动作联系起来的游戏。比如,用拍手声表示跑,铃鼓声表示跳,大鼓声表示停止,钹声表示坐下,等等。

开始时可以用两种信号,如跑和停止、跳和停止;然后可以用三种信号,如跳、停止、坐下,跳、停止、坐下;最后可以将四种信号混合起来用。还可以发明更多的信号交替使用。

学会听录音

由于种种客观原因,整个声音世界一般不容易被生动、全面地介绍到幼儿园或家庭中来,因此我们只有通过听录音来欣赏这个丰富多彩的声音世界。通过做游戏、唱歌和孩子们自身的音乐创造活动帮助他们养成一种良好的听力习惯。孩子们听他们懂音乐的父母、哥哥、姐姐的演唱是他们最喜爱的一项活动,也是他们在听力培养阶段最迫切需要的一项内容。在要求孩子听录音音乐的时候,我们不能不注意到,对于绝大多数孩子来说,这种声音已经通过收音机、电视、录音机渗透到社会生活的各个角落。那么,这就需要我们最好能单独为孩子制作一些录音节目,比如录制一些与

他们自身的音乐活动有关的音乐磁带；将运动会上使用的音乐拿给孩子们反复听；用录音音乐编出相应的故事；当孩子们已经能够用画笔来描绘他们听到的音乐的时候，我们就可以有目的、有计划地录制一些适合他们接受能力的曲子放给他们听，例如，当孩子们在边唱边玩雪的时候，我们可以把《踏雪寻梅》介绍给他们。

在录音资料准备好了之后，孩子们就应该准备有目的地去倾听这些录音音乐了。开始时，我们让孩子们倾听音乐的时间应该短一些，最好不要超过2～3分钟，并且在倾听音乐的时候，应该要求孩子们指出一些他们正在倾听的这一段音乐的一些特征。例如，在给孩子们听前苏联作曲家普罗柯菲也夫的童话音乐《彼得与狼》的时候，你可以问问他们："你能听出来哪一段音乐是描写少先队员彼得的吗？""哪一段音乐是描写狼的？""哪一段音乐是描写老爷爷的？""这三段音乐听起来一样吗？怎么不一样呢？"等等。

录音机的使用方法可以有很多种。还可以用录音机来补充和扩展我们前面所介绍的音乐游戏。使用的录音机的质量应该比较好，因为质量不好的录音机会使某些真实的声音失真变调，这对孩子们的听觉训练非常有害。另外，我们在训练孩子们听力的过程中应该尽可能地推迟使用录音机，我们应该将孩子们的兴趣集中到听真实的声音上来。只有当孩子们已经经过大量的听力实践，具备了丰富的倾听声音的经验以后，你才可以用录音机试着给孩子做如下一些活动。

制作一些你和孩子都非常熟悉的成人和孩子的声音录音。你可以先按顺序一个一个地录下他们的声音，然后再录下他们彼此交谈的声音。你把你录制的你们这些好朋友的声音放给孩子听，让他们从中分辨出每个人的声音。

录下一些家里特有的声音，像妈妈做饭、洗衣服的声音等，放给孩子听，叫他去辨别这些声音。多数孩子都喜欢那些有他们自己声音的录音，所以我们制作录音节目时可以让他们尽可能地参与进去。

录下公路或操场上等孩子们比较感兴趣的地方的各种声音，让孩子们

自己去倾听和辨别。

将你录下的各种声音做成许多与声音一致的图片,发给每一个孩子。在他们听录音的时候,让他们找出其中与声音相一致的图片,看谁找得最快、最准。

对于年龄较大的孩子可以录制一些音响故事,即将各种声音连贯起来,并赋予一定的想象力,使它成为一个有情节的故事。在这种音响故事里,最好让孩子们自己的声音成为故事的主角。

父母应该知道的事儿

幼儿的听觉常常要比成年人更加敏锐,他们对周围环境的各种声响特别敏感。可是在以往的教育中,我们常常忽视了听觉的训练,忽略了怎样教幼儿通过听来了解周围的世界。事实上,听和看一样,是人们认识世界的一条重要途径。而且对于婴幼儿来说,尤其是刚刚来到这个世界的新生儿,或是还在母亲腹中的胎儿,他们的眼睛或许还看不到一点光亮,但他们的耳朵却已经能够听见母亲慈爱的呼唤和大自然的千言万语了。

看来,及时地发展幼儿的听觉技能是一件十分必要而有益的事情。

节奏感的培养

绝大多数孩子都有一种天生的节奏感,或者说节奏的本能。当他们还是母亲腹中的胎儿时,就已经感受着母亲的有节奏的心脏搏动。降生以后,他们来到一个充满各种节奏的声音王国,因而对各种声音的节奏尤为敏感。曾经有人做过这样一个试验:给一个躁动不安正在吵闹的新生儿播放他母亲心跳的声音录音,很快就使这个新生儿的情绪平静下来。这说明新生儿对母亲特有的心跳节奏有一种清晰地分辨和记忆能力,这不能不说是一个奇迹!

孩子们自身的许多本能动作也是极富节奏感的。比如孩子吮吸母亲的乳汁,这是一个与生俱来的本能动作,其中就包含了动静、缓急的有规律的交替。甚至有人把新生儿的第一声啼哭看做是人的第一个节奏活动,这也是不无道理的。

我们说绝大多数孩子都有一种天生的节奏本能，但是这种本能需要我们去不断地挖掘、培养和提高，否则就有可能自生自灭，到了成年以后反而丧失了对大自然各种生命节律的敏感，这将是一件多么遗憾的事情啊！因此，我们要尽量多地为孩子们提供节奏活动的机会，使他们能够经常感受到万物特有的节奏，使他们能够自觉地通过自身的身体动作或者舞蹈、歌唱、游戏等活动来准确而富有韵味地再现这丰富多彩的节奏。

人体动作节奏游戏

人体是一个天然的节奏乐器。我们可以用它“奏”出许多好听的节奏乐，比如拍手、拍腿、跺脚、奔跑、点头等。但是这些动作不可能生来就会，因为它还受到孩子们动作能力的发展、大脑控制协调能力的提高等因素的制约。就拿最简单的走步来说，就是一个需要手脚配合、协调活动的动作。要能走出合上音乐节拍的步伐，关键在于脚落地时要能合拍。要做到这一点，每走一步的时间就要相等，这就意味着双脚在空间的移动必须均匀，身体保持稳定、平衡的能力也相应要高，否则会出现大一步、小一步，快一步、慢一步的现象，致使动作难以合拍。这就是一种“身不由己”的情况，内心能感觉到节奏但不能通过大脑有效地控制身体把它表现出来。可见要能自如、准确地随音乐上下肢协调地动作，必须在大脑对肌肉动作的控制能力、平衡能力有一定发展的情况下才能产生。那么，如果我们能够尽早地鼓励孩子通过自己的身体活动去发现他们自身的身体节奏，从而充分利用身体这一天然打击乐器，去更好地感受各种节奏，提高节奏感，这对于提高大脑对身体动作的控制能力，增加动作的协调性，使动作更加优美而富有韵律感，是非常有用的。

我们可以选用如下一类儿歌来帮助孩子们开始身体动作节奏的训练。

儿歌1

我用榔头在干活，捶、捶、捶、捶，我用榔头在干活，一天到晚都在捶。孩子们手握小拳头轻轻地捶击膝盖，保持一个稳定的节奏型。

儿歌2

商店里有5个小面包，5个新鲜的小面包，面包上有一粒红红的小樱

桃，小樱桃，妈妈叫小明买面包，小明买走了5个小面包。

孩子们伸出5个手指，用手臂绕成一个大圈，有节奏地轻轻拍拍自己的头，“小明”可用孩子的真实姓名代替。叫到名字的小朋友站起来“买面包”，大家一起拍手。

儿歌3

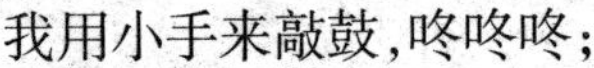

我用小手来敲鼓，咚咚咚；
我用小手拍皮球，一、二、三；
我用小手绕线团，绕——绕；
我用小手说再见，Bye-Bye；
咱俩小手拉一拉，你——好；
握手，敬礼，我们做个好朋友。

让孩子们边念儿歌边做相应的动作，并鼓励孩子们自己想出小手能做的其他事情。

儿歌4

请你跟我这样做，
我就跟你这样做。
电灯在哪里？
指指天花板。
镜子在哪里？
指指大衣柜。
花盆在哪里？
指指小阳台。
地板在哪里？

使劲跺跺脚。
宝宝在哪里？
指指我自己。
眼睛、鼻子、耳朵、嘴巴在哪里？
给我指出来。

膝盖在哪里？

小手放在膝盖上，

快快坐好。

这是一首可以无限往下编的儿歌，孩子们可以自己编出许多动作和词句。对年龄较小的孩子，父母或老师可以带着他们做，以后慢慢地，就可以让孩子自己想着做了。

这些儿歌和动作虽然非常简单，但都是孩子开始节奏训练首先必须接触到的。正因为简单，所以是基础的，比较容易被掌握，并进而引起孩子的兴趣。我们可以和孩子一起想出许多有节奏的身体动作，以此作为节奏训练的开始。

拍手游戏

拍手常常是一个孩子们最经常重复的动作，因为它能够满足孩子们很多方面的兴趣。孩子生性好动，情绪外露，喜欢用动作来表达他们内心的喜悦，因此拍手这一比较容易控制的简单动作就成为他们情不自禁时最常见的一个动作。拍拍小手还能发出或轻或重的清脆响声，这在他们看来，是一件多么有趣的事情啊！我们和孩子一起做拍手游戏，就是为了使拍手变得尽可能地有节奏，或者说通过孩子们喜爱的这一活动来提高节奏感。

(1)为歌曲拍节奏。

①为歌曲中的象声词拍节奏。

②为歌曲拍节奏或节拍。

③结合身体动作为歌曲拍节奏。

(2)节奏模仿。

请孩子们重复你的拍手节奏，即你拍出一个节奏型请孩子们模仿。这是一个纯节奏训练，在开始时最好能用孩子们经常接触到的比较熟悉的节奏型作为入门手段，这样做一是便于孩子模仿，二是帮助孩子了解节奏在他们日常生活中的位置和意义。

比如我们可以从模仿动物叫声这一为孩子们所喜闻乐见的形式入手来进行节奏模仿，按照循序渐进的原则，可以先从四分音符开始；或者，也

可以从工具、自然界的声音和乐器的声音开始入手进行节奏模仿。

这些节奏都是孩子们比较熟悉的，通过它们比较容易把孩子们引入纯粹的节奏模仿上来。如果不通过这一环节，孩子们往往意识不到节奏在他们生活中的意义，不明白为什么要跟着老师拍手。

父母应该知道的事儿

孩子可以通过许许多多的途径去感受各种节奏。母亲轻轻的安抚，有规律地拍着他们；母亲唱着摇篮曲，轻轻地摇着摇篮……孩子也可以通过许多方式来表现他们内心的节奏感觉，比如走路、跑步、跳跃、拍手、念儿歌等。

世界著名教育家的教育风格

体态律动学

达尔克罗斯是瑞士日内瓦音乐学院的音乐理论教授。他在讲授视唱练耳、和声和作曲时，深为学生节奏感不良而苦恼。但是有一天，他无意中从一个有节奏困难的学生走起路来挺有节奏这一事实得到启发，深信“人无不具有天生的节奏本能，不过需加诱发、培育，进而为音乐所用”。他随即编出各种练习，让学生跟着他即兴弹奏的各种速度走动，体验和培养节奏感。从此他致力于儿童音乐教育的研究，大约在1900年创立了体态律动学。

体态律动是训练儿童和成年人听音乐、感受音乐，并根据音乐的速度、节奏、力度、分句、情绪等变化，将整个身体当做乐器，有控制地做出各种幅度和力度的动作，重新表达出他所听到的乐曲。这样创造出来的协调而合乎节律的动作，既培养了儿童的节奏感，又有助于他对音乐的全面感受，同时也增强了儿童表演的自信心。这样，他的演奏、演唱就不再是单纯的技巧加音色，而是有血有肉地进行再创造。

体态律动不等于舞蹈。舞蹈以训练有节奏、有美感的姿态作为目的；体态律动则以身体为乐器，通过身体动作，体验和培养节奏感。

体态律动所授内容与基本音乐课大致相同，所不同者在于：基本音乐

课一般以传授音乐知识为主，而体态律动则以让学生接受音乐经验为主。体态律动课上，学生听老师讲解少，听音乐多，让音乐刺激听觉，产生印象，再以动作表现音乐，即从印象产生了概念，最后通过音乐符号将概念具体化为理性知识。

音乐艺术是用音响这种物理现象，通过人们感官上神经上的生理反应作用于人们的心理，所以人们对音乐的感受会同时反映在身心两方面。例如，当人们听到音乐而有所感的时候，会自然而然、情不自禁地摇头晃脑，甚至手舞足蹈，这就是生理心理两方面同时都有强烈反应的表现。音乐教育就应当从身心两方面同时着手去开导、去启发、去训练学习，只停留在一个方面是片面的。让学生从小、从一开始接触音乐，就习惯于同时从身心两方面去感受音乐，不仅做到心理上对音乐有所感受，而且生理上整个机体也能感受音乐节奏、音乐的呼吸和情绪起伏的律动，这样就能使学生真正地感受音乐，理解音乐的精髓和神态。所以，身体的动作绝不是机械的动作，而是充满生命力的。身体的动作本身就是音乐的化身，身体的动作产生自音乐，反过来音乐也体现在身体动作之中。这样的身体动作就是一种充满生命律动的体态。

达尔克罗斯注意到，孩子们在没有经过训练前，就能拍手、列队行进、走、跳、跑、跃、单脚跳、摇摆、奔跑等，他把这些动作的自然节奏和律动作为体态律动教学工作的基础，并充分利用这些自然节奏和律动来训练孩子们对一些基本节奏产生感性的认识。当然，在进行训练时，基本节奏的速度和特点必须用声音表示。比如，可以通过配乐的列队行进使孩子们感觉并认识行进的节奏和速度，一般用2/4拍或4/4拍；通过跳，让孩子们感觉到快而轻巧的节奏，一般用带休止符的跳音；通过跑，可以使孩子们获得快速八分音符跑动的节奏感；通过摇篮、划船或模仿在风中摇的树枝使孩子们感到摇摆的节奏，大多用柔和的双拍子，如6/8拍等；用模仿马儿奔腾的动作，使孩子们感觉到弱起的拍子等。当然，在做这些动作时必须配上适当的音乐伴奏。

这些训练有什么意义呢？通过用声音表示出的基本节奏的速度和特

点,可以打下音乐各种因素的基础。由于这些因素在孩子以前的体验中业已存在,所以再逐渐发展这些因素的实感将不会感到困难。当孩子们在知识和理解力方面有所成长时,就能够使他领会他所做一切的音乐意义了。

必须强调的是,在学习这些基本节奏中要注意到:一切都是建立在孩子们的本能和无意识感觉的基础上的,教师只不过是利用孩子们的自然节奏加以训练和引导,并把这些基本节奏移置入音响,此外并没有教他们什么新的东西。

达尔克罗斯把人的身体作为进行体态律动训练的工具,身体的各部分可以代表乐队中的各种不同乐器,组成一个管弦乐队。

比如手指,手指是整个身体中最轻巧、最灵活的部位,可以被用来表示快的节奏。手指可以一个个独立地活动,为了便于训练,可以把它们编成1、2、3、4、5号,接着让孩子们握起一只手,藏起所有的手指,然后叫一个数字,孩子们必须立刻且有节奏地伸出相应的手指,有时还可以叫两个或更多的数字。开始时可以用一只手,然后可以用两只手同时进行这一训练。这类训练手指的练习有很多,教师还可以想出无数种运用手指节奏的练习。这类练习对于手指的灵活性,尤其对于今后想学演奏乐器或想做舞蹈演员的孩子是极有价值的。还有头部,它虽然不如手指灵活,但头的律动也适合于表达各种节奏,是一个柔和的乐器,通过转动或点头及轻轻地摆动可以产生许多节奏。比如可以吩咐孩子们坐成一排,手臂在背后挽着,眼睛闭着,并弹奏一首慢双拍的乐曲,最好同时唱一首摇篮曲,让他们随着音乐的节奏左右摆动他们的头,直到音乐变得越来越慢,最后停下来。甚至一些激昂有力的音乐节奏也能用点头表示,如我们常看到一些钢琴演奏者边弹奏边随着音乐的律动有力地顿着头。脚也可以成为乐器,是最自然、最容易被用来打拍子的工具。孩子,包括成年人都很喜欢用脚来跟随音乐的节拍。

逐个地对身体各部分进行训练后,就可以使身体的各个不同部位和谐地结合起来,让孩子们有一种整体的感受。下面这段音乐可以利用孩子们的身体组成的管弦乐队来演奏。把孩子们分成六组,一组孩子靠近钢琴用

嗓音演唱；一组孩子围成一圈，随着音乐单脚跳；一个孩子模仿一匹小马，在房间里奔跑；一组孩子坐在地板上，用他们的脚后跟模仿马蹄的声音；一组孩子用手指在一个想象的管乐器上演奏曲调；一组孩子击鼓或用他们的拳头击地板，奏出低音节奏。这样的管弦乐队多么奇妙啊！

身体各部分乐器的和谐结合需要大脑的有效控制，因此发展大脑与身体间的协作是体态律动学训练中最有价值的部分之一。

要很好地完成训练项目，首先要保持动作的控制和平衡，这就需要大脑和身体的密切配合。大脑要正确地发出命令，身体要及时做出反应。没有经过这项训练的孩子往往反应比较迟钝，甚至不能自如地控制自己的肢体，对老师要求做的动作觉得完成困难。但是可以通过一些练习和训练培养他们对各部分肢体的控制，增强他们的反应能力。开始训练时可以给他们一些简单的练习。例如，让孩子们随着音乐的节奏迈着从容的步子走，然后和他们说话，看他们能否在听你说话的同时仍随着音乐节拍保持正确的脚步（在听的时候可以走得慢些），当孩子们习惯了在保持节拍的同时回答一些简单的问题后，就加进一些更难的练习，如告诉他们当发出命令时，他们必须停止走，拍4下手，然后继续走。当然，这些练习都要用4/4拍的音乐。

在这一训练基础上可进行一种更复杂的练习。比如在第1次发出“改变”的命令时，他们必须停止走并拍4下手；在第2次发出“改变”的命令时，他们必须点4下头；第3次发出“改变”的命令时，他们要单脚跳4下；第4次命令“改变”时，他们必须不理会；最后第5次命令“改变”时，他们必须转身向相反方向走，然后这一系列动作又重新开始。这组练习必须用4/4拍进行，并要教孩子们在一小节的第1拍上开始新的动作，不同的动作可用不同的音乐动作来表示。还可以让孩子们跟随4/4拍音乐的节奏走，当听到旋律中第4拍上的三连音时，他们必须停一小节；如在低音部听到两个三连音时，他们就必须跳4下；4个下行的八分音符可以象征向后退4步；上行琶音可代表身体向上伸展，并且深深呼吸一下，下行琶音可跪、喘气和放松等。

时间和空间的合理利用也是完成大脑和身体间协作的重要因素。为

了使孩子们集体运动时动作、队形等达到良好的效果，同时使孩子们独立活动时互相不发生冲突和影响，要十分准确地选择和控制时间与空间。如集体一致活动做动作和组成队形、图样时，要选择适合的场地（即空间）和注意步调转换、动作范围（即时间）的一致性，否则就不能组成预计的队形和图形。如果孩子们同时但独立地活动时，要注意顾及相互间保持一定的距离（这需要由空间和发出动作的时间来决定）。表面看这一练习与音乐没什么联系，但实际上这一练习对今后学习音乐的孩子有很大的益处。它能使孩子们通过这一练习得到一种实实在在的总体协调的感觉及时间和空间距离的实体概念，有利于孩子们在今后学习音乐时较容易地体会到音乐中的总协调感，以及音乐中较难体会和掌握的一种抽象的时间差距和空间距离的感觉，尤其是在乐队合奏中，在室内乐、重奏、重唱中，往往由于没有这种感觉和体会，而相互间缺少内在的默契，以致影响作品的整体协调及作品内容的表达。

有关时间和空间的训练及练习方式还有很多。

如让孩子们随着四个被编成1、2、3、4号码的领头的孩子在（四个方位）房间的任何地方循环。当叫四个字母时，如B、D、F、H，领头的孩子必须走到标有这四个字母的位置上，然后带领各自的队列向房间中心前进，走到房间中心时就停下来，这样就构成了“×”字形（或“+”字形）。

如果要孩子们同时做各处独立的活动时，可以运用下面的练习。让孩子们各自在房间里任选一位置，用任何一种他所喜欢的姿势站或坐在他所选定的位置上，姿势要尽可能地具有个性。当音乐开始的时候，他们必须离开各自的位置；当发出一个音乐信号时（如一个滑音、刮奏或琶音等），他们必须跑回到他们原来的位置。如果在跑回的途中，有两个孩子发生碰撞就让他俩坐下，作为对其他孩子的借鉴。还可以在发出音乐信号时，让孩子们用规定的步数回到他们各自的位置。当信号发出时，如他们离自己的位置较近，步子就得缩小；如较远，步子就得放大，甚至要跨越。

教育艺术中的一个很大奥秘在于保证身体和智力的练习要相应地紧张和放松。只有当孩子们体验到精神和体力的完全放松时，才有可能集中

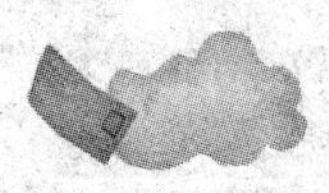

精力，留心听老师发出的新命令和专心致志地去做要他们完成的任何事。所以，放松对于体态律动课教学有很大的作用，而音乐又常常是使僵硬和紧张的肢体放松的最好工具之一。躺下是最容易的放松法。拔河的游戏也常常被用来作为紧张和放松的训练。当弹奏出紧张、激烈的音乐时，命令孩子们拉紧绳子并保持一会，当另一柔和放松的音乐响起时，就让孩子们放松绳子。可以先用绳子做这一动作，然后拿去绳子，让孩子们凭记忆和听觉再体会紧张和放松的感觉。还可以让孩子们牢牢地站着，手臂笔直地朝上，全身伸展，然后依次放松身体的各个部位，先是右臂，再是左臂，后是头，然后身体从腰部开始弯曲，膝盖退却，并像一只空布袋一样慢慢无力地倒在地上。然后，可配一段连续的和弦，在每个和弦上要孩子们放松，并喊出身体各部位名称，最后在终止式时深深吸一口气，最后放松倒下。

呼吸也可以用来训练节奏。通过呼吸的律动可以表达各种节奏，并可以让孩子们体会到音乐中的呼吸。做以上所有的练习时，必须要有准备，并强调姿势和动作的正确，否则将达不到训练的目的和要求，所以纠正工作十分重要。在训练时，教师必须时时注意孩子们的姿势和动作，对一些生理有缺陷的孩子更要通过一些特别的练习加以纠正，否则会妨碍孩子的正常节奏感。

虽然孩子们在练习和游戏中已经不知不觉地运用了音乐，但还从未接触到实在的音乐符号。一旦认识了音符，他们会更感兴趣。要记住，教音乐音符必须生动、形象、有趣，要适合孩子们的年龄、兴趣，否则会使孩子们感到枯燥甚至厌烦。可以采用这样一些方法：让孩子们排成一路纵队，领头的孩子扭转成一个圆形，代表四分音符的头，同时其他的孩子跪下，代表符杆，以此形成四分音符；如让一个孩子斜躺在末尾就可以表示钩符，就此由四分音符变成了八分音符；两个孩子并排斜躺下，又形成了十六分音符；全音符可以通过让孩子们成椭圆形地坐在地板上来表示“0”；二分音符可用一个环形状和一队列来表示。音值也可以通过动作来表示，如让孩子们按四分音符的节奏走，而用八分音符伴奏，或反之，这样孩子们就可以通过自己的动作正确地感觉和衡量八分音符比四分音符快一倍。

在达尔克罗斯的教学体系中，节奏是十分重要的一点。所有动作都离不开节奏。所以应鼓励孩子们通过其他的课，通过日常生活、游戏、歌唱和音乐等产生节奏的概念。如当孩子们列队行进时，要求他们发出用手敲击鼓的节奏，以此来体会行进与鼓的节奏配合。又如可以通过跳绳，让孩子们体会一下较复杂的节奏。跳绳时把绳子在头上摇一下，脚跳两下，就产生了“二对一”，跳“三下”时就产生了“三对一”，这样双手和双脚的一致配合就产生了复合节奏。通过有生命的律动，带出活的节奏，使他们从一开始接触音乐就认识到音乐的节奏来自生活，充满着生命力，是一种活的律动，而不是机械的、死的节奏，以便于他们在以后能更深刻地理解音乐作品的内容，更完善地表达作品的深刻内涵。

指挥也是体态律动学课程中必不可少的一部分。进行这一训练时，可以先让孩子们用一个不费力的姿势原地站着做一些自由运动，手随着身体的运动打拍子。他们会很容易地显示出速度、力度和弹性的变化。然后可以加进音乐，孩子们就可用双手跟随着旋律线的起伏、音调的变化和节奏打拍子。还要教会他们在乐句结束处静止，在结尾前要暗示收束的到来。一开始可以找一些简单的对比性较强的乐曲让孩子们练指挥，如庄重缓慢的、抒情的、轻快的、强烈的等。孩子们会很快地学会有节奏地使用他们的双手。可以用制图来说明音乐形态和音乐的力度，如为孩子们演奏一首小乐曲，然后要求孩子们把他们从音乐中得到的印象用曲线等线条画下来，也可以用彩色粉笔区分，这样可以帮助孩子们理解音乐的线条、层次、力度，甚至色彩、情绪等，并可以培养孩子们的表达能力。

组合表演能给孩子们学习舞蹈动作设计、舞台布置设计及其他类型的整体构思打下良好的基础。积极性和一致性在组合表演中是很重要的。有时可以一个人构思，而全体依此造型，有时可以每个人提供一个意见，组成一个总的构思；还可以让孩子们模仿舞台布景和道具，如一扇开或关的门、一座吊桥等。这一练习可增强、丰富孩子们的想象力和创造力。

练耳在体态律动学中也是一个很重要的环节，和动作结合在一起进行训练。几乎没有孩子在听力方面是完全不行的。孩子的耳朵对声音是敏

感的，但如果没有经过训练，他们就不能正确地发音、唱歌，以及做出正确的动作和及时的反应。开始的时候可以弹一段乐曲，让孩子们用哼唱或吹口哨来重复，也可以弹一些旋律起伏的音乐，孩子们可以根据旋律的起伏向前(起)或向后(伏)走。还可以给孩子们演奏一些通俗乐曲，让他们说出这些乐曲的特征，是悲伤的还是愉快的，是一首摇篮曲还是进行曲，是快的、慢的，大型的音乐还是小型的音乐等。在初级阶段不要用术语(如抒情、谐谑之类的语言)，所用的语言都要是孩子们能理解的。采用练耳和动作相结合的方法，形象地教音阶是十分有趣的。让孩子们排成一排攀登一个想象的具有8格梯级的梯子。这8格梯就相当于音阶的8个音符。教师可以根据这8个音符进行即兴创作。如果教师弹一个“6”问，孩子们就可以向前走6步，并唱这个音。当孩子们倒着走时，就表示下梯子，音阶也要下行。孩子们对声音高度和深度的识别也很重要。可以通过动作训练来增强孩子这方面的感性认识。例如，可以让孩子们跪在地上，假装弹奏一架想象的钢琴，他们前面的空地就是假想的键盘。教师在钢琴的不同位上作即兴演奏，而让孩子们凭着他们的听力在地板上模仿并对他们进行检查。然后可以在这个基础上引进一首简单的他们熟悉的歌，要求他们根据歌曲旋律、音的高低，在想象的键盘上边弹边唱。还可以让孩子们假装在森林中睡着了，教师演奏柔和的树林音乐，然后虚构一声鸟叫，这时孩子们必须坐起来，并根据钢琴上模仿出的鸟叫声的音域高低来指出方向：鸟是在树枝上，还是在树的中间，或是靠近地面。通过一些较复杂的训练，还可以教孩子们辨认大调、小调、三和弦、声音的方向及装饰音等。

达尔克罗斯的体态律动学对音乐教育的改革，尤其是对基础乐感的教育和培养有很大的贡献。它从根本上改变了只从纸面上、理性上去学习音乐的传统教法，而变成从动作上、律动上、生理上去感受音乐。它使音乐回溯到音乐的本源——律动的节奏，从而使音乐学习充满了生命力。同时，体态律动学对教师也提出了更高的要求，要求教师必须具有即兴创作的才能，并且即兴创作的音乐必须能训练、支配、指挥和促进孩子们的动作。

在钢琴上即兴创作需具备六项条件：

(1)准确的听觉力；

(2)发明唱和演奏旋律的能力；

(3)使用不同方法和不同的调(换调)伴奏；

(4)准确的演奏；

(5)熟记许多童谣、民歌和作为例证、有戏剧性效果的其他曲调；

(6)用音乐的声音再现孩子们动作的节奏和为孩子们即兴设计动作、音乐的能力。

教师在即兴演奏时还需具有边演奏边发布命令,或为孩子们修正的能力。教师在设计课程时,必须牢记以下三点:

(1)必须使孩子的身体从事工作;

(2)激发孩子的大脑去思考;

(3)运用孩子们自己在运动中汲取的素材创造一些非常简单的音乐形式。

奥尔夫儿童音乐教育体系

卡尔·奥尔夫是德国的作曲家和音乐教育家。他在达尔克罗斯体态律动学的启示下,并通过他自己的教学实践,吸取了体态律动学的精髓,充分突出了节奏第一、音乐与动作结合的要点,创建了奥尔夫儿童音乐教育体系。

奥尔夫一直强调进行儿童音乐教育应当从“元素性”的音乐教育入手。他说:“元素性的音乐绝不是单独的音乐,它只是和动作、舞蹈、语言紧密结合在一起的;它是一种人们必须自己参与的音乐,即人们不是作为听众,而是作为演奏者参与其间。它是先于智力的接近土壤的,自然的,机体的,能为每个人学会和体验的,适应儿童的。”元素性的音乐是综合性的,元素性也体现于各个具体的方面。

它是由元素性的节奏、元素性的动作——舞蹈、元素性的词曲关系、元素性的作曲法(包括曲式、和声、配器等各方面)构成的,并且使用的也是元素性乐器——奥尔夫乐器,一种以节奏为主,并且比较容易学会的原始乐器,和机体接近的乐器。这种乐器有精确的发音、优美的音色和丰富的表

现力,演奏起来不会因技术负担而束缚想象力、表现力和创造力。应用这种乐器便于儿童(哪怕是两三岁的幼儿)自己动手去奏乐,即“通过即兴演奏并设计自己的音乐,以达到学习的主动性”。

什么是元素性的节奏和动作呢?它基于人的呼吸、心脏跳动的基本节拍——节奏,基于呼唤、说话和行走的自然音调与生活的基本节奏和动作。这种节奏和动作绝不是简陋的、单调的、呆板的,而是丰富多样的、自由灵活而生动的,它们不像艺术作品中那样固定不变,不能增减,而是“节奏、音响和旋律的、富于音乐性的基本素材,可以一再地加以新塑造和形成,但是必须要以质量感和形式感去应用这些素材,而不容许拙劣地操作和人工造作地生产”。正是这些因素和要求,构成了元素性音乐自然性和艺术性统一的本质。而且,元素性的音乐教育不仅是音乐艺术作为一门学科的基础教育(包括音乐知识和技能的基础教育),也可以说是人的整个身心的一种基础教育。奥尔夫指出:“如果人疏远了元素性的东西,丧失了他的平衡,就会走向心灵的荒芜。正如要有自然界的腐殖质,才有可能使万物生长一样,靠元素性的音乐方能发挥出儿童身上的力量。所以应当强调,在小学里安排元素性的音乐,不是一项外加物,而是一项基本的、奠基性的项目。这绝非完全是音乐教育的事,而是有关人的培养的事。”

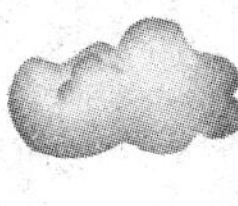

奥尔夫音乐教育的基本思想原则表现在:

(1)以自然的本性为出发点;

(2)诉诸感性;

(3)发挥即兴性、幻想性和创造性;

(4)必须自己动手(脚)去唱、奏、演、跳;

(5)要求儿童自己设计音乐(包括伴奏、合奏的安排和创作);

(6)从朗诵入手;

(7)以节奏为基础;

(8)重视体感(结合动作);

(9)强调兴趣等。

这些思想原则又充分反映在奥尔夫编写的《儿童音乐教材》中。

奥尔夫编写的《儿童音乐教材》，是半个多世纪以来，在教学、科研实践基础上对音乐教育的一种创造性的改革，也是他在整个音乐创作实践和音乐风格研究的基础上对音乐写作的一种独创的成果，集中体现了他的儿童音乐教育思想。

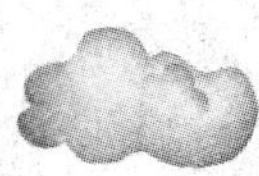

(1)节奏第一。音乐构成的第一要素是节奏，而不是旋律。节奏可以脱离旋律而存在，旋律却不可能脱离节奏而存在。任何旋律如果丧失了节奏(试把它的每一个音改成一样长短)，就会面目全非。应当说，节奏是音乐的生命，是音乐的生命力的源泉。因此奥尔夫特别强调从节奏入手进行音乐教育，并且强调要结合语言的节奏、动作的节奏来训练和培养儿童的节奏感。

为此，他一开始就安排有节奏的语言朗诵练习。音乐节奏的主要来源之一就是人类的语言。人类的语言本身即已含有生动、丰富而微妙的节奏。从小让儿童从语言出发来掌握节奏，不仅容易，而且最富于生命力，例如可结合一定的词组或语句去掌握一定的节奏型，然后再结合一定的动作或舞蹈去加强节奏，使孩子们在边朗诵(或唱)、边跳或边拍掌、跺脚等过程中，培养起对节奏的敏感。

这类的基本节奏练习，在儿童学习的整个过程中都要不断穿插着进行。特别应当指出的是，这些节奏练习本身必须具有音乐性，而不是纯机械地打拍子，必须流畅、自如，并有力度变化，富有表现力，音量宁轻勿响，需要的是细致、生动，而决不能粗野、死板。

(2)特制乐器。奥尔夫不用一般的乐器，如钢琴、小提琴等，而采用各种特制的打击乐器：有固定音高能奏旋律的，以及有或无固定音高、仅起节奏作用和音色效果的两类。这样做的目的主要在于：打击乐器最宜突出节奏，所以有利于做到“节奏第一”；音色鲜明、富于个性和幻想性，宜于激起儿童的想象力；避免演奏技术的负担，不存在音准、指法的困难，按音乐本能作即兴性的演奏，显然比一开始就要儿童去学演奏钢琴、小提琴等容易得多。

(3)(多声及和声)体系简单。以一般民歌、儿童民歌和舞曲为主要音

乐素材，并以调式体系、固定不变低音、不断反复同一音型、质朴而自由的多声结构等方法去加工处理(包括作为配伴奏)，风格纯朴而鲜明，内容清晰而层次分明——这些特点特别适宜于儿童。

(4)即兴演奏(或伴奏)。由于打击乐器的演奏技术简易，和声思维单纯，而且伴奏的各个声部均以固定的节奏音型为基础，因此完全有可能让孩子一开始就作自由即兴性的演奏(或伴奏)。这对于培养孩子奏乐的灵活性、创造性以及合作能力，是极其有益的，可以从根本上改变以往音乐教学只会照本宣科、按谱找音的奏乐(或伴奏)方式。

(5)饶有兴趣。由于自始至终让儿童自己动手来主动地奏乐，而不是只被动地听乐；边唱边跳地奏乐，而不是沉闷地一味坐着奏乐；即兴创造性的奏乐，而不是呆板地、机械地奏乐，所以能充分激发儿童对音乐本能的喜爱，避免了儿童被迫去学音乐的苦恼等弊病。奥尔夫儿童音乐教育体系是符合儿童心理的一套完整的音乐教育体系，近年来被介绍到我国，引起了幼儿音乐教育工作者极大的兴趣，奥尔夫的教育方法也开始被运用于幼儿园的音乐教学中。奥尔夫特制儿童乐器也已投放市场，这为儿童音乐启蒙提供了良好的条件，也为我们更好地借鉴奥尔夫的音乐教育方法创造了条件。

科恩教育法

卡拉博·科恩是当代美国著名音乐教育家和小提琴演奏家，她创立的科恩教学法简易可行，形式活泼，深受孩子们的喜爱。

首先，她建立了一个特殊结构的教学环境——“科恩法音乐教室”。在这个音乐教室中，科恩用10条能看得见的线，表示高音谱和低音谱表，还有1条看不见的线，表示高、低音谱表间两者合用的中央e，整个大谱表就成了孩子们的“游戏场”，它为在任何乐器上识谱提供最完整的结构，并为更高级的思维训练创造条件。正是这个11条线(包括中央e线在内)的大谱表，构成了科恩法教室的“主旋律”，定下了该教学环境的基调谱。在这个教室的墙上、桌上、玩具上，举目皆见大谱表，甚至与钢琴的琴键也息息相关。

有了大谱表，还需要一些辅助教具来帮助开展活动。比如剪纸音符放

在大谱表的相应位置上就可以构成一段旋律，还可以做一些拍值尺：用4格、3格或2格分别表示4/4拍，3/4拍，2/4拍。

时值尺的做法与拍值尺相同，但不表示曲子每小节含有几拍，只表示某个音符有几拍。例如，一个剪纸的四分音符应贴在一张纸上；一对八分音符也应贴在一张纸上，二分音符应贴在两张相连的纸的左边；全音符应贴在四张连着的纸的最左边；还可以将这些时值做成头饰，带在头上。这样，就为孩子们创造了一个良好的学习环境。通过孩子们与学习环境的互相联系、影响，这种环境就构成了他们所有活动的好朋友。这样不断接触种种具体的教具，孩子们就会将具体行动中的概念记得更牢固。

孩子们把音乐大谱表当成音乐游戏场或智力体操房来做游戏。例如，在地谱上可以用脚踩线来区别五线谱“线”上的音符和“间”里的音符。

可以用“楼上邻居”和“楼下邻居”来命名相邻两个间隔的音符，这种命名比较形象化。可以让孩子沿着地谱由低音向高音走，并背诵这些音名音调一定要往上升；往回走时，就倒过来背，音调也要随之往下降。

在学习音符时，可借助孩子们自己的手臂运动。学习四分音符可要求孩子们向上举右手或向下伸左手来表示音符的形象。注意，所有带符干的音符都是“上右”、“下左”。时值的表示方法可要求孩子前后摆动自己的手臂，向一个方向摆臂1次为四分音符的时值。当然，可以摆得快些或慢些，但在同一支曲子里的音符必须用同样快慢的摆臂来衡量。这种由摆臂形成的有韵律的节奏感，称为“速度”，乐曲的速度“快”，摆臂的速度也快；乐曲的速度“慢”，那么摆臂速度也慢。最重要的是速度必须均匀。以后即使没有任何动作，摆动的感觉依然存在。二分音符则摆臂两次，向前1次，紧接着向后1次；附点二分音符摆动3次，向前1次，向后1次，再向前1次；全音符没有符干，摆臂4次，四分音符为全音符的四分之一。在摆臂的同时，还可以把每个音符看作一个音节唱“Do”。

科恩同样强调用孩子们自己的身体当学习助手。比如，可以让孩子们用自己的身体辨认高低音谱表：孩子们在地谱上，头顶着第5线，脚踩第1线，以头部、肩部、腰部、膝盖、脚趾分别“感觉”谱表的第5、第4、第3、第2和

第1线，以及这5条线分别代表的5个音(F、D、B、G、E)。在许多活动进行的过程中，这5条线位置间的关系和音的关系就逐渐成为孩子们的第二种本能。当他们完全掌握谱“线”后，再学谱“间”，这样就可以有效地辨别谱间。不久他们会碰碰身上的魔术似的谱线和谱间，将一首首歌曲用动作做出来。这样，孩子们的运动自始至终符合“自我辨认”和“用实实在在的方法认识抽象概念”的准则，因此孩子们的体力、心理完全融合在学习的行动中。

在较高级的班里，还采用手谱一手指符号学习法，要求孩子把右手的5个手指当做高音谱表的5条线，并用左手的食指去摸手指谱线或伸进指间，这样就能把一支曲子做出来，这种对音乐谱逐个做动作的方法，是科恩法手指符合学习法的基础。

这种手指符号学习法的优点是学得快，而且容易掌握，读谱技巧能持久、巩固，能把读与书写结合起来，每个人的手就是他永久的学习工具。手指符号是印刷的音乐符号的逐个对照，它本身就是读与写的结合过程。这种方法还能结合键盘的运用。将手放在键盘上，每个手指不用变位置便可奏出与其相应的琴键的音。

让孩子们用自己的身体当学习助手的另一个内容是用身体感觉节奏。为了让孩子能做有规律的摆动，树立节奏跳动的概念，首先可从简易的身臂、身躯的放松摆动动作做起，再让孩子根据钟摆的节奏来跟教师作礼仪式的握手，也可以让他们模仿钟摆动作将上身作左右晃动，或作时值协调走步活动(配合以腿部、挥臂和发音等动作)，以动作做出所有简单的音符时值，通过这些活动孩子就会感到节拍。然后，要他们用语言来表达出拍子的长短，直至有一个“动”的节拍概念。这是大动作的配合。接着，我们可以逐步地动用比较复杂的小动作，如以“时值手符号”表示较短的时值，以“脚拍”表示强拍和弱拍等。所有的这些技巧和方法，将逐渐地协调地融汇成一体，孩子们就能用自己身体各部分的动作，表示出各种不同的节拍与时值长短，直至完全能控制、掌握节奏。

科恩法提供了一个良好的学习环境，孩子们都有机会亲自尝到通过自

己的努力取得成绩的甜头。如孩子能在钢琴上奏出他在谱表上见到的某个音，能唱出、写出表示这个音的音符。这些行动是实实在在的，孩子本能地将每个成绩归功于某个成功的体力行动。孩子们在成绩的推动下，去努力探索环境，把抽象的概念具体化，概念成为他看得见、摸得着的东西，在良好的学习环境中他能充分利用自己的能力去发现关系，以及去发现一系列的相互关系。这样，学习就不只限于在课堂里，成功和发现的喜悦将不断鼓励孩子自己来当自己的教师，学会自学的方法。

科恩法的另一个特色在于非常重视每个教学环境中的细节，使得每一个细节都变得对孩子富有教育意义。比如，科恩注意到孩子往往对自己的名字十分珍爱，如果能把名字与学习结合在一起，就可以成为强有力的动力。在节奏游戏和辨认游戏中，科恩法就利用了孩子的单音节音乐小名，作为节奏学习的基础。由于孩子们对自己名字的珍爱，成功的表演会给他们的名字增添光彩，这就大大促进了他们的学习，自信心也自然地树立了起来。

在这个经过特别设计的环境中，要特别注意帮助没有经过良好家庭教育的孩子建立自信心。不管以前学得怎样，后进的孩子与其他孩子一样，以同一起点来学习，那些在家里没有受过良好教育的孩子(在家里从不使用准确的语言，家长从不带他上动物园，不讲故事，不教画画等)，现在有机会显示他们在“环境学习”中的天赋智能。他们的反映往往是惊人的，因为这全靠天赋，而不靠文化教育背景。科恩法向所有的孩子提供同一套教材。对学习条件差的孩子不必分班，当然偶尔也需要对少数进展慢的孩子采取必要的辅导措施。但是必须反对某种无意义的隔离形式，让不同家庭出身的学龄前孩子受到同样的教育，让他们一起学习，相互促进，使每个孩子一律平等。科恩法是专为一般学生而设计的，帮助他们掌握基本知识、技能，为以后的学习打下基础。在各种游戏中，孩子会在各种不同场合遇到这些基本概念几百次。他们自己做教具，自己使用这些教具，由教具代表的抽象概念就会渐渐地变得可以理解了。

科恩法始终注意让孩子在学习中感到愉快，而绝不是让他感到讨厌、

乏味。所有的教具和学习用具都由孩子们熟悉的材料做成——纸、带、蜡笔等。这些东西能给孩子们一种舒适感，使他们在一个新的学习环境里就像在家里一样。科恩用一些丝绒带作为接触感觉的教具，而不是用普通的砂纸，因为砂纸的感觉太粗糙了。再如，甜饼的味道好，就用它做各种音符。另外，还给孩子们榨饮料来练习节奏，以掌握时值的长短。因为许多教具是用纸做的，使用后免不了会损坏或撕破。孩子们与这些东西的关系十分紧密，因此这就像伤了他们的宝贝小猫、小狗一样。科恩法用做游戏的方法让孩子自己动手修补教具，“将受伤的音符送进医院”，补一补撕裂口，重新在符头上贴一条符杆等。这样，就更加深了学习过程中的印象。

科恩法音乐教室学习环境的布置把重点放在以下几个方面：

(1)大谱表的线、间与琴键、乐音音高的关系；

(2)时值与身体摆动的有节奏的协调；

(3)教那些孩子力所能及的最基本的东西，不要去教那些使孩子难以接受的东西。

让孩子积极投入教学活动，从中了解学习材料的重点，不断循序渐进地增加广度、深度。在教学中，重要的是要突出每一个新概念的核心，去掉一切使人分心的东西，突出最小的学习单位。例如一个练习节奏的结构，只用一个音调，这样孩子们的注意力就只需集中在节奏方面，而不用顾及音的高低。为了使孩子们的注意力集中于结构和关系方面，学习环境的布置一开始只限于C大调，从而使孩子们透彻了解基本大调的音阶、音程。以后，孩子们就能在所有的琴键上奏出这些音阶、音程。

颜色在学生的学习过程中可以起某种辅助作用，但搞得不好，也可能起抑制作用。在黑板上用白粉笔写的音符与放在孩子面前的印刷曲谱(黑色音符)差别很大，为了改变这种不自然的情况，科恩法提供的是孩子可读写黑色音符的五线谱，尽可能使它与一般印刷的谱一模一样。要依照白底黑谱的原则，有时为了增加色彩，可以用黄色、浅蓝色的底代替白色底。用粉笔写音符，用蜡光纸剪成音符，只要这些颜色是深色的，显眼的，就不违背上述原则。但是不要总是用彩色的。大部分时间应该让孩子读白底黑

音符的谱子,因为它与正式的印刷谱相近。正确使用颜色可以加深学生对所学内容的印象。如在“走走跳跳”的游戏中,邻音标上黄色,其他音程标上红色。黄与红标明的是音阶进行与音程跳进之间的区别。不过,孩子未能通过动作了解每两个音之间的关系之前,不宜使用这些颜色。颜色可以帮助记忆。在深一步的学习中,颜色可用来分析作品结构,孩子们一见到颜色,记忆就会加深。颜色还可用于强音记号,标明节奏和调式的反复,以及比较乐句的长短等。在学龄前孩子的学习中,用四五种不同颜色的彩笔将每个音符和符号涂色,可使书写练习显得更为有趣。

教学中应当启发孩子幻想。“幻想”可以说是能抓住孩子想象力的游戏,可以用来阐明或强调一个实际的学习问题。教师在示范一种新的活动时,孩子们很可能不理解,然而当你摆弄洋娃娃和动物玩具来解说这一活动时,孩子们就会全神贯注。当然,幻想绝不是终结。孩子们会围着小兔子(玩具)高兴得像兔子一样欢蹦乱跳。但是,一定要在某些规定的位置里并以各种不同节奏去跳,才有建设性的学习价值。

教学中使用大谱表的时候应该首先高度重视谱表的线,因为谱线是视觉的依靠,谱间离开了谱线就不复存在。不让孩子看谱间,视觉形象会失掉依靠而飘然离去。相反,先让孩子重点学第一线、第二线,然后再将注意力转移到两条线之间的谱间,孩子会以“捉住”“间”而兴高采烈,以“楼下邻居”线和“楼上邻居”线命名的这个位置,显得十分清晰,并将深深地铭刻在他的头脑里。此外,我们还可以做几个简单的游戏来帮助孩子弄清两条线的“间”的关系。示范和讨论后再使用钢琴。扮演“楼上邻居”线的一个孩子用手指按一下相应的琴键,扮演“楼下邻居”线的另一个孩子也按一下他相应的琴键,那么扮此“间”音符的孩子就能轻而易举地奏出他的音,并且看得见、听得见,有清晰的感性认识。

皮亚杰和许多著名心理学家通过实验发现,幼儿看见液体从矮杯子倒入高杯子,就认为液体的量已改变(增加)。假如他自己就是容器里的液体,从一只矮杯子倒入另一只高杯,他马上会懂得不会改变的道理。因为他还是他,不管他在第一只容器还是在第二只里,都是一样。这个原则可

以应用到音乐教学中。在“小节线游戏”中，请孩子扮演“时值”，重新排列成不同的乐句或乐汇，他们通过活动自己能证明整个小节的音长，无论其音符怎样排列，依然不变。他们作为一组的时值之一，看到和感觉到了他们自己和伙伴们一起占据着一个小节的空间，表示出整个小节的长度。

孩子的运动过程就是孩子的思维过程。孩子们是在活动中学，活动应是每堂课的主要部分。生动活泼的游戏，可以松弛一下脑力紧张状态，同时有助于延长孩子思想集中的时间。在教学中，如果要不断接触同一个概念，无论是脑力或体力的，都要不断变换方式，才能使孩子较长时间地集中思想。

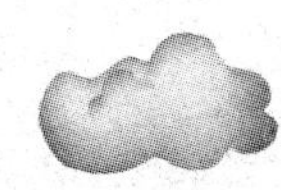

20世纪50年代曾有人提出不要给儿童看乐谱，因为这样会损害孩子幼嫩的眼肌。但是科恩法所采用的“音符”和“符号”都非常大，因此不存在眼肌紧张的危险。大型乐谱不但可以使孩子的思想比较容易集中，而且能抓住孩子的想象力。他可以进入这个大型结构(即乐谱)，并在那里活动，扮演某个符号，甚至乐谱本身。科恩法在教学中从一开始就用大谱表。她认为，只教高音谱表，是违背音乐教学的传统的，因为不论哪一种5条线的谱号，总是大谱表的一部分。即使唱高音谱表上的曲子，他也会感到低音谱表的存在。只让孩子学高音谱表就像只让他学一部分字母一样，会感到不完整。科恩法大谱表是孩子们游乐的天地，他们蹦蹦跳跳地进入“大谱表”后，不仅终身不忘，而且能继续学中提琴、大提琴及其他乐器的各种谱号。

科恩教学法还注重儿童创造能力的培养。让孩子们将表示自身的音符加到伙伴中去，孩子开始创作自己会写、会唱、会演奏的音乐主题。他能很容易地将同一个曲调重新排列成新旋律。这样，就培养了一种把相似的材料“织”成新内容的习惯，也就是一种活跃思维、更新观点的技巧。其实，每一个艺术家都用这种方法促进自己的创造能力。首先可用著名交响乐和室内乐主题作为着手使用的材料。即使一开始只能认出一两个音符，不久他就会跟作曲家有同感，因为作曲家与他们现在使用的是同样的音乐材料。起先可以从简单的主题开始，如C大调键盘上简单的时值，以后再用

复杂的。可以从著名作品中选一个乐句,甚至一个小节作为一个“接触点”。这样就密切了孩子们与作曲家的关系。还可以反复听作品的录音,当听到熟悉的乐句时,孩子会默默地举起手。大人都有这样的经历,我们听音乐时如果能分辨出音乐的出处,会感到其乐无穷。孩子们也一样,除了这种自豪以外,还可以养成集中思想、积极听讲的良好习惯。现在的许多年轻人能很容易地听出一些流行音乐,但对经典音乐作品和音乐家往往一窍不通。如果能在儿童时代,让他们不但听古典音乐而且表演这些音乐主题,他们会感到自己与这些作曲家和演奏家有共同语言。教学中可以把古典音乐主题用作各种游戏,主题要写在大谱纸上,放在教室的各处。

科恩法在大、小班级均能顺利进行。当然,在小班要提供更多的个别辅导的机会。如果11个孩子一班,能使每个孩子“扮演”一条不同的谱线。大班的话,不要以个人而是以一个小组为单位扮演某位置的谱线或时值。歌曲的每个音符可由一小组或一排孩子来扮演。有些班可能人数太多,可以同时展开各种不同的活动。歌曲的表演可用“魔术身体”谱线和谱间或“手指符号”来进行。学习节奏协调的任何活动,不管多少人参加都可以。曾经在一次集会上,科恩同时教了1000个孩子。科恩法的课堂教学形式为每课分为两部分,第一部分做“谱表形象”游戏,如扮演某个谱表等;第二部分可以做培养节奏感的协调活动,如扮演某个时值,以后在所有的活动中节奏的要素与谱表形象交织在一起。

综合音乐感

所谓音乐感,就是对音乐有正确的理解,并能把所理解、所感受的东西充分表达出来的能力。“综合音乐感”课程就是对儿童和中、小学生进行5个方面(力度、曲式、音高、节奏和音色)的素质培养,共有16个周期。例如,

第1个周期的培养目标是力度—强弱的听辨;曲式—全面的听觉方面的设计,能听出曲子结构是由作曲家有计划安排的;音高—不定音高,听辨相对音高;节奏——拍率;音色——具有音色表现方面的选择能力,区分尖钝、明暗等。横的是5个素质,直的是16个周期,5个方面的素质训练通过16个周期循环、逐步地提高。音高方面在16个周期内,从不定音高sol、mi、

la及其八度，然后到五声音阶、七声音阶、旋律、复调、泛音列、音程、和声等概念；曲式方面从感到作品是有计划的，到进一步认识重复、固定低音、模仿音型、卡农、三部曲式、乐句、乐句的变化、倒行模仿、终止式、序列音乐模式、回旋曲式、变奏曲式等概念。学生经过16个周期的训练，5个方面的素质会得到全面的提高。

“综合音乐感”课程这5个方面的素质培养是通过要求学生在课堂上自己去寻找目标，而且自己去寻找能够达到目的地的途径和方法来实现的，即“自由探索，引导探索，即兴创作，有计划的即兴创作，加强巩固概念”这样一个课堂教学过程。这就是让学生在音乐课上成为音乐的探索者，探索声音的奥秘和音乐的境界。因为培养创造力要求教与学都投身于探索的实践中去，探索是过程，其结果是获得创造力的发展，创造力正是通过不断地探索培养起来的。发掘创造力的教学法就是以学生为主体，教师引导学生主动地去探索、发现、掌握和创造运用知识。“综合音乐感”重视学生创造力的培养，以听觉为探索的工具，通过听觉、演出、创造、指挥、分析、评估等6个方面的教学活动来锻炼学生多方面的能力，并从中感受到探索的意义和乐趣。

美国的音乐教育家们认为，幼儿教育是人生走入学校接受正规教育的第一步。孩子刚进入幼儿园，在陌生的集体环境中，音乐课是显露他们个性、爱好和能力的最好途径，是老师了解学生的最好场合。音乐课的目的不只是教儿首歌，而是发现人才、开发智力的课程，所以教师就必须了解每个学生的潜在能力，要发掘每个学生的能力，才能引导他们在自己的基础上发展。上海音乐学院的马淑慧老师曾在美国学习“综合音乐感”课程，回国后在幼儿园进行试验，她的第一课就是这样上的：把所有的乐器放在教室的4个角落，让孩子进教室自由地“奏音乐”。大部分孩子找到一个乐器就自己敲着玩，于是马上就可以发现能力强的孩子和胆小害羞的孩子。能力强的学生有的不仅敲自己的一块钢片，而且还去敲别人手里的以比较看有什么不同。当然也有的硬去抢人家手中的乐器，这就要注意这个孩子的个性，要发扬其“强”的作用，要记在教案中为他备课。有这样一个孩子，马

淑慧后来让他管理小乐队,他敲低音乐器,一方面发挥他强的作用,另一方面让他从管理中学会先人后己,遵守纪律。也有的孩子用棒的这端敲敲,然后反过来用棒的另一端敲敲来比较音色,甚至有的孩子把钢片琴拆移开来看。其实这样的孩子很聪明,很有研究精神,老师就可以走过去帮他拆,并帮助他一片片地装回去。也有的孩子胆子非常小,一个乐器也不拿,也不参与到集体中,坐在边上一声不响,即使递给他们乐器也不敲,这些情况也需要记在教案中重点备课。通过这一课孩子们的"本性"大致显露后,就容易备教案了,在以后的教学中就可以有针对性地进行教学。

音乐是声音的技术,是通过音响来表达的,是通过听觉来感受的,所以音乐素质训练必须从听觉素质训练着手。比如,音高训练是由不定音高开始的,让孩子敲击各种生活中的物体,自己去探索声音的高低,然后引导孩子对sol、mi的音高进行识别,再加上la。开始的时候是在有视觉的帮助下听sol、mi、la,然后全凭听觉来辨别,再将由sol、mi、la 3个音组成的曲子奏给他们听,让他们听辨旋律的唱名,孩子很快把旋律唱了出来。这样可以说是孩子们自己学会了这首歌,并且对这3个音的概念也得到了巩固。在这个基础上就需要进一步去发掘孩子们的创造力,让孩子们用这3个音自由组合成一段小曲子(往往只有一个乐句),并且自己想办法用图表示出来,创造自己的谱子。

美国一些音乐教育家认为,9岁以下的孩子不要多教舞蹈动作,要让他们充分地自己听音乐自由地跳起来,反映出对音乐的感受,充分发挥他们的创造力。过多地教动作会限制孩子的创造力。9岁以后的孩子再教动作和技巧。在节奏训练中他们主张先给学生三拍子的训练,只要三拍子打活了,抓住了感觉,二拍子和四拍子就打得活,不成问题。如果先教二、四拍,有可能搞得僵硬,那么三拍子就难训练了。

在今天的美国,音乐教育已超出了仅仅是美育的范畴,而成为开发智力、培养品德、锻炼意志、增强自信心的工具。美国幼儿园的音乐教师发现,孩子们在一起玩,如果拆坏了东西,往往会产生两种不同的结果:一种是互相责怪,另一种是想办法去修好。这种常见的事,教师感到需要抓住

它进行教育，以培养孩子的品德。从教学法上说，要赞扬孩子做应该做的事，但正面教育如果过多地用表扬，孩子往往会为了表扬而去做应该做的事，结果起了反作用。所以老师们就编了一些音乐表演，破坏的事都让动物来扮演，而孩子总是做应该做的事。逐步通过一个又一个的音乐表演，使孩子形成了一个应该怎么去处理事的自然的概念。

“综合音乐感”课程从自由探索着手，从孩子们所熟悉的、体验过的和已经掌握的知识着手，这样进行探索，孩子们就有成功的把握，有助于自信心的培养。儿童作为一个探索者，在探索的过程中可以允许失败，他们用自己的听觉寻找和感受音乐的奥秘，师生在探索过程中是平等的，教师应该尊重他们的点滴发现。在这种探索过程中，他们就有一种“心理自由”和“心理安全”，这有利于发掘和发展他们的创造力。比如，在幼儿园进行音色的素质训练，先给孩子们听“当当”清脆的敲茶杯声，然后又用手捂着茶杯让孩子听“笃笃”闷的、暗的敲击声，让孩子们去体会音色上的区别。当孩子们发现不了这是“亮”和“闷”的音色区别时，老师们耐心地等待，和孩子们一起继续探索各种声音，直到孩子们自己找到这个概念为止。要求儿童“即兴创作”，教师把学生点滴的“即兴创作”都录了音并立即放给他们听，儿童会深深感到教师关心并尊重他们的创造，就在“即兴创作”和“有计划的即兴创作”过程中，儿童将探索中获得的知识加以运用，并化为他们自己的音乐素质，成为儿童自己的东西，并进一步加以迁移和泛化，使之输出，化为创造力。

山叶音乐教育体系

山叶是日本乐器制造株式会社产品的牌号。山叶音乐教室即业余音乐学校，由山叶音乐振兴会理事长川上源一领导，其目的在于通过音乐培养儿童形成优良的品德，使其一生富有良知，伴着音乐度过那充满希望、幸福、愉快而有意义的生活，从而使所有儿童在其未来的一生中，都享有音乐带给他们的乐趣。

山叶音乐教室反对以往填鸭式的教育方法，注重研究新的教育方法。首先，他们着力对儿童进行旋律、节奏、和声的训练，从感性上开始，使儿童

牢牢地驾驭它。他们认为,4~5岁的幼儿虽然运动机能发育尚差,但听觉发育已非常完善,并且很敏锐,是最适合集中训练听觉的时期。在训练过程中不教八度音中的do、re、mi、fa、sol、la、si,排除首调音阶训练,而是训练儿童分辨八度音中的12个半音,进而牢记钢琴88个键盘所示的半音阶,使儿童们可以随意地唱出或辨别出所有的半音,丰富儿童头脑中的音列音响,达到自如地甚至是下意识地掌握绝对音感。同时,还要给予幼儿和声训练的基础。音乐三要素旋律、节奏、和声中的旋律可以通过唱歌来培养兴趣,节奏可以拍手打拍子来训练,而和声的训练必须凭着音乐手段来进行。在上述绝对音感训练的基础上,教师在键盘上弹奏单旋律,再由简到繁,不断变化地配上伴奏,培养儿童的感受能力,向和声音响世界探求。幼儿班的孩子经过两年的绝对音感、和声训练毕业后,升入少儿(学龄以上的年龄)班,开始正规的手指训练。当进行演奏技术教育时,儿童们尝试用键盘上所有的音来代替语言,并有选择、得体地配以和声,来表达自己的思想感情和想象力,进而达到自己作曲、自己演奏的目的。现在,日本各地的山叶音乐教室里,有两万个少年可以自如地达到这个水平。山叶音乐教室的实践证明,如果经过绝对音感与和声训练,这些都是不可想象的。

铃木教学法

铃木是日本著名的小提琴演奏家和音乐教育家。他认为,“人的文化方面的一切能力并非因遗传从内部产生,而是由于适应外在环境的条件从内部成长的。遗传只对生理机能条件的优劣产生作用,环境中不存在的事物就无法育成”。因此,可以说每个孩子都是天才,教育就应当及早发现孩子的天才。所以,从1954年开始,铃木致力于幼儿的小提琴才能培养,他让3岁儿童学习小提琴,由母亲担任辅导。在接收学习对象(儿童)时,铃木不主张进行考试,但强调要创造学习环境,即让儿童自幼接触音乐,开始拉琴就让儿童每天听到示范演奏的录音或唱片,提高儿童的音乐感受性。他赞成先背谱,即不用谱地教孩子学,听觉和记忆是他教学的重要部分之一。他相信,人是受环境影响的。他的教学法的第一个要点就在于给孩子创造一个学习音乐的良好环境,通过环境的熏陶培养孩子的乐感。铃木让孩子

像学习祖国语言一样地来学习音乐、学习小提琴。美好的音乐像本国语言那样终日环绕着孩子,这样就像孩子在学会读书之前早已学会了讲话一样,3岁的孩子第一次拿起小提琴时,就学会倾听和模仿了。然后,当他获得了听觉和手指技巧以后,再教他识谱。识谱也是作为他全面音乐修养教学中的一部分来进行的,但一般要到孩子学习识字的阶段才开始。

铃木教学法的要点如下:

(1)让儿童愉快而认真地学习小提琴。对于儿童来说,学习小提琴是一种愉快的游戏,而不是难以承受的负担。在教学中不能把那些枯燥的技术要求一股脑儿地教给孩子,而是让儿童先接触小提琴,先在家里一遍遍地听母亲或哥哥姐姐拉琴,并经常去教室旁听别的小朋友上课、拉琴,这样孩子就会一天天地对小提琴发生兴趣,萌发学习的愿望。一旦学琴变成他自己内在的要求,而不是父母的命令,孩子就会主动积极地配合老师,就可以在一种轻松的气氛中掌握要领。

(2)经常不断地注意要奏出正确的音调,即奏出优美的声音,并保持正确的姿势和持弓方法。学习是愉快的,但训练是严格的,基本练习丝毫也不能马虎。从小就注意培养对音色的敏感,寻找最美的景色,养成良好的演奏姿势,这无论是对于孩子将来向小提琴演奏家方向发展,还是获得一定的音乐修养,都是必需的。

(3)个别教学和集体课同时进行。个别教学有助于针对每个孩子各自的情况进行更有效的帮助,有助于培养孩子的音乐能力。同时,定期上集体课也是很有必要的,孩子们将各自在个别课上学到的东西带到集体课上来相互交流,互相促进,老师也可以提出一些总的要求,或纠正共同的错误。集体课一般定期每周上一次或每月两次。

(4)不断反复,持之以恒。孩子掌握了一个曲子之后不能随学随丢,而要不断重复,在学会了第二个、第三个曲子之后仍要每天都拉前一个曲子,这样曲子就会越磨越透,越拉越熟,表现力也越来越丰富。

铃木教学法是在缓慢和非常关心的教学基础上教会非常年幼的孩子在小提琴上奏出非常饱满而纯净的声音。通过经常听指定曲目的录音和

反复练习以及复习学会了的作品，孩子们会以有表情的句法和清楚的发声作出反应并模仿它们。学习用的曲子是经过精心挑选的，每首都引进或巩固某一点技术，这种技术是进行下面曲子之前必须掌握的。“祖国语言教学法”正是通过反复刺激引导着孩子发展他的能力，使音乐成为他自己的东西。

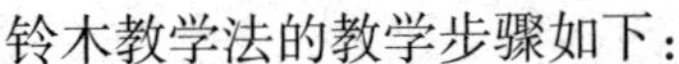

铃木教学法的教学步骤如下：

(1)接触：即为孩子创造学习音乐的环境，使他能够时时接触由音乐大师创作并由音乐大师演奏的作品，使他能够从中得到熏陶和感染，并化为他对艺术作品的热爱，满怀激情地渴望学习和掌握这些打动人心的作品。

(2)模仿：让孩子按照听到的旋律和看到的拉琴动作来表演。这里给孩子听的旋律常常是由演奏大师灌制的唱片和磁带，所以从根本上说，孩子是凭听觉模仿这些大师的声音，跟大师们学习。在课堂上老师所做的工作是纠正孩子们的姿势和持弓方法，帮助孩子们寻找最合适的音色和表现手法来再现大师们的声音。这样可以使孩子们从小就像大师们那样进行音乐思维，有助于培养孩子纯正的音乐趣味。一般孩子们都能相当准确地模仿父母，也很乐于模仿，所以如果父母也在学习，孩子就会更容易掌握。铃木教学法需要家长的积极参与。

(3)鼓励：孩子的学习非常需要教师和父母的鼓励。不失时机地鼓励孩子，会大大增强他们对于自己的信心，一次表扬和鼓励会使他在下一阶段的学习中做得更好，进步更快。即使孩子某一次拉得很糟糕，也不要过多地责备他，仍然应当进行正面的鼓励，责备他已经犯下的错误是没有用的，我们应当相信他下一次会拉得更好一些，这样孩子才不至于灰心丧气，而是充满自信地去付出更多的努力。定期组织音乐会是鼓励孩子的一种非常巧妙的手段。在音乐会前孩子们精心准备他们所要演奏的曲子，当他们那一丝不苟的表演博得了父母、教师和其他小朋友的热烈掌声，这对他们以后的学习会是一种多么了不起的鼓舞啊！

(4)不断重复和增加表演内容，日益改进和完善。孩子们演奏一个曲子受到鼓励以后，他总是会非常乐意地一遍遍地重复演奏这支曲子，这是

必要的;同时也应该及时地教给孩子新的曲子,增加新的曲目。这样一遍遍地重复,一曲曲地增加,孩子们的演奏水平就会一天天地得到提高,他们的音乐能力也就培养起来了。

而且,幼儿在活动中的每一个行为,都与他对自己的看法、自我意识相联系,因而在这些活动中,幼儿对自我的正确认识、自信心、自尊等也会逐渐建立起来。尤其是幼儿能从运动活动中获得满足感、愉快感和成功感,因为他们进行这些活动始终都是自愿的、轻松的、充满乐趣的。

父母应该知道的事儿

对运动的体验,甚至从婴儿出生之前就已经开始产生了,这是因为它对婴儿的生长和发育相当重要的缘故。幼儿对于世界的全部倾向,最初都是通过运动发展起来的。通过运动活动,幼儿对周围世界的认识和理解得到提高。在这些运动活动中,幼儿能接受各种感觉信息的刺激,能探索和尝试各种活动的途径与方法,这为幼儿发展感知觉、感知运动能力、动手操作的能力以及丰富的想象力、积极的创造力等方面提供了良好的机会和条件。

九、未来舞蹈家的训练技巧

作为父母应该给予孩子一些自由，让他们自由地发展。7~8个月的婴儿，一旦开始学习爬行，他们就会喜欢在任何一个物体上面做攀爬的练习。例如，攀爬小床四周的小围栏，往叠得很整齐的被褥、枕头上爬；当父母把他抱在怀里的时候，他甚至会在父母的身上攀爬，恨不得爬到父母的头顶上去。

协调动作的训练

攀　登

7~8个月的婴儿，一旦开始学习爬行，他们就会喜欢在任何一个物体上面做攀爬的练习。例如，攀爬小床四周的小围栏，往叠得很整齐的被褥、枕头上爬；当父母把他抱在怀里的时候，他甚至会在父母的身上攀爬，恨不得爬到父母的头顶上去。

很小的幼儿就会用自己的方式来对付攀登设备，他们似乎很善于处理不同的高度，甚至只会爬行的婴儿，也能根据需要改变自己身体的方向，将胸部紧贴着栏杆或台阶往下爬，从而避免因不慎会将脸部首先摔在地上的危险。据观察研究，出生后9个月左右的婴儿，就能产生一种先天的深度知觉。

作为父母应该给予孩子一些自由，让他们自由地发展。当孩子能够自己坐起来的时候，就让他们自己坐起来，父母可以用一些玩具来逗引他们坐起来，而不要过早就人为地把他们支撑成坐的姿势。在孩子能直立行走

以前，应该让他们用自己的身体来爬行以及爬着走几个星期或几个月，这能增强和发展他们的自信心。这样长大的孩子，是非常善于攀爬一些攀登设备的，有的甚至在独立行走以前，就已经能很出色地攀登某些设备了。

遗憾的是，大多数的孩子在他们很自然地乐意去做这些事情之前，父母就过早地促使他们去做这些事了，结果反而有可能使孩子在不自觉中越过了许多动作发展的敏感阶段，到孩子进入托儿所的时候，教师们又不得不帮助许多孩子去战胜对台阶、攀登，以及高度的害怕和恐惧心理。这种现象，大多是由于父母过于小心谨慎造成的。

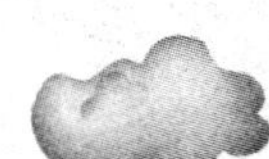

给予幼儿各种机会，鼓励他们去熟悉攀登设备及其玩法，这是最好的帮助。当幼儿上下台阶的时候，成人握住他的一只小手，帮助他掌握平衡和对身体的控制能力，不久，幼儿就能学会依靠楼梯的扶手自己上下楼梯了。如果楼梯台阶的高度、宽度以及扶手的大小都比较适合幼儿的年龄和身高的话，那么你就不必担心让幼儿自己上下楼梯，因为我们很少会看到当幼儿握住楼梯扶手上下楼梯时，会出现从楼梯上摔下来的事故。没有扶手的台阶和体育设备，对于幼儿将会提出更难的挑战。这时，成年人必须再一次向幼儿伸出援助之手，鼓励幼儿，并且帮助幼儿去发现他自己身体的重心，学会使用手臂和对身体的控制，从而保持身体的平衡。例如，帮助幼儿走一座较窄的独木小桥。

独立式的木制台阶，早已成为托儿所中普遍使用的体育设备了，可以利用它来练习攀登，也可以利用它来做小桥和隧道，或者建成一个能躲藏人的小角落等其他特殊的地方，以充分利用这一设备，使幼儿的活动丰富多彩、趣味无穷。当受到天气或户外活动场地限制的时候，也可以把它搬到室内来使用。

滑梯，也是一件很好的体育活动设备，即使是1岁半的幼儿，也能够对付它。滑梯对于幼儿的挑战，除了表现在需要进行攀高本身的技能以外，还表现在幼儿必须登到滑梯的顶，这需要战胜和克服心理上的恐惧感；当幼儿坐在滑板上往下滑动的时候，必须处理好身体重心的牵拉、控制身体下滑的速度以及保持身体的平衡，而当幼儿学会怎样滑滑梯，并从中获得

一种平衡感的时候，他们便能发现通过自己练习和探索而取得成功的自我价值感。

当幼儿看到一件大型的攀登设备时，他可能会想亲自去攀登，如果他刚登上去一点，便感到害怕而要求下来的时候，成年人可以对他说“你可以再试一试”，而不要对他说“噢，你还太小”，或者过于担心地说“注意，不要摔下来了”等类似的、反而会引起幼儿害怕的语言。

让幼儿登小山坡也是很有意思的，幼儿可以在活动的过程中来探索怎样才能登到小山坡的顶端，随着幼儿年龄的增长，可以逐步过渡到让幼儿登较大的山坡。此外，幼儿也很喜欢爬树，有可能的话，也应该鼓励幼儿去尝试、实践，但一定要注意幼儿的安全。

攀登对于幼儿整个身体、心理，尤其是空间知觉等方面的发展，都将不断地提出挑战。

攀登能强壮幼儿的肌肉，发展幼儿身体的控制能力，并能使幼儿适应周围世界变化的景象。当幼儿登到高处的时候，他的视野就会相当开阔。对于幼儿来说，在离地面较高的地方长时间地“眺望”远方、“环视”四周，以及“俯瞰”身体下方所有的事物，那将是一种令他无比兴奋、新奇的体验。这些体验能使幼儿感到坐在一个攀登设备的顶端是多么有趣、多么新鲜，而且又是多么得意和自豪。假如这时他能戴上一顶小帽子，那么他或许还会觉得自己长高了呢。当幼儿在每个不同的位置上观察周围世界时，这些不同的位置会使他们逐渐适应变化了的环境透视，幼儿会逐渐认识到自己所看到的东西，即使在每一个新的位置上看上去好像是很不相同的，但是它们在某些方面却有着共同的、不变的地方。幼儿还会认识到，当登到高处时，他所听到的声音也会发生变化：当离声源较近、中间的障碍物较少的时候，声音就会变得响亮而又清晰。相反，声音就会变小，而且听不清楚。有时，幼儿还需要根据声音的大小、他们身体的位置以及运动来判断高度和距离。

在攀登过程中，幼儿必须确定攀登的方向，如向上移动、向前移动、向左移动或向斜方向（对角线方向）移动等。幼儿还需要确定自己要到达的

空间位置——在上面、在下面、在之间、在前面、在后面、在这一边、在那一边等。当幼儿想把自己的身体移动到另一个地方的时候，他们还必须判断手、腿和脚所要移动的距离以及手臂应该使用多大的力量才能支撑住身体的重量。幼儿还必须判断空间的大小，以便确定自己的身体是否能通过或钻过某一个较狭窄的地方。幼儿不仅要判断这些距离与空间的大小，而且还需要判断移动到另一个地方所需要花费的时间，以及他们在某个位置上能保持自己身体平衡的时间的长短。同时，幼儿还必须学会认识这样的空间关系：他所占据的地方与正在移动着的其他幼儿所处的位置之间的关系，或者与其他幼儿想要登到的某一个位置之间的关系。

幼儿在各种设备上移动时，需要不断地调整自己身体的角度和位置，以便能调节身体重力的牵拉、保持身体的平衡。这种调整是通过以下两个方面建立起来的：一是通过动觉，动觉可以帮助幼儿知道自己身体各个部位所处的准确位置；二是通过身体精确的协调，来使得幼儿身体各个部位所处的位置变得更加稳定、合适、协调，从而保持身体的平衡。幼儿在从一个位置移动到另一个位置时，还必须判断首先应该移动身体的哪一个部位，以及必须把身体的重心放在哪一个部位上才能保持平衡，这时整个身体的控制，尤其是大肌肉的控制，便是对幼儿的一个挑战。例如，将两只脚站在滑梯顶端的上方，把身体改变成坐的姿势，手扶滑梯边缘的围栏，然后准备安全地滑落下去，这一过程对于2岁的幼儿来说，确实是比较复杂的。但是，幼儿通过多次练习以后，不仅能学会怎样安全地移动自己的身体，而且还能从中认识到与自己有关的其他方面的安全问题。

攀登除了能促进幼儿身体、运动的发展，如平衡机能、对身体控制的能力以及空间知觉、时间知觉以外，还能增强幼儿的自信心和自我意识，这是建立肯定的、健康的自我所必需的和重要的先决条件。

摆　动

孩子还在婴儿时期，父母就会把他们抱在自己的怀里，轻轻地做摇摆的动作。这种摆动，会使孩子的心情逐渐地平静下来，而且也会感到很舒适。当孩子长大以后，仍然想继续通过类似的活动来重新体验这种良好的

感觉,这当然应该说是一件很自然的事了。因此,在幼儿活动的地方,为他们提供一些能够体验到摇动、摆动以及摇摆不定的活动器材,也是很重要的。

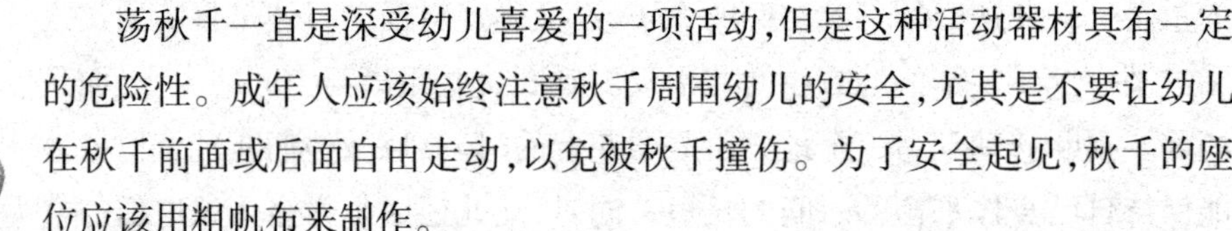

荡秋千一直是深受幼儿喜爱的一项活动,但是这种活动器材具有一定的危险性。成年人应该始终注意秋千周围幼儿的安全,尤其是不要让幼儿在秋千前面或后面自由走动,以免被秋千撞伤。为了安全起见,秋千的座位应该用粗帆布来制作。

自制的轮胎秋千,可以说是一件很理想的活动器材,只要花费少量的金钱就能做成。它可以同时安全地容纳几个幼儿,甚至1岁半的幼儿也能在上面荡着玩。这种秋千还能为角色游戏提供广阔的想象空间,幼儿可以把它当做一只小船、一列火车、一架飞机、一只飞动的大气球,甚至一只宇宙飞船等。这种秋千也比较安全。一般绳子式的秋千,对于2~5岁的幼儿来说,也是很有用的,它要求幼儿掌握一种与其他类型的摇荡活动所需要的不同的平衡,而且它也只需要最低限度的监督和关照。此外,绳梯以及类似的器材,也可以让运动技能发展到一定水平的幼儿来利用它做摇摆的活动。

荡船,在幼儿园中是最普及的活动设备之一,它有许多优越之处。这种活动虽然限制幼儿坐在一定的座位上,要求他们抓住周围的船板,来享受这种摇荡的运动所带来的愉快,但是幼儿坐在荡船上所想象的事物却是无限的。在荡船的过程中,也可以让幼儿唱一首有关荡船或划船的歌曲,以表达愉快的心情。

传统的跷跷板对于学前儿童来说,可能是一件比较危险的玩具,因为坐在跷跷板一端的幼儿,有可能会出乎意料地从跷跷板上跳下来,而致使坐在另一端上的幼儿不慎摔落下来。对于幼儿来说,最理想的是那种类似跷跷板,但却只能一个人坐在上面进行摇动的活动器材,如摇马、摇椅等。这种器材,幼儿常常能依靠自己的力量来使它摇摆起来。

通过这些摇摆运动所带来的有关肌肉的紧张和放松的感觉,可以使幼儿更容易理解周围事物的变化以及他自己身体的感觉。

摇摆的运动,对于发展幼儿整个身体的动态平衡是重要的。在摇摆过程中,随着器材方位的变化,要求幼儿及时地调整自己的身体以保持身体重心的平衡。幼儿在这些身体运动中,会逐渐认识到身体的功能、大小、重量、平衡以及其他的生命永恒存在的方面,这将能增强幼儿整体的平衡感觉以及有关视觉、听觉和动觉的调节能力。这种自我感觉能使幼儿获得极大的满足,他们会反复地探索这些经验,不断地体验随之而来的感觉。幼儿享受着由摇荡或上下摇或摇摆运动而产生的向前抛去的感觉,享受着从一边荡到另一边这种有节奏快速下降运动所产生的出自内脏的震动的感觉(内脏下沉的感觉)。

在能容纳两个或更多的幼儿的活动中,如玩荡船或跷跷板,幼儿不仅能逐渐学会调整自己的身体,而且能学会调整那些与其他幼儿的位置、大小、重量和数量有关的方面,有些调整是需要幼儿之间的相互合作的。幼儿还能从这些活动中学习对所使用的器材的速度和运动加以控制。此外,当幼儿共同使用同一件器材时,他们还必须学着制定一个共同来进行运动控制的有关规则。

所有平衡的设备,从跷跷板到摇椅,都是通过把一块木板放在另一只木块上而制成的,这些都能给予幼儿关于一个较重的物体的重量会引起物体运动的这种杠杆作用的基本科学知识。

荡秋千、摆动和玩摇马或跷跷板的这种反复动作的活动,对幼儿的感情会产生一定的影响,它常常有助于使幼儿获得一种极大的放松的感觉。许多身体、社会以及情感等方面的发展,都可以从这种运动的活动中获得。

爬　动

在创造性的活动计划里,运动经验是用以帮助幼儿再次体验在婴儿生长和发展过程中所经历的各种运动。爬动是这些早期运动中的一个很重要的方面,因此在幼儿的活动环境中,应该提供给幼儿能进行爬动活动的合适场地和设备。

房间里过多的家具会妨碍幼儿在地上活动,因而所放置的家具要越少越好,最好只放上几张椅子,这样就能腾出更多的空间让幼儿活动了。户

外广阔的露天空间，也很适合幼儿进行爬动活动。教师应该鼓励幼儿用各种爬动的形式在地面上四处移动。大铁桶、底部是敞开的箱子、可折叠的玩具隧道以及各种障碍通道，都能激发幼儿进行爬动活动的兴趣。卡纸板箱也是很好的材料，可以根据游戏的需要开出不同大小的洞来，从而建造自己的游戏隧道。若是能在卡纸板箱的外面涂上一层颜色鲜艳的油漆，那将会更吸引幼儿。大型的管道也是一种有价值的设备，它可以从建筑公司那里获得，这些管道不仅不需要进行维修和保养，而且也会为幼儿提供无穷的、难忘的游戏体验。幼儿可以在它的上面爬越，可以从管道的中间爬过去，也可以想象其他的活动方式。

当幼儿在各种活动器械上活动以及从事各项游戏活动时，他们常常会出现爬的动作。例如，如果要求幼儿从某些较高的障碍物上面过去，他们就会用自己的方式来爬越这些障碍物；如果要求幼儿从有一定高度的平衡板上的一端移动到另一端，有的幼儿也会采用爬的动作来完成这一任务。

为了帮助幼儿更好地发展爬的动作，家长应该经常仔细地观察幼儿爬的情况。爬这种动作，要求两手与两脚协调地、交替地、有节奏地运动，这种活动不仅有利于幼儿身体两侧肌肉的健康发展，而且还有利于促进幼儿大脑两个半球的发展。

当幼儿在地面上做爬的动作时，需要幼儿双眼的活动与双手的活动以及双手的活动与双脚的活动交替地、协调地、有节奏地运动，这有助于发展幼儿手与眼以及手与脚的协调能力。在这一活动中，幼儿练习着独立地移动身体的每一侧，但同时又保持着与身体另一侧活动的协调，从而促进幼儿身体两侧肌肉的协调发展。爬动时，由于身体是纵向地向外伸展的，因而幼儿可以发展这样一种时间意识：身体的某一部位比其他部位先到达某一目的地。幼儿还能从中发展有关身体与空间之间的一种新的关系，即如果一个空间看上去很小、不能很轻易地从它的下面通过时，幼儿可以设法通过采用腹部贴在地面上伏卧着的身体姿势，从障碍物下面钻爬过去来解决这一问题。这样，幼儿便会逐渐懂得爬的这种身体动作姿势，要比任何其他身体动作姿势所占据的纵向空间更小。

据观察，幼儿很喜欢在地面上爬动，而且他们通常会采用各种形式的爬的动作来体验。爬动可以重新激起幼儿感受在婴儿时期的回忆。当幼儿在地面上做爬动活动时，他们常常会表现得更加轻松和愉快。

如果幼儿是在大型的管道里、大铁桶里或是在卡纸板箱里进行爬动的话，那么他们还会逐渐认识到：当他们在一个甚至只有一部分是封闭的空间里听到外面的声音时，外面的声音听起来似乎有一种被蒙罩的感觉；同样，他们也会感到，在一个封闭的或部分地封闭着的空间里，他们自己即使说话的声音很轻，听起来也会觉得非常清楚；而在这种空间外面的人，却不可能很清楚地听到他们的声音。这样，幼儿综合的、全面的听觉感知也就能得到增强。

些专家研究认为，幼儿对于颠倒的形式的认识是比较困难的，例如，把字母或数字颠倒过来。但爬的练习却有助于幼儿克服这种困难。此外，爬的活动以及其他有节奏的运动，可以有助于幼儿发展对身体某一侧面的侧重和优势。研究者认为，这些能力与幼儿更容易地学习阅读是具有密切联系的，它是学习阅读和书写技能的先决条件。例如，有的专家研究发现，爬的时候，手与头的距离大约为30厘米，这正好是两眼焦距结合的位置，因而让幼儿经常做爬动练习，也许将来看书写字时就不会感到很吃力。

跳　跃

跳跃对于幼儿来说是最重要的身体活动之一。跳可以作为表达感情的一种方式。当幼儿不能用自己的方式来表达高兴、生气、激动、焦虑、急躁和受挫折的时候，他们就要跳动。当幼儿做跳跃动作时，常常会在将自己的身体跳离地面上发生困难，这说明幼儿跳离地面的弹跳能力较差。跳跃的练习，有助于使幼儿身体两侧的运动结合起来，逐渐使动作变得统一和协调，这种能力对于视觉和运动知觉的发展是至关重要的。

为了帮助幼儿学习从某个物体上跳落下来，可以让幼儿站在低矮的凳子或台阶上，要求幼儿将两只手向后下方抬起、弯腰、屈膝，然后摆动手臂，轻轻地从上面跳下来。大多数幼儿都非常喜欢这种活动，并且会不厌其烦地多次重复、练习。这种活动，有助于使幼儿获得对身体在空中作短暂的

停留，而脚下却没有任何依靠物的自信。成年人在帮助幼儿做这种动作或类似的活动时要特别小心，不要使用过猛或猛地一拉的动作，以免幼儿的肩关节受伤。这种活动除了能培养幼儿身体的技能和自信心外，它也有助于发展幼儿与具有同情心的成年人之间亲密友好的关系。在任何时间，成年人都可以参加到幼儿的活动中去，在一个他们能理解和胜任的水平上，帮助他们满足需要。

有条件的话，应该提供给幼儿一种内部装着弹簧的跳垫设备，让幼儿在跳垫的上面自由地做弹跳和翻滚的活动，这种垫子可以从旧沙发和旧椅中取出弹簧自制而成。这种跳垫要比蹦床更适合于幼儿，因为幼儿在这种垫子上做弹跳活动时不会弹跳得过高，这就能使幼儿更容易地控制自己身体的运动。

跳跃的经验，有助于全面地发展幼儿大肌肉的运动技能。为了更容易地教会幼儿怎样才能使自己的身体跳离地面，成年人应该首先让幼儿多练习身体的爬动以及沿着狭窄的、逐渐升高的倾斜木板向上行走等类似的活动。这些活动能发展幼儿两腿的肌肉力量、身体的平衡能力和身体活动的协调能力，而这些能力又都是幼儿跳跃能力得以增强的基础。

一旦幼儿学会跳跃，他们就会依据自己可以跳多高、可以跳多远、可以跳过多宽的空间，以及跳的是什么方向（向前、向后、向后侧面等）来发展新的空间、高度、距离以及方位的知觉。幼儿应首先学会从2或3寸的高度上往下跳，对于他们来说，这是一种较重要的自我建构的经验。成年人要让幼儿知道，在跳下来以后，需要保持整个身体的平衡，并且要使身体保持一种直立的姿势。随着幼儿年龄的增长，他们会喜欢从较高一些的地方向下跳，这似乎是由于幼儿很喜欢体验由这种跳跃活动所产生的来自内脏震动的感觉的缘故。在垫子上或其他有弹性的器械上弹跳起来并落下，通常能使跳跃能力较差的幼儿在各种跳跃经验上更具有自信心。幼儿如果有了这种自信心，他就会更加喜欢跳跃。

跳跃是一种能使幼儿意识到需要在安全方面加以小心、谨慎的活动。他们会逐渐知道，跳到玩具上、器械上、别人的身体上或坚硬的表面，是不

安全的。同样，他们会发现，在沙地上、柔软的泥土地上、草地上或像垫子那样有弹性的东西上面进行跳跃活动，是较容易的，而且也是比较安全的。

跨跳的动作是比较难的。如果幼儿在其他运动技能方面发展是正常的话，那么一般来说，在他学习跨越这一动作的过程中，只要成年人给予他一定的帮助，如握住幼儿的一只手、帮助他跨跳过障碍物，是能够逐步使幼儿掌握独立地跳越障碍物的能力的。对于多数幼儿来说，前摆腿的跨越动作，要比后蹬腿的蹬地动作更难掌握一些。当幼儿学会向下跳、跳越，以及随后学会跳上去、助跑跨跳和跳绳以后，他们也就逐渐发展了时间的知觉，以及对用跳跃的方式与用走或跑的方式来移动一定距离所花费的时间进行比较的能力。幼儿会逐渐知道，跳下来是比较快的，而要向上跳到某一个物体的上面则要花费更多的时间。当幼儿做跳上和跳下的活动时，他们便学习着快速地改变视觉透视，同样，当幼儿荡秋千、滑滑梯和做摆动活动时也是这样，即他们所看到的东西正在移动，但是它实际上却是停留在一个地方不动的，只是视点发生了变化，进而还能提高幼儿依据空间状况，来判断自己身体所处位置的能力。

父母应该知道的事儿

对于正在开始学习走步的学步儿来说，提供一种高度较低、踏脚面较宽的木制台阶设备，可能会激发幼儿攀登的兴趣。经过一段时间的练习以后，幼儿就能对付更难的台阶了。台阶式的大型塑料玩具也是一件很好的设备，它能深深地吸引幼儿去进行最初的探索。

善于利用器材

轮胎、圈环以及其他可用于滚动的物体

圆形是最基本的物体的形状之一。这种形状的物体，从外表上看，它既没有起点，也没有终止点，可以用它来圈住物体，也可以将它沿着地面滚动，而且它还会使人感到是那样的轻松自在，充满了强大的吸引力。

轮子是圆形的物体，这是人类历史上最早的发明物之一。古代的孩子们就开始发现许多种玩轮子的方法。铁环也是古代的一种玩具，而且一直

沿用到现在。在汽车被普遍使用以前,孩子们通常是玩老式马车轮子上的铁环。在现代的玩具制造厂里,也继续生产塑料的圈环,以提供给孩子们游戏。

较小的塑料圈环,对于2~5岁的幼儿来说,是一种较理想的玩具,它可以提供给幼儿探索“圆”的概念的机会,从而激发幼儿对学习物体形状的兴趣。自行车的内胎和外胎,也可以作为幼儿的玩具,虽然操作起来要比塑料圈环难一些,但它们仍然可以用许多相类似的方法来玩。幼儿可以快速旋转它们,可以用头顶着它们、用手掌托住它们,使其保持直立的姿势而不倒下来,可以从圈中钻来钻去,可以把它们当做靶环,将小球或沙包从圈中投掷过去,也可以把它们放在地上排列起来,组成各种形状……当然,由于塑料圈环和自行车轮胎在质地和大小上有所差异,因而在玩法上也存在某些不同之处,但是幼儿却很喜欢由此而产生的在操作方面的挑战。

与玩圈环和自行车轮胎的方法有一定关联之处的是玩汽车和卡车的轮胎。幼儿可以在操场上发现许多种玩汽车轮胎的方法。有些轮胎堆放起来可以建成隧道和其他钻爬的地方,幼儿可以在这些隧道里钻爬,也可以在堆积的轮胎上面进行攀登和爬越。幼儿也很喜欢滚动轮胎,甚至3岁左右的幼儿,也能学会滚动尺寸很小的轮胎。

小轮子、木制圆盘、盖子以及其他圆形的物体,也都可以把它们直立起来沿着地面进行滚动。通过让幼儿玩这些圈环和轮胎,可以进一步发展幼儿身体的活动技能。

幼儿喜欢玩任何一种圆形的物体。这种形状的物体对于幼儿来说,是最容易理解的,因为这种形状是幼儿有可能把它作为一种符号的表现来进行复制的最早的形状。这种能力在2岁半~6岁之间得到发展。同时,这些活动还能发展幼儿控制手腕肌肉运动的能力。

玩轮胎、圈环和木制大卷轴,可以增强幼儿对圆的概念的认识,可以帮助幼儿理解有关圆的物体是绝没有任何角的知识。幼儿可以从中发现,有的环状物体很大,足以使他们从中间钻过去或爬到它的上面去,甚至大得能同时容纳好几个人在上面玩;而有的却很小,这样幼儿就能逐渐增加对

大小和体积概念的认识。幼儿通过在环状物体上面练习平衡，以及通过设法使环状物体抵抗重力的干扰而保持直立的姿势，可以发展保持平衡的能力。幼儿通过将对物体重力的控制与身体运动的力量相互配合，可以逐步学会对这些物体的运动速度加以控制。幼儿还能逐渐懂得，任何一种滚动的物体，都能快速地移动，当这些物体从斜坡上面由上往下移动时，不对物体施加任何推力，它也能沿着斜面滚下来。同样，幼儿也会发现，要使这些物体由斜坡的下端往上移动，需要花费很大的努力，倾斜度越大，所需的外在推力或拉力也就越大。此外，幼儿还可以通过对产生物体移动的力量大小的比较，来认识由物体的重量而引起的有关动量的概念。

自行车轮胎可以帮助幼儿理解有关柔韧性以及有的物体具有自身能暂时改变形状或特性的知识。当幼儿将这些物体从自己头上、脚下穿过以及绕着自己的身体转动时，或者幼儿自己从这些物体上面跨过、从中间钻爬过去或是绕着它移动的时候，他们可以发展有关位置和方向的知识。通过比较塑料圈环和自行车轮胎以及各种大小不同的汽车轮胎在重量上的差异，可以使幼儿发展对不同重量的物体进行重量判断的能力。幼儿绕着自己的身体快速转动圈环时，可以从中体验到离心力的作用。除此之外，幼儿也可以通过玩球、玩具卡车、小汽车和自行车，以及其他有轮子的玩具，来进一步扩展和加深对这些知识的认识。

箱子、木板以及其他可用于建筑的物体

幼儿喜欢用箱子和木板来建造他们自己的世界。他们会将这些材料搬运、堆积、排列、围成一个圆圈、连接起来、拆散开来、建一个入口、关闭入口或做一个小门以及建筑小桥、帐篷和隧道。他们会建造只能容纳一个人躲藏在里面的地方，也会共同建造多层高度和多间小屋的建筑物。他们会建造顶部有遮盖的或敞开的地方、面积大的或小的地方。由于这些幼儿充分发挥他们的想象力来设计和建筑自己的小天地，因此成年人应该特别注意这些建筑物的安全，并对如何合理地安排空间加以必要的指导。

木制的或塑料的木条架(即锯木架)，对于支撑各种建筑材料、圈住一些地方以及促进幼儿想象都是有益处的。在户外活动场地上，使用木条架

的优越性是这些物体很坚固，足以同时支撑住几个幼儿的身体重量，而且其价格也不贵，很容易制作。

胶合板在户外活动场地上也具有广泛的用途。可以用各种方式把它们接合起来，做成一个独立式的小帐篷或其他各种建筑物。可以在胶合板上挖出各种形状的小洞，如圆形的、三角形的、长方形的或菱形的等，这样幼儿不仅能进一步加深对形状的认识，而且也能在建筑物里通过这些小洞来看外面的世界，这是多么有趣呀！如果胶合板比较贵的话，也可以用卡纸板来代替，尽管卡纸板使用的时间不会很长、不太耐用，但它也能起到与胶合板同样的作用。

梯子、木板条、小木条、油画布以及用碎布条编成的小地毯，也都是相当好的建筑材料，可以提供给幼儿。

幼儿可以通过对各种活动设备和器材的使用，来获得保持自己身体平衡的能力。幼儿用木箱、木板以及其他的材料，甚至桌子和椅子，来自己建造一些活动设备，然后在这些设备上进行游戏。在某些幼儿园里有这样一个规定，就是允许幼儿建造一些游戏设备，但其高度不能超过所玩的幼儿当中身高最高的幼儿的头部。因此，幼儿经常有机会来判断和比较高度。当幼儿建造的空间有限时，或者当他需要在一个空间里将某些物体放得适合于“在……之间”、“穿过……”、“在……上面”或“在……下面”的时候，他们也学习着对宽度作出判断。这些也有助于幼儿学习判断物体之间的距离、幼儿之间的距离以及幼儿与物体之间的距离。幼儿不仅需要对这些方面进行单独的判断，而且也需要对它们之间的关系加以判断。

在幼儿建造自己的建筑物时，他们增长着有关方位的知识，因为他们需要在这一过程中作出许多的决定：是否要将一个建筑物向上、向旁边、在一个拐角处，或是在其他的方向上进行扩展。幼儿需要使用一定的肌肉力量来搬运各种物体，这也为幼儿提供了熟悉各种物体重量的机会，而且幼儿也能从中懂得，他们有时需要同伴的帮助，才能将某些较重的或较大的物体搬运到目的地。当几个幼儿在一起共同建造一个建筑物时，他们学习着讨论自己的计划和方案。为了能使建筑活动开展下去，他们需要用一种

合作的态度来制定出共同的计划方案。虽然这些方案在幼儿进行建造以前通常就已经决定了，但是在建筑过程中，却仍然需要不断地作出一些具体的决定或修改原来的计划。这整个过程，实质上就是解决问题的一种方式，在什么地方建、使用什么材料、建造什么、所建造的建筑有多大，以及什么时候将它拆掉等，这些问题都需要逐一进行解决。

在幼儿确定计划方案以及实施计划时，他们不断地练习着手与眼的协调。练习着在测量方面所需要的有关数学的技能。由于幼儿通常是依靠视觉来进行判断，而不是用较复杂的测量工具来判断的，因此要想测量得比较准确，这对于他们来说是比较困难的。

在完成建筑时，幼儿就已经建立起互相帮助、愉快合作的友好关系，幼儿会从中获得成就感和自我满足感，这些很重要的感觉和体验，将能进一步增加幼儿的自尊和自信。而且，这些活动还能培养幼儿丰富的想象力、创造性以及动手操作的能力。

平衡板

玩木板条、小木条以及其他种类的平衡板，为不断地发展和完善幼儿控制身体的平衡能力提供了机会。平衡运动要求身体两侧用力均匀、相等，如沿着一条狭窄的木板走等，都能促进幼儿身体两侧肌肉力量的协调发展。成年人可以通过观察幼儿在木板上行走的姿势和表现，来判断幼儿身体两侧肌肉发育的水平与状况。

对于幼儿来说，走平衡板不能过于简单，否则幼儿就会毫不费力、很轻易地完成。这一活动的价值之一在于要求幼儿在平衡板上的移动不能过快。如果幼儿走或跑得过快，那么在这一移动过程中，身体重量所产生的动量就会有助于幼儿身体的平衡，而不能达到让幼儿有意识地锻炼控制身体平衡机能的目的。成年人应该鼓励幼儿大胆实践，必要时也可以用一只手扶持着幼儿的一只小手，帮助幼儿保持身体的平衡，这时成年人也可以对幼儿说："这个活动比较难，但不要放弃它。"

当幼儿逐渐适应走各种平衡板以后，就能减少在其他行走方面所产生的困难，这时成年人就可以开始让幼儿自己用材料来建造小桥，并在上面

行走。幼儿可以利用木板条，在它上面做爬行活动，从木板的一端爬到另一端。开始时，可以将木板的一端稍微抬高一些，使其具有一定的倾斜角度，以后可以逐渐增加高度。幼儿通过在这种倾斜的木板上爬上爬下，可以逐渐学会不同类型的平衡技巧。

让幼儿在由成年人设置好的“小路”上行走，也是一种很好的活动，它与平衡板有一定的相似之处。虽然这些小路一般是设在地面上的，但是由于成年人可以把小路建造成各种形状、各种不同的角度，因此它对于发展幼儿的平衡能力也就提出了不同的要求。“小路”通常是由一套积木，或几根绳子、木条或木板为材料，在地面上排列成平行的两排，让幼儿在这两排平行物的中间行走。小路的宽窄设置，一般以幼儿需要仔细、谨慎的移动才能从其中间走过为宜。

为了让幼儿练习走步，还可以提供一些木条和木块，用以建造小桥、隧道或其他类型的阶梯式建筑。如果能将这些材料的每一端都牢牢地固定起来的话，就既能保证幼儿活动时的安全，又具有广泛的用途。

若能让幼儿在用小地毯条编成的小路上行走，还将能为幼儿提供一种新的触觉感知，最好是让幼儿赤脚或穿着薄袜子在上面行走。由于走在这种质地的小路上会得到某种特别的感觉刺激，因此由它所提供的触觉信息将有助于使幼儿的各种平衡机能协同起来，从而促进幼儿平衡机能的全面发展。“小路”也可以是一根绳子或其他的材料。当幼儿清晨入园的时候，有时要求幼儿沿着为练习平衡而建造的“小路”走一会儿，这也是一个很好的主意。

在木条、木板或其他平衡板的下面，可以用砖来做支撑物以增加一定的难度。

除了练习平衡需要设计一些能登高的地方以外，为其他游戏活动提供一些能登高的设备也是很重要的，如角色游戏。一般来说，这些设备是安置在户外活动场地上的。但是，在户内或传统式的平坦的教室里，提供一些能在地面以上的空间里进行活动的设备，在当前却是一个新的挑战。当幼儿爬到板凳上或桌子上的时候，大多数教师会毫不客气地对幼儿说：“快

下来，太不像话了，怎么可以爬到桌子上呢！”然而，对于幼儿的需要具有较深刻了解的人却知道，幼儿是需要攀爬的。为了避免让幼儿爬到家具上去，最好的方法就是在室内也为幼儿提供一些能攀爬的活动设备。

当幼儿沿着狭窄的平衡板往前行的时候，就需要他们协调地移动和变换自己身体的重心位置，以保持身体的平衡，这同时对促进幼儿身体两侧肌肉力量的协调发展，也具有一定的积极作用。通过沿着各种狭窄的小路向前、向后、向旁边移动，幼儿的平衡能力会逐渐得到提高，并且还能使幼儿的方位知觉得到发展。如果平衡板是倾斜摆放的，那么这就需要幼儿根据平衡板倾斜的角度，来合理地移动自己身体的重心，若是向上移动，幼儿就要学会身体向前弯曲，以便把身体的重心向前移动；或是向下移动，则要学会后仰着身体，把重心向后移动。这样，幼儿就可以逐渐学会怎样根据需要来处理和控制身体重心的移动。

在使用这些材料的过程中，还可以发展幼儿的这样一种技能。怎样使身体的运动变慢、变得更加仔细和谨慎。让幼儿学习沿着一个逐渐升高的平衡板慢慢地、仔细地走要比让幼儿快速地在上面走更难。因为这种仔细、谨慎的运动，需要高度地协调视觉、听觉以及触觉的刺激，因此在这种活动中，能促使幼儿的这些感知觉得到一定的发展。

当幼儿在各种联合的木板上移动时，他们会逐渐获得一种对时间的知觉。幼儿会逐渐认识到，从木板的一端走到另一端，需要花费较长的时间，若是侧着身体走或是向后倒退着移动，那么需要花费的时间就会更长。另外，他们还会知道，在轮流活动时，需要等待一定的时间才能轮到自己玩。这些时间的知觉在某些方面与测量的原理是相一致的。例如，有些幼儿，尤其是年龄较小的幼儿，当他们在一块平衡板上行走时，最初他们两只脚的距离相隔很近，前脚的脚跟与后脚的脚尖几乎是在平行的位置上，不会迈开步子移动，即移动的步幅较小，因此移动的速度也就很慢。通过正常、反复的练习以后，幼儿逐渐地便学会把步子迈得大一些，将两脚的前后距离相隔远一些，即增大步幅，这样幼儿不知不觉就在一步与紧接着的一步之间，测量着相等的距离。

幼儿除了在这些平衡板上练习平衡以外，还在其他种类的活动设备上练习着移动和保持身体的平衡，这使得幼儿有更多的机会来练习判断距离的长短、测量空间的大小和创造一个保持身体平衡的姿势。有时，可以让年龄大一些的幼儿在跷跷板上或者在一块只有中心处是固定支撑着的活动木板上移动，这种活动需要幼儿学会寻找木板的中间位置和根据木板的活动情况来调节身体的重心，以便找到合适的平衡。

在这些能升高的设备上行走，还可以培养幼儿勇敢的意志品质，增强幼儿信心。发展幼儿的这些技能，可以增强幼儿的身体意识和自我认识，这两者是自我建构中很重要的方面。

车轮玩具

对于幼儿来说，第一次骑上一辆三轮脚踏车，是一件很激动的事，他会感到这是靠他自己的努力才使得小车向前移动的。车轮玩具是非常普及的，它包括三轮脚踏车、大轮子车、四轮运货小车、婴儿坐的小推车、玩具杂货车、独轮小车、小型手推车等，在幼儿园或家里，提供其中的几种玩具是很有必要的，这能使幼儿有机会练习不同部位的肌肉。

通过观察幼儿怎样玩车轮玩具，你可以从中受到一些启发。幼儿喜欢自己一个人骑在车上，也喜欢带着同伴一起骑。幼儿喜欢在小车后面拖一些物体。幼儿牵拉的物体可能是很简单的木块或某些没有轮子的玩具，有时也会拖着一只纸板箱，并在箱子里面装上一些其他的玩具，如洋娃娃、球等。幼儿常常运一些与活动有关的物品，但有时也会为了把一件物品从一个地方拖运到另一个地方而使用这种方法。

在购买车轮玩具时，应该察看一下它们的结构是否牢固，要挑选前轮轴承和后轮轴承质量都好的金属三轮脚踏车，这样的玩具使用起来寿命是比较长的。

对于幼儿来说，这些玩具确实显得大了一些。他们也很喜欢坐在三轮脚踏车的上面，让成年人推着车前进。当脚踏板转动到幼儿的脚能碰到的地方时，他们有时也会用脚使劲推一下脚踏板。他们会逐渐在控制这些车轮向前移动方面表现得很有技术。

低矮的三轮脚踏车是一种较新型的车轮玩具，幼儿从中所获得的视觉运动经验，似乎要比从传统的三轮脚踏车中获得的更多。这是因为幼儿所处的位置比较低，这样幼儿就有可能比较清楚地观察到自己双脚的运动状况。

为了进一步扩展角色游戏的情节，也可以利用车轮玩具。既可以让一个人骑，也可以让小组一起骑。但是，车轮玩具主要是用于让幼儿探索各种移动的方式或各种速度的变化等方面。

有时可以在地上画一些曲线，让幼儿沿着曲线驾驶小车，但幼儿更喜欢按照自己的想法来驾驶小车。有时也可以为幼儿提供木制的斜面，以便给予幼儿沿着斜面骑上和骑下的经验。

有时可以让幼儿列队驾驶小车，简单的方法就是让幼儿排成几列纵队，从幼儿园的一端骑到另一端，然后再骑回到原处。比较复杂的列队驾驶小车，是让幼儿绕着幼儿园附近的某一街区作短途旅行。在幼儿踏上旅途之前，可以让他们用纱线、彩纸或其他的材料把车装饰一番，这种活动会格外吸引幼儿。当然，一定要注意幼儿的安全。

此外，有时也可以让幼儿进行杂技表演。例如，要求4~5岁的幼儿为2~3岁的幼儿表演一些杂技动作，如单手或双手不握手把地骑车、只用一只脚来踩动脚踏板地骑车等。当然，这些表演往往也会使成年人感到十分惊讶。记录下幼儿每次扮演的角色，也是很有趣的。你会发现，幼儿似乎总是喜欢在每次的表演中都扮演相同的角色，这说明每一次的“杂技表演”都可以给每个幼儿一次满足个体需要的机会。

当幼儿在三轮脚踏车以及其他车轮玩具上推动自己向前移动时，他们将会产生一种极大的独立感，这是由于幼儿自己独立地控制车辆的缘故。幼儿会知道，他们可以依靠自己的努力，从一个地方快速地移动到另一个地方；他们想要移动得更快一些或是稍慢一些，这也要依靠自己的努力和控制。当幼儿的双脚踩在脚踏板上、一圈一圈地骑动着车轮向前移动时，他的眼睛也会随着双脚有节奏的运动而不断转换目光，这有助于使幼儿身体的每一侧都与视觉的运动协调起来。而且，双脚与脚踏板有节奏的运

动,还有助于使幼儿整个身体的活动与这种节奏协调、统一起来,从而发展幼儿均衡地使用身体两侧肌肉力量的能力以及身体的优势侧面。幼儿通过学习对自己身体的运动进行调节,进而逐渐可以用各种方式来驾驶车辆,而又能避免出事故或挡住别人的路。

当幼儿骑在车轮玩具上四处移动时,可以增加幼儿对自己与其他静止点或与其他移动物体之间的距离进行判断的能力。幼儿会注意到,他所听到的声音会随着自己位置的改变而发生变化。当他移动到离其他人之间的距离较远时,他必须用较大的声音喊别人,才能使别人听到自己的声音。这些类似的经验,有助于使幼儿学会判断自己所移动的距离的长短。幼儿不久会发现,骑那些车轮较大的车比骑车轮较小的车所移动的速度要快,而且所需要花费的力量和努力也相应地要小。这些活动,也能使幼儿增加有关方向方面的知识。幼儿会发现,他们可以向前移动、向后移动,可以向其他方向移动,也可以动到一边或另一边(即使他们还不会使用左边和右边的名词),甚至还可以绕着一个大圆圈移动。幼儿还会懂得,他们与其他的车辆什么时候是在"相反的方向"上移动,什么时候是在"相同的方向"上移动。

当幼儿推着或骑着车轮玩具时,他们还会有机会来观察轮子和车轴是怎样进行转动的。

幼儿在玩车轮玩具时,还必须注意到身边的其他人。当不安全的情况将要发生时,幼儿必须学会很快地做出决定,以避开危险。

车轮玩具除了能促使幼儿大肌肉运动的发展以及身体控制能力的发展以外,它似乎还能给幼儿带来一种使他无比高兴的感受,并能让幼儿有机会来释放自己的情绪。这种活动还能激发幼儿的想象力,并使幼儿从中获得许多角色游戏的体验。有时,幼儿会假装骑在一匹马上,有时是在驾驶一列火车、一只船、一架飞机、一部警车或一辆救火车。这种体验总是令人愉快和兴奋的。

球类运动

在建于四千年以前的古埃及墓中,就已经发现一种内部填满糠、外面

用布缝合而成的球。用箔裹住干玻璃和其他材料而制成的球,也曾经普遍地为远古人所使用。此外,在地下还发掘出过瓷制的球。柏拉图曾建议把球作为幼儿必需的玩具之一。如今,球仍然是为不同年龄阶段的人们所普遍使用的玩具之一。

一种能用手抓住的球,对于还没有学会走路的婴儿来说,是一种很好的玩具。这些球通常是用类似橡胶的塑料制成的,或是在里面装满泡沫橡胶、外面用布裹住而做成的。带有一些小孔的球,便于幼儿用手抓住它或是从地上拾起来,但由于这仍然是一只圆形的物体,因而当把它扔在地上的时候,它依旧可以滚动起来。当球在婴儿面前滚动时,婴儿用眼睛和身体的活动来追随球的移动,这种运动有利于婴儿视觉的发展。当婴儿用手抱住球的时候,他就会立即把球放到嘴边,因为婴儿会将所有他能够拿到的东西都放在嘴里尝一尝,当然球也不例外。用嘴唇、牙齿和舌头来探索球,可以为婴儿提供有关球的质地之类的信息刺激。而当婴儿将球靠近鼻子、用鼻子来闻一闻球的时候,他便会知道制成这只球所用的材料是什么样的气味。不过,为了幼儿身体的健康,最好将球弄干净一些。如果经常带幼儿出去观看其他幼儿或成年人的活动的话,那么幼儿还会很快发现,与其他的玩具相比较,其他幼儿甚至成年人也都很喜欢玩球,只是所玩球的大小、种类和玩法不一样而已。因此,几乎从一开始,球就作为一种社会性的玩具而确定了它所处的重要地位。

据观察,幼儿有多种多样的玩球方法,例如,相隔一段距离,把球投进或投掷到一个目标上;把一只球向前方扔出,然后再去追那只滚动的球;把球沿着一个斜面自上而下滚下来;用脚踢球;在一张桌子或其他物体下面滚球;把球放在水面上让球漂浮;坐在球的上面;在地面上与另一个幼儿相互滚球;与另一个幼儿相互抛接球;用一根木棒击球等等。这些活动虽然各自都有其自身的特点,但它们都有助于幼儿发展许多重要的技能,而且幼儿还能从中获得广泛的信息,以加深对有关概念的认识以及学习新的概念和知识。

除了球以外,其他物体也可以用作投掷,如沙包(或豆袋)。每个幼儿

园或家里都应该有一些沙包提供给幼儿，幼儿将会用它来发明许多新的游戏。由于沙包使用起来比较容易，这就能使幼儿感到玩沙包要比玩球更容易抓得住。

小圈环也是幼儿很喜爱的玩具，幼儿可以把它扔到一个具体的目标上，如将小圈环抛到直立在地上的小旗子上圈住小旗，但幼儿更乐意用它来发明其他的玩法。

由于气球移动的速度比较慢，因此利用气球来学习抛和抓住的运动也是一种途径。当气球在空中慢慢飘动时，幼儿可以有充分的时间来确定手和身体的位置，以便能更准确地抓住气球。这种活动可以配合着音乐来进行。

球是提供给幼儿的最早的玩具之一。幼儿通过反复的摸球、玩球，不久就会发现球是圆状的，球有大小之分，小的球可以用一只手抓住，而大的球即使用两只手也很难抓住。幼儿会发现，有的球可以挤压。当在这些球的表面上施加一点力量挤压以后，它们便会在抗张强度方面发生改变，如小皮球；有的球很坚硬，可以用木棒击打，如棒球；有的球很强韧，坐在上面也不会使它变形，如足球、大木球；而有的球却很脆弱，只要稍稍给它一些外在的压力，它就会破裂、爆炸，如气球。

幼儿在滚球、拍球、抛球和接球的时候，不知不觉中就会学习着有关空间关系的知识。例如，当幼儿把球举过头或放在头顶上、用双臂托住球、把球放在身体的下端或身体的一侧等位置的时候，幼儿便会观察到这些位置与他们自己身体之间的关系。幼儿还会知道，玩不同种类的球或者球的玩法不同，它们所需要的空间大小是不相同的。在活动中，幼儿还学习着有关重量的知识。他们会发现，反弹一只较重的橡胶球，要比反弹一只较轻的橡胶球更容易些。幼儿会认识到，肌肉力量的大小，可以控制球的移动速度和推动力，例如用较大的力量来滚球，球就会滚得快而远；相反，若用较小的力量来滚球，球就会滚得慢而近。幼儿在做抛球活动时，还会观察到球上升时所产生的弧形与下落时所产生的弧形基本上是相同的，但幼儿并不知道这就是抛物线的原理。因此，幼儿要想比较准确地接住抛来的球

是比较困难的。在地上或空中去追捉一只滚动的球，这种活动可以提高幼儿视觉——运动的敏锐性。当幼儿调整着距离将球向另一个幼儿抛去，然后再重新调整距离去接从另一个幼儿那里反抛回来的球时，需要经历调整自己的身体重心以便能保持身体平衡这样一个复杂的过程。

当幼儿判断自己所处的位置与自己想要把球抛到或投掷到的位置之间的距离时，便能逐渐提高他们的深度知觉。幼儿用一个比较稳定的速度来拍球，球上下运动所产生的有节奏的声音，有助于使幼儿将自己身体的律动与球的运动协调起来。幼儿通过活动会逐渐发现，当用力在地面上拍球时，由于球的重量、制球所用的材料或离地面的高度不同，或者是在某些空的物体上拍球，它们所产生的声音也会有所不同。当幼儿把橡胶制成的球放到炽热的阳光下晒一晒时，这种球就会散发出一种特殊的浓烈气味。

幼儿会观察到，即使整只球涂的都是同一种颜色，但由于光线照在上面会产生深浅不同的阴影，因而从球的表面看上去，其颜色的深浅、浓淡也是有一定差异的。幼儿会发现，有些球的表面是很平滑的，而有些球的表面却是凹凸不平或粗糙的。

幼儿会观察到，若是将空气打在球的肚子里面，是可以支撑住球的外部形状的，而一旦球里的空气跑出来了，球也就会变形，不成为一个圆状了。当一股强风刮来时，气流的移动将会在不同程度上控制着球的运动。幼儿顺着一股强风，兴奋地将球抛向空中，然后看着球飞动，就好像一个巨人把球抛向天空似的，球会飞得很高、很远。

将球在一个倾斜的平面上自上而下地滚动，可以引导幼儿发现，球在斜面上向下滚动比在水平面上滚动，其重力要更大一些，而且滚动的速度也更快。幼儿还会发现，他们必须使出更大的肌肉力量，才能把一只球由斜面的下端滚到上端。

拳击袋

幼儿总是在探索控制自己感情的方法。4岁左右的幼儿很容易在游戏过程中发生争端或争吵，但大多数的争辩或争吵是比较缓和的，不那么激烈。这种争吵通常发生在为了等着得到某物或做某件事，或者是自己正在

玩的玩具被其他人突然拿走的时候,年龄稍大的幼儿甚至会为此打架。一个比较好的运动计划,应该包括为幼儿提供能用力地使用大肌肉进行活动的机会,这有利于使幼儿摆脱不断产生的爱寻衅行为或由不满所积蓄的紧张情绪。为了达到这一目的,可以向幼儿推荐一种打拳击袋的游戏活动。

作为发泄情感的替代物——拳击袋,可以悬挂起来,让幼儿站在地上使劲挥动整个手臂和拳头,来击打拳击袋。他们甚至可以对着拳击袋狠狠地骂上几句气话,这样幼儿便会在没有被对手回击的安全情况下,逐渐地消除紧张或不愉快的情绪。

除了拳击袋以外,还可以提供给幼儿大量潮湿的泥土,这也能达到同样的目的。在任何时间里,你都可能发现有一个或者更多的幼儿在那里使劲地敲打较大的泥土块,以便减少紧张情绪和爱寻衅的冲动。通过一阵拼命地敲打以后,逐渐地幼儿便会安静下来,捏着泥土,并用泥土来制作各种东西,从中幼儿便会经历到一种非常轻松和平静的体验。

与敲打湿泥土和击拳击袋的效果相似的另一种有效的活动,是使用木工器材,尤其是一把榔头。让幼儿用一把榔头或一根木槌来敲打厚实的木块或是坚硬的水泥地面,也能使他释放过剩的能量。不过,榔头最好是小一点、轻一点的。

其他的活动,如挖泥土、挖沙的体验以及步行等,也可以获得类似的效果。当幼儿击打拳击袋的时候,他们会感到自己非常强壮和了不起;他们会感到自己有一种对局势进行控制的能力,因为拳击袋不会反过来回击他们。当幼儿用拳头对准拳击袋时,通常要把眼睛盯在这个目标上,而当他们伸出拳头击打拳击袋时,他们便会清楚地看见自己手的运动状况,这时视觉和运动再一次地结合起来,从而进一步发展了幼儿视觉——运动技能。当幼儿的拳头与拳击袋接触时,由拳头的击打而产生的声音,也是感觉体验的一个部分,这就是对拳击袋表面的触觉。当幼儿为了防备沉甸甸的拳击袋所给予的反推动力,而调整自己的身体姿势以保持平衡时,他们便能逐渐增强移动身体重心的能力和快速反应的能力,以便满足情况变化的需要。在活动过程中,幼儿在判断距离方面也逐渐变得更有技能,并且

能够知道，自己需要站在离目标多远的地方，才能不致被拳击袋撞上。幼儿会逐渐认识到，自己占优势的手臂比另一只手臂能更有力地击打拳击袋，但如果调节一下身体重心的位置，也能使较弱的另一只手臂的肌肉获得额外的附加力量。

有时，当幼儿玩打仗或射击一类的游戏时，也可以利用拳击袋来增加游戏的吸引力。幼儿可以通过击打拳击袋来释放强烈的感情，而不必来表现“激烈作战”的情景和扮演“被打死者”的角色。

父母应该知道的事儿

很多父母都把孩子的安全放到第一位，这并没有错。但因太过担心孩子的安全，就把孩子禁锢在家里，一步也不让他们多走，就有些过分了。聪明的父母懂得给孩子自由，让孩子多到户外去玩耍，让孩子会使用一些运动器械。这对孩子的健康成长有帮助。

游戏与创造结合

有益的运动游戏

有一些幼儿需要比其他人有更多的运动时间，他们体力充沛、活泼爱动，知道这一点是很重要的。这样，你就会在制定活动计划时考虑到他们的特殊需要，而不是经常阻止他们去多进行一些身体的运动活动。同时，你也应该在他们进行这些活动时，提供一定的照顾。但有时，你也可以带领幼儿玩这样一种游戏活动，这种游戏活动通常称为“你怎样到达那里”。这种游戏一般是在户外一个比较开阔的场地上进行，也可以在比较宽敞的房间里或其他地方进行。

玩这一游戏时，需要两名成年人，一名成年人与幼儿站在场地的一边，另一名成年人则站在场地的另一边。游戏开始时，与幼儿站在一起的成年人先高声说道：“马儿，马儿，你怎样到达那边去？”站在另一边的成年人随即也高声喊道：“所有的马儿都飞奔过来！”话一说完，所有的幼儿便都要从场地的这一边飞跑到另一个成年人所在的那一边去。然后，第一个成年人再喊道：“所有的马儿都跑回来！”这时幼儿要再一起跑回到他们开始起步

的地方。这个游戏可以通过扮演各种角色继续进行下去。

类似这样的角色有：

“汽车，汽车，你怎样到那边去？”

“所有的汽车都快速地开过来！”

“所有的汽车都慢慢地开过来！”

“老虎，老虎，你怎样到那边去？”

“所有的老虎都穿过田野飞跑过来！”

“所有的大象都穿过森林走过来！”

“所有的飞机都飞过海洋到这边来！”

“所有的小兔都蹦过来！”

“所有的猴子都爬过来！”

在游戏进行的过程中，幼儿也喜欢对角色的选择提出自己的建议，教师也应该采纳，这既能丰富游戏的内容，又能使幼儿的情绪更加激昂、高涨。待幼儿对这一游戏的玩法熟悉之后，还可以请幼儿自己来担任两端的发号员，这更能激起幼儿游戏的兴趣。

这个游戏也可以通过绕着一座大楼跑来进行，在大楼的每一个拐角处，都可以改变运动的角色。如果由于天气的原因而不能在户外活动，那么你也可以把房间里的家具都暂时搬出去，腾出最大空间，或者是让幼儿在狭长的走廊和过道里开展这种游戏，可以以小组为基本单位，分组进行，从而尽可能地创造条件来发展幼儿的运动技能。

幼儿会很乐意参加这种游戏活动，他们似乎很喜欢参加这种活动量较大的肌肉活动，以便能释放过剩的能量、被抑制的紧张以及表达情感。这种游戏给幼儿提供了通过走、跑、跳来练习大肌肉的运动技能，并且也能使幼儿的动作得到进一步的发展。这种活动虽然看似很简单，但从中所获得的运动经验将有利于幼儿对自身、空间以及与空间的关系等方面有更深的理解和认识。

创造性的运动

创造性的运动，必须包括幼儿节奏性的活动。这种活动有助于幼儿的

成长和发展，并且能防止或减少幼儿学习问题的发生。

创造性的运动包括简单、安静的活动（例如，坐在地板上随着音乐声做轻轻的前后摇摆动作），以及激烈、活动量较大的活动（例如，跑和跳等，包括整个身体的活动）。简单的曲子和节奏，或一个平稳的节拍，都可以吸引幼儿参加到一系列的以自然发展的运动和成长形式为基础的创造性活动中去。

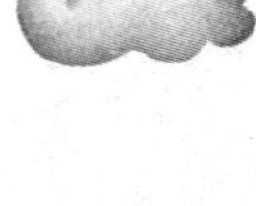

每天都应该有20～30分钟的时间用在幼儿的创造性运动的体验上。在这段时间里，为幼儿提供进行自然运动的机会。当幼儿参加到他们自然的游戏活动中时，他们便会去自由地爬动、匍匐爬行、滚动、屈身、弹跳、跳跃、摇动、摆动、快跑、踮着脚尖走、跺脚，以及表演所有他们曾经看到过或观察过的其他活动或动作。

创造性的运动活动通常是以爬动和匍匐爬行的游戏开始的。一只铃鼓，有助于建立一种稳定的、有节奏的节拍声——可以根据需要拍击铃鼓，幼儿随着铃鼓的节拍来运动。教师可以根据具体活动的主题和情绪，把铃鼓拍得或柔和或响亮或缓慢或急速。在一开始的爬动游戏中，可以启发幼儿模仿动物的爬行动作，如蚯蚓、蚂蚁、小狗、小猴、小虾、螃蟹等，游戏中可以包括讲故事和唱歌。在整个创造性运动活动中，成年人应该亲切地加入到幼儿的游戏中，有时成年人可以在幼儿的水平上进行活动，幼儿便会跟着成年人一起游戏。这样的话，成年人就常常可以在需要的时候，有意识地引导幼儿去进行更高水平的活动。

在进行爬动的时候，我们可以唱有关老鼠、小猫、螃蟹、小狗以及其他爬行动物的歌曲。我们可以随着铃鼓声，从慢步走到快步走地变化着走步的速度，来做走的游戏。幼儿可以装扮成小婴儿来学习怎样行走，也可以装扮成高大的巨人。巨人总是很“从容不迫的”、“不慌不忙的”，因此这种活动做起来速度较慢，它要求幼儿学会保持自己的一条腿抬起来、膝盖向上的动作，并且耐心地等待着下一个节拍的到来，幼儿是需要花费一定的努力才能完成这一任务的。接下来的节拍，表明幼儿可以把抬着的那条腿放下来，并且抬起另一条腿来。这种体验，有助于使幼儿的听力和运动的

能力结合起来，并且有助于发展幼儿的平衡能力。

另一种运动体验是各种跳跃的活动，包括装扮成青蛙、小兔、袋鼠、蚱蜢甚至爆玉米花。有些活动可以通过举例、讲故事或出示图片来引起幼儿的兴趣。有时，可以通过告诉幼儿“这是一个比较难的活动”，来向幼儿提出挑战，以唤起幼儿进行尝试的欲望。应该允许每个幼儿按照自己的方式来移动和表演自己的活动形式。如果有的幼儿在表演某一个特定的运动类型时需要帮助的话，那么首先应该要求幼儿自己来确定问题所在，然后成年人再给予他一定的帮助和指导。

休息是运动活动中的另一个重要的部分。休息游戏的时间长短，可以根据具体的需要来定。在一个普遍的休息游戏中，幼儿可以假装是一只停留在巢中或树枝上的小鸟。有时，这些小动物的“母亲”在它们休息的时候唱一首摇篮曲或哼一首温和的曲子，便能使休息的时间延长一些。

另一种休息的游戏是幼儿假装是被刚刚播下的种子，需要冬眠“整个冬天”。这个游戏可以结合除草、下雨、耙土、照射阳光等类似的活动来进行，以便延长休息的时间，也可以与幼儿面对面地做种子发芽、长大、长出小叶子，并且做出摇晃着等的动作。

摇动和摆动，体现了整个身体的运动，而这种身体的运动却不含有位移。这些运动对于听觉——运动反应能力内在化的发展是很重要的。除了摇动和摆动以外，这些运动还包括屈身、转体、伸展、屈膝、挥臂、拍手、跺脚等其他动作。

在创造性的运动活动中，引导者可以始终选择恰当的词语、唱通俗的歌或其他的歌曲。在这种活动中，主要是发展幼儿有节奏地作出反应的能力。成年人首先要喜欢这种体验，这样他的快乐和激情就会感染和影响幼儿。

除了有组织的活动外，幼儿还应该有许多自由表演的机会。实际上，这一活动的中心，是要给予参加者有机会在对不同的刺激和运动的建议作出反应时，能寻找到他自己的行动方式。

许多创造性运动经验，就是在这种情景下得到促进和发展的。有时，

可以提供一些纱巾，让幼儿随着音乐作出反应以及创造性地跳舞。有节奏的活动，也给幼儿提供了通过舞蹈来探索创造性表达方式的机会。这种创造性的运动活动，能促进幼儿的全面发展。

参加到创造性运动活动中的幼儿，可以使其所有的感知——运动能力和运动技能得到相应的增强。幼儿所学的所有知识，也可以通过运动游戏来加以巩固，继而进一步发展幼儿的自我意识和身体的控制能力。

幼儿在对一系列视觉的、听觉的以及触觉的信息刺激作出反应的时候，他们便学习着用一种协调的、流畅的方式来移动。对听觉刺激作出反应，可以促进幼儿听觉能力的发展。幼儿获得了这种能力，就可以随着铃鼓声或其他有节律的伴奏声有节奏地移动身体。当幼儿的听觉技能得到增强时，他们就逐渐能对重音、休止符以及音乐伴奏的音乐形式作出恰当的反应。音乐和语句的信息，有助于幼儿认识不同类型的音乐形式在速度和节奏上的区别。随着每一个速度的改变，幼儿需要进行必要的身体姿势的调整，协调自己的身体重心，以便保持身体的平衡。当幼儿学习慢慢地、快速地、较慢地、较快地、慢一些、快一些、急速地、像某种动物一样慢地来移动时，这些速度的改变有助于使幼儿理解与时间有关的词汇。幼儿不仅能学习有关速度的概念，而且还能发展对时间所持续长短的词汇的理解，如一个较长的时间、一个较短的时间、几分钟、几秒钟、一分钟等比谁快些。此外，还能使幼儿只经一些提示，就能获得有关加快或减慢运动速度的能力，这将表明幼儿控制自己身体运动的能力的增强。

当幼儿在游戏中，对要求安静地、发出响声地、沉重地、不做声地、喧闹地、悲伤地、愉快地、温柔地、生气地、喜悦地……移动作出反应时，他们的理解、接受和表达感情的能力便能得到发展。这使得幼儿知道，他们可以用自己的身体来控制声音的大小，以及可以利用自己的想象力来表达感情、思想和概念。幼儿可以逐渐理解与这些表情有关的自己身体的活动。

在创造性运动中，幼儿还能获得一个对顺序性的理解。有时，幼儿可以从做一个婴儿和学步儿，发展到做一个大孩子，然后是一个成人以及一个老人。有时，这些也可以颠倒过来做。有时，游戏是关于从种子生长到

开花或长成大树，或者是做一个雪人，一直站在太阳下面接受阳光的照射，然后逐渐地融化，最后雪人消失了。当幼儿对这种变化的游戏非常熟悉时，他们就会在活动中使下面的内容提前发生。随着这种预见技能的增强，幼儿也会增长即兴表演的能力，而且能创造出新的或增加相关联的一组内容。

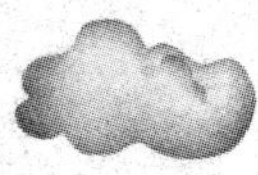

幼儿通过几个月的这种创造性的运动活动，就能够在对简单的词语暗示或音乐的伴奏作出反应时，即兴表演他们自己的创造性运动舞蹈。

当幼儿对这种变化的活动作出反应时，他们将用一种连续性的方式来操作他们自己的身体，而形成不同的身体姿势，这能大大地增长幼儿动觉的意识、单独使用身体某一部分进行活动的能力以及与其身体其他部分协调活动的能力。

幼儿还对在不同质地的表面上移动所得到的各种触觉的效果作出反应。例如，与一块粗麻布进行比较，纱巾或丝巾的表面要更加平滑些，或者一块天鹅绒布像毛皮一样的柔软等。而且，幼儿还能对这些道具及其他物体的颜色、形状、重量以及其他的物理特性作出回答。所有这些，都能提高幼儿综合的感知——运动效果。

由于创造性的运动活动通常是小组或集体的活动，因此幼儿就会不断地与其他的参加者（包括成人）产生相互作用和相互影响。有时，活动是以个体为基础的，要求不受他人的影响，只与自己的活动相关。在这种情况下，每个人要用他自己的方式来理解音乐。有时，要求幼儿玩“照镜子”的活动，这种活动要求幼儿颠倒动作的方向来进行模仿。有时，则要求小组成员为某种角色游戏的开展进行合作。在创造性的运动活动中，幼儿之间的关系总是很友好、能够相互合作的。

父母应该知道的事儿

当要求幼儿对非常高、非常矮、大的、小的、胖的、瘦的、极小的、高大的等作出反应时，他们便能逐渐理解与大小、空间有关的自己身体的活动。当幼儿扮演一个小婴儿、一个老人或一条鱼、小鸟、动物、树、花或其他东西时，他们就会有许多机会来发展角色游戏和表演的能力。

小手的灵巧训练

操作用的材料

目前，教育性的玩具还是比较多的，其中有不少是鼓励幼儿用手和手指来探索和操作用的玩具。对这些玩具或有关材料的操作检验，有助于促进幼儿手部小肌肉的发展以及手的活动技能、手与眼的协调能力的发展。

幼儿操作材料的选择与游戏，应该与提供各种运动经验相适应，着力于发展幼儿的视觉——运动技能和精细的运动控制能力，而这些能力的发展，将能为幼儿感知觉的更加成熟奠定基础。幼儿一旦有了敏锐的感知觉，便可以获得各种信息刺激，然后通过对这些信息进行分析、加工和综合，从而形成概念。不必去教给幼儿某一概念，因为幼儿是不能领会那些他们还不易于理解的概念的。

在向幼儿说明某一具体的技能时，首先应该让幼儿多用眼睛去观察成人手指的活动，然后再要求他自己动手去练习和实践。

有个叫小海的幼儿在面对一种非常复杂的拼板玩具时而不知所措，这种玩具即使让成年人来操作，也需要花费一定的努力才能完成。小海急得似乎就要发怒起来。当知道他非常想取得成功的时候，老师感到有必要去帮助他一下。于是，老师就对他说："小海，你能将这些拼板搭多高？"受到启发后，小海便开始搭拼板。搭的拼板连倒了好几次，但他仍然继续操作着，终于在第四次的尝试中，他把所有的22块拼板都平稳地堆叠了起来。在随后的两个星期里，经常能看到小海在做同样的操作活动。后来，有一天，他兴奋而又自豪地说："老师您来看，这是我搭的！"果然，他又成功了。小海是幼儿园里第一个能把这种相当复杂的拼板堆叠起来的幼儿。反复地堆叠、操作这种玩具，使小海逐渐熟悉了每一块拼板的形状、颜色和大小等特征。随着小海的成功，我们则有可能帮助他逐渐认识到，应该根据材料自身的特点来使用它，这才是正确的方法和途径。

为了幼儿操作活动的需要，首先必须提供大量的不同种类的材料。这些种类的材料或玩具可以包括以下内容。

各种拼板和积木玩具,包括不同难度的和不同材料制成的(如用木块、压板、塑料或橡胶等材料制成的),也应该包括有突起或小节的拼板、背后有磁力的拼板以及能相互镶嵌起来的拼板等。

各种锁。例如,设计成带锁和钥匙的锁板或锁盒子。较大一些的幼儿喜欢玩带有几只锁头但却只有一把钥匙的玩具,或是有几把钥匙而只有一只锁头的玩具。

能转动的齿轮以及旧钟里带有齿轮的东西,当幼儿用手指来拨动这些齿轮时,齿轮就会转动起来。

纸、蜡笔、剪刀和浆糊。

穿纸孔器和订书机。

可以扣在一起的各种玩具,如可以扣在一起或连接起来的木块、小火车等。

细绳带以及各种大小的珠子,可以用细绳带串珠子。

各种大小的木钉以及具有不同大小的孔的木钉板,幼儿可以把不同大小的木钉钉在相应大小的孔里。

带有各种扣栓的小提箱、小袋子。

各种尺寸大小的螺帽和螺栓。

较短小的管子和各种附件,以便能创造成能连接起来的各种东西。

废旧电唱机、收音机、打字机,以及各种类型的起子、扳手和可以用来拆卸的其他工具。

各种类型的套件玩具,包括各种塑料小桶、碗,或者用卡纸板做的盒子、箱子等。

穿带有背带、带扣、纽扣以及其他可用于扣住东西的衣服。

用纱线来捆木板,或用细绳来捆住几只铅笔或其他东西。

在提供操作材料时,要考虑到幼儿成长的顺序性。幼儿到5岁半至6岁时,手指尤其是指尖肌肉的控制能力才得到一定的发展,因此系鞋带、打蝴蝶结之类的精细动作,对于大多数4岁半至5岁的幼儿来说,实际上是一种比较难的身体动作;而对5岁半或6岁的幼儿来说,做这类动作可能比较

简单。所以,没有理由一定要在幼儿指尖肌肉尚未达到很好的控制之前,就去强迫幼儿学会系自己的鞋带。当然,这并不意味在这一时期不需要幼儿进行手指的操作活动。在这一时期,仍然有许多其他的手指运动和技能可以让幼儿去操作和学习。

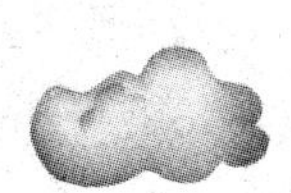

应该提供给幼儿各种形状的物体,让他们有机会去触摸、感觉,并逐渐熟悉它们,例如可以拆开和连接起来的物体、可以拧上去和拧下来的物体、可以排列起来和堆叠起来的物体、有洞的以便能将某些较细长的东西从其中间穿过去的物体等。

这里所介绍的各种运动活动,能使幼儿小肌肉的活动得到协调的发展。小肌肉运动控制能力的发展比大肌肉控制能力的发展要晚一些,而且小肌肉控制能力的发展,必须以大肌肉控制能力的发展为基础。

操作性的经验,能帮助幼儿发展使用手和手指与视觉、触觉以及其他输入的感觉相协调的技能。操作那些扣拴在一起的、连接的、不连接的、嵌入的、可拆下来的、相配的以及其他联合的或操作的物体,都要求控制手腕、手以及手指等部位的肌肉。当幼儿进行这些制作活动时,需要用他们的眼睛和触觉来指挥,这样就能使幼儿手、眼协调的技能,视觉运动以及触觉运动的能力得到进一步的增强。幼儿不仅能从中更容易地认识到它们在结构上的差异,而且能学会使用诸如柔软的、坚固的、粗糙的、冰凉的、硬的、平坦的、多刺的、锋利的、凹凸不平的、像毛皮似的、光滑的、滑滑的等有关物体特性的许多词语。

在幼儿操作各种材料的过程中,他们会逐渐知道各种物体在形状上、结构上、体积上以及重量上的相似之处和不同之处。幼儿会发现,不总是能根据物体的大小来判断物体的重量的,例如有的塑料物品的体积很大,但它的重量却比一个体积较小的木块或金属物体要轻得多;即使都是金属,其重量也有所差异,例如铝就比铜要轻得多。幼儿还会知道,实心物体比那些中间是空心的物体要重一些。

幼儿不断增加的有关大小和重量关系的知识,还有利于使幼儿形成最基本的有关比例的概念。幼儿会发现,某些在形状上相同的但大小却不相

同的物体，是不能把它们完全吻合在一起的；但是，如果比例是相同的，那么大小不同但形状相同的物体，也是可以把它们相配套起来的，如某些套件玩具。由此，幼儿便懂得了顺序排列。在操作这些物体时，幼儿还会认识到，无论怎样变化这些物体的位置和角度，它们的形状、大小以及重量，总是恒定不变的，这是对物体恒定性的初步认识。

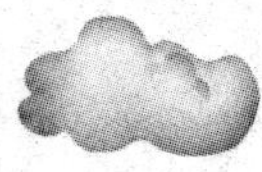

这些操作的技能和知觉的活动，除了能增加幼儿操作的经验以外，还能使幼儿有机会发展感性认识，这些感性认识有助于使幼儿更好地通过各种比较的方法来对物体进行分类。

触觉材料

用于发展幼儿触觉的材料，可以包括水、沙、泥土、黏土等。塑料黏土可以为幼儿提供练习控制手指、手和手臂等部位肌肉的控制能力的机会，并能从中获得某些经验。应该始终将这些材料放在幼儿很容易得到的地方。用手操作黏土，也是一种能使幼儿逐渐安静下来和放松的活动，幼儿在操作过程中从来不会感到泄气。

触觉材料能够促进幼儿整个感觉运动系统的发展，由此可以提高幼儿全面的认识能力。由于手指尖是幼儿的手获得完全控制的最后一个部位(5岁半至6岁)，因此幼儿很乐意有机会去练习手指尖。在幼儿操作触觉材料的过程中，他们不自觉地就放松了情感上的紧张，这是肌肉的力量与同材料接触的皮肤这两者相互联合作用的一种结果。这种活动，通常能对一个过度兴奋或是过于积极的幼儿起到一种使其逐渐安静下来的作用。

手指画也是一种能发展幼儿触觉能力的活动，幼儿能清楚地认识到自己画在纸上的线条和图案。当幼儿有节奏地移动自己的手臂、肩部和躯干上部时，他们便能逐渐意识到身体综合的运动，这对幼儿视觉——运动知觉的发展将产生有利的影响。幼儿与绘画作品之间的这种直接的相互作用，有助于促进幼儿颜色感觉、构思以及透彻性和不透明的概念的发展。而且，这种活动也能促进幼儿创造性的发展。

玩揉捏好的生面团是促进幼儿前臂肌肉和练习手指尖控制能力的另一种有效的材料。而让幼儿自己动手制作游戏生面，也是一种很好的活

动,可以提供给幼儿这样一些准备材料:一小碗面粉和一把勺,更小的一小碗盐和一把更小的勺,一小碗水;一只装有一些色拉油的塑料挤瓶,以便能挤出少量的色拉油放入面浆里混合搅拌。由于幼儿需要一些尝试和错误才能做出比较理想的游戏生面,因而有些幼儿很容易因失败而在中途放弃。因此,成年人可以作出如下的规定:“如果你要做游戏生面,那么你必须要一直把它做到不会粘住自己的手的时候才能结束,不能中途放弃。”这种规定是为了鼓励每一个幼儿要坚持下去直到最后成功,以培养幼儿良好的意志品质和个性。而且,由于成功,幼儿还会为自己能最先发现怎样去做似乎还不曾有人做过的事而感到极大的满足和自豪。但是,如果有某个幼儿很想取得成功却又不知道如何去做的时候,成年人应该给予适当的提示和帮助。

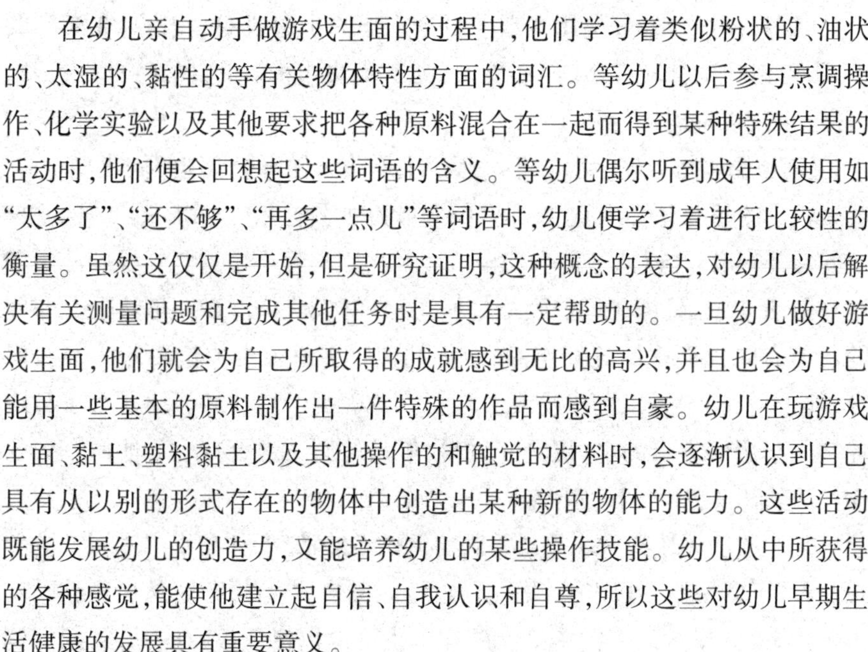

在幼儿亲自动手做游戏生面的过程中,他们学习着类似粉状的、油状的、太湿的、黏性的等有关物体特性方面的词汇。等幼儿以后参与烹调操作、化学实验以及其他要求把各种原料混合在一起而得到某种特殊结果的活动时,他们便会回想起这些词语的含义。等幼儿偶尔听到成年人使用如“太多了”、“还不够”、“再多一点儿”等词语时,幼儿便学习着进行比较性的衡量。虽然这仅仅是开始,但是研究证明,这种概念的表达,对幼儿以后解决有关测量问题和完成其他任务时是具有一定帮助的。一旦幼儿做好游戏生面,他们就会为自己所取得的成就感到无比的高兴,并且也会为自己能用一些基本的原料制作出一件特殊的作品而感到自豪。幼儿在玩游戏生面、黏土、塑料黏土以及其他操作的和触觉的材料时,会逐渐认识到自己具有从以别的形式存在的物体中创造出某种新的物体的能力。这些活动既能发展幼儿的创造力,又能培养幼儿的某些操作技能。幼儿从中所获得的各种感觉,能使他建立起自信、自我认识和自尊,所以这些对幼儿早期生活健康的发展具有重要意义。

水的游戏

让幼儿玩水,应该作为幼儿游戏计划中的一个重要组成部分。水是一种清澈透明、具有充足吸引力并能起到一定的镇静作用的物质。它可以飞

溅，可以流动，可以溢出，也可以产生水泡和水涡。

你会发现，刚出生没多久的婴儿在洗澡时就会出现玩水的情景，实际上，这就是最初的游戏学习。此外，水的浮力也能提供给婴儿一种特殊的身体感觉，这种感觉与婴儿在其他任何醒着的时候所体验到的感觉是不一样的。这种特殊的感觉，会使他们产生一种不寻常的安全感、自由感、高兴感以及幸福感。

可以提供给幼儿水桌、水槽或大塑料浴盆，在里面放些干净的水。在活动之前，首先要考虑保护那些可能会被溅起的水所损坏的环境，尤其是在屋内玩水时。同时，也必须注意保护幼儿的健康和安全。告诉幼儿不要喝游戏用的水，也可以提供一些塑料罩布或围裙，让幼儿罩在胸前，以免幼儿的衣服被水弄湿。

大多数时间，最好使用普通的自来水作为水游戏的水来源，在寒冷的冬天，可以让幼儿玩温水；而在夏天，为了使幼儿获得凉爽的感觉，也可以提供一些冰冷的水。

幼儿所玩的游戏类型，在很大程度上取决于你所提供材料的类型。

较小的幼儿，通常更喜欢那些他们最为熟悉的玩具或物品。2岁半和3岁的幼儿很喜欢娃娃，他们会完全沉浸在用肥皂和毛巾给塑料娃娃洗澡和擦身的活动中，就像父母曾经给他们洗澡一样，认认真真。虽然较大一些的幼儿有时也喜欢给娃娃洗澡，但他们似乎更喜欢玩像塑料漏斗、碗、碟盘、杯子、长柄勺子以及橡胶或塑料喷水器等类似的物品。幼儿可以与同伴共同享用所提供的水、玩具和材料，但是他们通常更专心于他们个人的操作活动和体验。

较大的幼儿还喜欢玩需要手眼协调的游戏活动，如在水中“钓鱼”的游戏。“鱼”可以用蜡纸板来做，把这种纸板剪成各种鱼的形状，然后再粘贴到小木片上，置于水面。钓鱼竿上的挂钩也可以用蜡纸板剪成，剪好的挂钩系在一根细绳上，然后再拴在小木杆的一端。这样，幼儿就可以用自制的小钓鱼竿来进行“钓鱼”比赛了。也可以用带有磁铁的玩具来进行类似的游戏活动。

洗碟子是另一种幼儿喜爱的角色游戏。虽然幼儿常常是很富于想象地在非正式的水中来“洗碟子”，但是有时还是可以提供一些真的水和肥皂溶液，让幼儿在水中真的来洗塑料小碟盘和碗，这也是很有益的体验。

用打自行车轮胎的气筒在水中打气，可以制造出有趣的水泡和气泡来。可以配合音乐来做。幼儿会发现，配合慢速的音乐来慢慢地打气，比配合快速音乐来快速地打气能制造出更大的气泡。如果能在水中放入少量的甘油，那就更有助于气泡形状的形成。

在夏天较热的天气里，给幼儿一把油漆工使用的刷子和一小桶水，让幼儿在水泥地上作画，也是一种很有趣的活动。由于夏天天气较热，水干得比较快，因此幼儿可以一遍又一遍地“重复作画”。幼儿会发现，地面湿的时候与干的时候，在颜色上是有变化的；而且，即使在地面上画许多次，也不会对地面有任何损坏，幼儿可以毫无顾忌地在地面上大胆创作。

也可以提供一些其他的材料和玩具，让幼儿根据自己的设想，在一个大塑料浴盆里进行建筑和环境设计。他们可以开辟一条小河，在小河上架起各种小桥，或是在小河两边建筑水堤，在水的一端建筑一座水闸，也可以建造一个养鱼池或荷花池等。幼儿甚至可以用泥土和石块垒起一座小山，并在小山上面制造出小瀑布、小溪流或小泉水。这些建筑、环境的设计活动，可以促进幼儿想象力和创造力的发展，可以引导幼儿进行尝试、探索、设计、观察以及解决问题。

幼儿也喜欢玩雨水坑。他们喜欢在雨水坑里踏水，看水中的倒影，把用纸、木头或塑料制成的船放在水面上让其航行、漂动。有时，幼儿也会在雨水坑里发现一条蚯蚓或一只昆虫，这将会深深吸引他去观察它们在水中的活动。

带有一个喷嘴的水管，对于户外水游戏活动来说，也是一件非常好的设备。可以把水压弄低一些，以防止喷出的力量过大。这种活动尤其适合在夏天玩，水可以根据游戏进展的需要来开大一些，即使幼儿身上被水弄湿一些也没有关系。

水的游戏也可以包括一些科学小实验：水可以变成小溪，水可以冻结

成冰块，雪可以融化成水等。幼儿可以在清澈的水里摆放各种小石块，把它们组成各种图案，成人也可以参加到这个活动中去，并引导幼儿观察水是怎样使各种颜色的岩石发生变化的，怎样使岩石看上去会显得大一些，怎样在水中组成有趣的图案等。

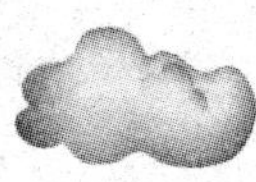

玩水的游戏，尤其是玩肥皂水，可以起到良好的镇静作用，稍稍延长幼儿用肥皂洗手的时间，可以使这个必需的活动转变成安静的游戏体验。在幼儿比较紧张的时候，可以安排他们用肥皂洗手的活动。提供给幼儿小肥皂条或肥皂水，同时成年人向幼儿讲述怎样才能有效地使肥皂泡沫增多，如首先把手弄湿，然后把肥皂条放在手上磨一磨，如果需要的话，可以在手上再增加一点水，但不要过多，以免把手中的肥皂洗掉，随后把两只手放在一起互相摩擦，这样就可以产生泡沫。

其他形式的水游戏还可以包括给花草树木等植物浇水，制作小彩虹等。在幼儿观察天空中真正的彩虹以后，应该告诉幼儿怎样利用软管喷水来创造出自己的彩虹。如果将喷水口面对着灿烂的阳光，那么在喷水的时候，就会出现一道小小的彩虹。

大多数幼儿都喜欢玩水。他们常常谈论对水的感觉是怎样的，学习怎样才能使水流动以及如何控制水的流动。但是，如果幼儿想用手把水托在手心里而不让其流下来，那还是比较困难的。在幼儿玩水的时候，他们非常注意水的温度，并且能用词语来表达感觉，例如水是暖和的、太凉了、热的等幼儿通过洒水、倒水、滴水或是让水汩汩地流动，来使水发出各种响声。幼儿会逐渐知道，在较冷的、潮湿的天气里，水干得比较慢；而在较热、干燥的天气里，水干得则比较快。幼儿还会知道，在刮大风的时候，水干得也比较快。在摆弄水的过程中，幼儿通过一定的努力，会逐渐学会怎样控制自己肌肉的力量，才能更多或更快地倒水或洒水。

幼儿常常认为，高容器要比那些扁平、较宽但比较矮的容器能装更多的水，容器越高，所装的水就越多。通过水的游戏，尤其是当幼儿把水从一个容器倒入另一个容器里的时候，他们便打下了学习有关容积概念的基础。随着经验的积累，他们便能逐渐根据容器的形状、高矮等方面的因素，

来判断容积的大小,掌握容积的概念。

通过让幼儿观察水中的物质,可以使他们认识水的放大和折射现象。幼儿透过水面可以看到自己在水中的倒影,可以看到光线和颜色。幼儿会发现,水通常是透明的,但是如果在水中放入肥皂液或其他某些颜料的话,那么就会使水失去原有的透明。通过观察水总是往低处流的,可以使幼儿增加有关重力方面的知识。幼儿还会发现,有些物体在水中会漂浮在水面上而有些物体却会下沉到水底;某些非常小的物体总是沉到水底,而某些非常大的物体如木块、泡沫塑料等,却总是浮在水面。

在下雨的时候,幼儿通过观察雨下落的情景以及玩弄雨水,会注意到雨不总是垂直地往下落的,有时会以一种角度倾斜地下落,而且有时雨水是非常凉的。

当几个幼儿在一起玩水的时候,他们通常会相互合作,共同使用玩具。在玩水的时候,共享是很容易做到的,因为这种活动会使幼儿的情感处于一种放松的状态。幼儿玩水时,常常会把衣服弄湿,但如果要求幼儿注意保持干燥的话,大部分的幼儿还是可以做到的。

在幼儿制作水泡的过程中,他们会发现,水泡也是透明的和具有反射作用的,若用手触摸水泡,则常常会使水泡破裂。而如果幼儿非常仔细地倾听的话,那么他们有时还能听到水泡破裂的声音。而且,水泡也是漂浮在水面上的。

当幼儿心情不愉快、紧张或是过于兴奋的时候,让幼儿玩几分钟的水,尤其是玩肥皂水,他们会逐渐变得非常放松和平静了。

沙的游戏

沙的游戏,早已成为幼儿游戏活动内容的重要组成部分。沙像水一样,是会流动的;但是它又不像水,它的运动要比水的运动更容易把握和控制。一旦把沙放到某个地方,它是会比较稳当地停留在那里的,除非有较强的风吹动它或是那地方不平坦如有倾斜度或有小洞。与水不同,幼儿可以比较容易地把沙放在手中,而不使它从手缝中溜走。幼儿可以用沙来造型,而水只能形成盛它的容器所具有的形状。如果将沙同水混合在一起,

你便可以更容易地控制沙的运动。但不论是干沙还是湿沙,都有助于满足幼儿对不断变化的环境加以认识和探索的需要。

沙的游戏通常是在户外的沙箱里或屋内的沙桌上进行的。比较理想的户外沙箱,应设置在既能照射到充足的阳光,又有一些遮阳物挡着(如树、平台等)的地方,这样幼儿在游戏的过程中,既能接触阳光,同时又可以避免照射过度,而且沙触摸上去也会感到很凉爽,不致被阳光直接照射得过热而灼手。有条件的话可以在沙箱周围设置一些固定的木凳子,以便让幼儿坐在上面玩或是把湿沙放在凳子上面制作沙饼或其他东西。也可以把几块厚木板放在沙箱旁的地面上,天气较冷或潮湿时,幼儿可以把它当做临时的"凳子"来坐;而在暖和的天气里,它又可当做"桌子"来使用。当然,也可以在玩沙的游戏时,从室内搬一些小凳子或小椅子到沙箱旁。幼儿也很喜欢直接坐在沙的上面,他们会感到很舒服、很柔软,就像坐在沙发上一样。

沙箱可以用水泥或木板做成。在设置沙箱的时候,很重要的一点是要考虑到沙箱的排水情况,最好是把沙箱设置在比周围的地面稍高一些的地方,这样有利于排水。如果排水问题能解决的话,那么一个与周围地面同高度的、用水泥制成边缘的浅坑,也是比较方便的沙箱,尤其是在需要把沙扫回到坑里的时候。

使用不同种类的沙,将会影响幼儿玩沙的方法和内容。用于制作涂墙等用的沙,既干净,又没有灰尘,但比较昂贵,其主要成分是硅酸盐。这种沙比较适合于人数较少的幼儿园以及家庭里使用。最便宜的沙,是用于制作混凝土的那种比较粗的沙,但如果沙太粗,对于造型是不太稳固和结实的。海滩上的沙以及河边的沙,也都是相当好的材料。因此,住在海边或河边的人,可以带着幼儿到一个干净而没有污染的地方一起去收集沙,充分利用这些大自然赋予的材料。

无论使用何种类型的沙,在户外最好建成12~18厘米深的沙箱或沙坑,在室内可以根据盛沙容器的大小,弄成2~12厘米深的沙桌,在户外使用的沙,应该每年或每隔一年添满一次。

幼儿玩沙的游戏类型，会受到所提供的游戏材料种类的影响，最基本的游戏材料是用于挖沙和倒沙用的，例如塑料碗、杯子、匙、漏斗、筛网、塑料瓶、小铲子、各种空容器等类似的物品和玩具。幼儿会根据所提供的游戏材料的种类来游戏。如果能给幼儿提供水来混合沙的话，那么他们还将会根据沙的干或湿的特点来游戏。玩具卡车、小塑料桶等玩具，也可以在沙箱中使用，幼儿可以用它们来拖运或搬运沙。

有时，你可以在幼儿来玩沙之前，把沙弄湿，并且把沙在沙箱中间堆积成一个较大的沙堆。你也可以把沙箱中的沙全都铲出来，堆放在沙箱外的地面上。在其他活动时间里，你也可以把沙弄湿，并且提供给幼儿一些玩具卡车和小球，让幼儿在沙箱旁游戏。球最好不要小于乒乓球，但也不要过大。

在玩沙的游戏中，提供水的方法有这样几种。一种方法是让幼儿使用浇花用的喷水壶盛满水，然后根据需要浇到沙的上面；如果有浇花园的软水管，可以打开水龙头，让水慢慢地、少量地流入到沙箱里；也可以用塑料盆或塑料桶装一些水，然后直接倒入沙中。

在室内玩沙的游戏，如果没有沙桌的话，也可以把沙放在盘子、洗脸盆等类似的容器里。也可以在一个较小的容器里放一些沙，让一个幼儿使用。当两个以上的幼儿共同使用同一个容器里的沙时，有时会不小心使沙泼洒出来，若是提供湿沙的话，可能情况就会好一些，因为湿沙要比干沙更容易控制些。但是，幼儿应该有机会对这两种沙都加以体验。

幼儿玩沙时，不总是都需要使用容器或其他材料的。用手玩沙，也可以使幼儿得到一种相当好的感觉体验。

玩沙的游戏，要求幼儿遵守以下的规定：

(1)不要扔沙，既不要向别人扔去，也不要将沙从一个地方扔到另一个地方；

(2)避免将干沙吹到别人的眼睛里，更不要把沙向空中抛去；

(3)不要用沙的玩具打人或敲打其他物体；

(4)不要吃沙；

(5)如果用自己的鞋装沙玩的话,那么在进入室内的时候,先要将鞋里的沙倒出来;

(6)没有成年人的允许,不得将沙堆里的沙移到别处去;

(7)玩完沙的游戏时,将玩沙的玩具和材料收拾好;

(8)不要将室内沙桌里的沙移到别处去;

(9)不要把泥土、颜料和其他任何类似的东西放进沙里。

幼儿喜欢用手来感觉沙的质地,他们有时会议论不同种类的沙的感觉。他们喜欢把沙放在手里,然后张开五指,让沙从指间的空隙中滑落下去。他们喜欢把沙轻轻地抛起,看沙落下来的情景。这些活动似乎是幼儿无意识地随便在游戏,但是幼儿可以从中发现有关重力、质地等方面的知识和体验。例如,幼儿会发现用干的沙和用湿的沙所做成的东西是不同的。他们喜欢用干的沙把自己身体上的某一部位盖起来,例如,用沙盖住自己的一只手或一只脚。他们喜欢把沙从一个容器倒入另一个容器里,这是测量活动的一个基础。同时,他们也喜欢用湿的沙来做蛋糕、堆建小山,或是捏成各种东西。他们有时会堆建一座带有一条小路的小山,然后让玩具小汽车或弹子从小山坡上滚下来,这能引导幼儿对重力概念的进一步理解。

幼儿会发现,在沙里行走是比较困难的,因为在沙里行走时,脚会沉陷到松软的沙中,因此行走起来需要逐个地抬起脚来迈步,这要比在一般的路面上行走更费劲些,但却有助于发展腿部许多部位的肌肉功能。幼儿会发现,有些种类的沙会粘住自己的身体,尤其是当沙是潮湿的或身体出汗的时候。当幼儿用放大镜研究沙的时候,他们会观察到沙是由许多大小不同和形状不同的颗粒组成的。有些沙粒看上去很像破碎的小贝壳,有的很像小的卵石;有的是透明的,有的是雪白的,有的是灰色的,也有的是黑色的。

幼儿会发现,湿沙在颜色上看上去要比干沙显得更深一些。当沙湿的时候,幼儿可以用手指、小树枝或其他用具在沙里画出各种图案。幼儿也会发现,湿沙在重量上要比干沙更重一些,而且也不像干沙那样容易被风

吹走。

幼儿喜欢在沙里挖洞，建筑隧道，把东西藏起来。当窈儿挖沙的时候，开始注意到自己的动作要小心谨慎、尽量不把沙弄到同伴的身上，因而他们能逐步发展对他人的意识。

幼儿在玩沙的过程中，会不断地交谈和商量。从他们的语言中，你会很容易地知道他们常常在想象各种情形，包括角色游戏和其他的想象活动。

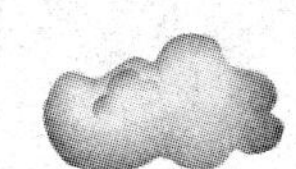

玩沙的游戏，尤其是玩湿的沙，能使幼儿感到很放松。你会发现，在幼儿玩沙以后，甚至在共享玩具上也会变得更容易些。

泥土的游戏

泥土可以算是地球上所存在的物质中最自然的游戏材料，到处可以见到它。喜爱玩泥土也是幼儿最自然的游戏欲望之一。泥土的颜色是很有趣的，而且质地也是多种多样的。成人如果能允许幼儿玩泥土的话，那应该说是幼儿的一件很幸运的事。这种游戏像水的游戏一样，同样能起到一定的镇静作用。而且，这种活动还有助于弥补由于父母对清洁过于讲究而过分对幼儿的活动加以限制所造成的在早期发展上的不足。

在活动场地上放置一堆泥土，可以满足幼儿进行挖泥土等活动的需要和体验。在广阔的户外场地上，允许幼儿挖地上的泥土，也是一种相当好的活动。挖泥土的工具应该是真正的工具，而不是玩具，只是规格要小一些，这样以便更适用于幼儿。质量好的园林工具，如各种手握的和短把手的工具，对于幼儿来说，也是比较容易使用的。幼儿的游戏内容，很自然地将会受到所使用的工具种类的影响。

幼儿会挖泥土、堆积泥土、拖运泥土以及重新把泥土安放到他们游戏所需要的地方。那些铲运机、倾倒卡车、挖土机以及其他建筑所使用的车辆玩具，也有助于促进幼儿各种游戏活动的开展。如果把泥土弄湿，恰巧可以用其来捏做成各种形状的物体，那么幼儿也会用它来挖沟、开条小河、建筑水坝以及堆建一座有隧道的小山头。幼儿还会把一些小木板搭在干泥土上面，建一些小桥和小路。幼儿在这一游戏的过程中，会感到很放松，

不那么紧张,他们会根据自己的能力、兴趣和需要来游戏和休息。

也可以提供给幼儿一些装泥土和水的容器,让他们将这两种东西混合起来。通过用小树枝或小匙来搅拌混合在一起的泥土和水,有利于幼儿视觉——运动能力的发展。幼儿会用这种湿泥土来制作馅饼、蛋糕、面包等各种形状的物品。

也可以用泥浆在窗户的玻璃上进行手指画的创作,就像用手沾水在玻璃上作画一样。作完画以后,再用湿布将玻璃上的泥浆擦掉,这也是很有趣的活动。此外,也可以用泥浆在纸上作画,这也很别具一格。

幼儿有时喜欢用手和手指来玩泥土和泥浆。幼儿在操作这种材料的过程中,会发现泥土的质地与沙是有很大区别的。泥土摸上去很平滑,而不是砂砾般的粗糙不平。把泥土放在手指间来回摩擦,可以把泥土磨碎成很小的粉末。当把沙放入水中的时候,沙会很快地沉到水底下面去;而比较轻的泥土,则会在水中变软,并漂浮在水面,仅有一些较重的小泥土块才沉到水底。但是,如果把泥土放在水中留一会,那么它最终也还是会全部沉到水底。幼儿会观察到泥土比沙更容易粘在皮肤上,而且要想把它从皮肤上弄掉的话,也是比较困难的,干的泥土有时会粘在一起而形成泥块,用手指把泥块弄掉通常还是比较容易的。但如果泥块被压得很碎,有时还需要使用工具才能把它弄掉。

幼儿会发现,从不同地方收集到的泥土,在颜色和质地上是不同的。有些泥土看上去非常干燥,而且颜色也比较浅;有些泥土的颜色则比较深,有的看上去带点红色;而有些泥土却非常潮湿,并带有点黏性,摸上去感觉很像是黏土。

把水倒入土中搅拌,可以制成泥浆。如果泥浆中的水不太多的话,那么它操作起来就很像黏土。幼儿会知道,可以在干的泥土上玩耍,而在湿的泥土上玩耍则是比较困难的,因为湿的泥土是比较滑的,不小心会摔倒。

幼儿喜欢在干的泥土和湿的泥土上挖洞。他们会发现,虽然地面有时比较松软,容易挖进去,但是如果想要挖得更深一些的话,仍然需要花费一定的力气和努力。幼儿会知道,泥浆要比干的泥土更容易粘在他们的衣服

上;但是,在大多数情况下,这种认识是不会影响幼儿进行泥土游戏的。

幼儿在玩泥土和泥浆的游戏中,似乎体验到了一种良好的感受,这种感受超出了幼儿对衣服会被弄脏的担忧。幼儿似乎与泥土之间建立了一种特殊的感情,它能满足幼儿某种内在的感受和需要。有些幼儿甚至会吃泥土,这可能是机体对铁的需要的一种迹象;但是,这也有可能表明幼儿很想去尝尝泥土的味道是怎样的,当然泥土是不能吃的,这一点应该事先告诉幼儿。

父母应该知道的事儿

对于幼儿来说,理解任何一个具体的概念,都需要通过感觉的体验来逐渐地获得。要提供能出现和产生这些经验的游戏环境,并在此环境中,帮助幼儿发展观察、计划、尝试和再尝试以及操作材料的习惯,以至幼儿能按照自己的意图来达到目的。

十、未来演员、主持人的训练技巧

人类的语言和自然界里的动物发出的叫声是不同的。人类的语言，是必须依靠学习才能够被认同的，并非是与生俱来的本能。所以千万别丧失了儿童时期的学习机会，而且天底下每位母亲都负有不可旁贷的责任：必须好好培养下一代的语言能力，使人类最重要的生存工具得以不断繁衍。

语言能力

如果没有语言

如果这个世界上没有语言的话，那将会是怎样的情形呢？很明显，人们将无法和周围的人交谈，更无法将内心的喜、怒、哀、乐传达给他人知道。

在一个完全没有语言的环境下，人类只能靠肢体语言传达意念，但没有语言，也就没有名称，如何在去商店时清楚地告诉店员你所需要的物品？单就以上各点，便能轻易感受到，一个没有语言的世界将是多么糟糕的生活环境！

除了人类有传达心思的语言能力外，动物也有其特殊的声调用以传达感情。例如，母鸟在发现有敌人侵扰时，会发出尖锐的叫声以提醒幼鸟逃离。虽然人类无法知道鸟类所欲表达的心思，但是其必然有统一的声调，这就是它们的语言。其他诸如猫、狗等有声动物，它们也会发出不同的声调，这也是一种表达感情、传达意念的方式。

而语言除了能传达自己的感情与意念之外，还有组织思绪、稳定情绪的功能。

也许当你想把卧室重新布置，思考如何移动家具时，会不经意地自言自语："如果把书柜移开，电话便可以摆在角落。对了，窗帘也可以换上淡雅的颜色。"

每当你专注于某件事物时所产生的自言自语，都是语言的一种组织能力，它将你内心所想的转换成大脑可以接受的语言，如此大脑才能命令四肢去行动。如果我们没有语言可以抒发内在感情，无法对事物命名的话，那么可想而知，脑袋将会是一片空白。

语言需要教育

人类的语言和自然界里的动物发出的叫声是不同的。人类的语言，是必须依靠学习才能够被认同的，并非是与生俱来的本能。

人类的语言是高等动物的表征，也许是上帝出于对人类所赐予的宝藏吧，所以千万别丧失了儿童时期的学习机会，而且天底下每位母亲都负有不可旁贷的责任：必须好好培养下一代的语言能力，使人类最重要的生存工具得以不断繁衍。

让孩子感受说话的喜悦

一定有些母亲为了使婴儿早日学会说话，在婴儿还不会开口说话时，就急着教他说"这是车车"等。虽然，我们可以理解这些母亲的良苦用心，但是婴儿学习说话和成人学外国话毕竟是不同的。在学习的过程中，最重要的是要使婴儿感受到"说话的喜悦"，从而有想说话的意念。

因此，如果婴儿喃喃自语时，一定要回应他。大约在出生两个月后，婴儿就会开始发出"啊——啊——"或者"嗯嗯"等的声音，心情好的时候，甚至还会一个人自言自语，因为开始懂得如何发出声音的婴儿非常喜欢做这件事。当然，这种喃喃自语和想要传达某种意思的说话是不一样的，但是当婴儿对母亲发出声音时，就表示他正要告诉母亲什么事，所以做母亲的一定要回答"什么事啊？"或者"嗨，小宝贝！"由于母亲的反应，婴儿便会涌起再发出声音的意念。我们可以确定的是，再也没有一件事能像母亲微笑地回应一样能刺激婴儿感受到"说话的喜悦"了。

语言的最佳教师:母亲

母亲是孩子最佳的语言教师。当孩子还在襁褓中时,做母亲的便时常在其耳边说“宝宝好漂亮哦!”、“来、来吃奶奶”等这些下意识的亲密语言,如此一来,等到孩子稍微懂事时,就很可能会自己发出“奶奶,吃”、“汽车跑跑”等儿语,虽然并非刻意地教导其说话的能力,但因孩子的学习能力非常强,无形之中便会模仿起来。因此如何利用有效的方法让孩子模仿正确的语言也是相当重要的。

有时并非一定要孩子听得懂才与他说话,单纯的发自内心的感情,以及与孩子的肌肤之亲等,都是帮助孩子学习的好方法。越能利用与孩子的亲密关系来教导语言的人,越是成功的语言教师。孩子会在无形之中,模仿母亲的话语和声调,慢慢地堆砌语言的基础。

当孩子3岁时,开始摆脱围绕在母亲身边的生活模式,此时因为有了良好的语言基础,做母亲的也会放心地让孩子自己看电视,或者是和邻家的小朋友一起玩,这也是孩子踏入语言世界的第一步,更是母亲验收成果的时候了。

但是,3岁对小孩而言是一个很重要的时期,此时除了可以放心地让他去接触其他的语言外,母亲所扮演的角色也是举足轻重的,因为3岁的小孩,已经开始懂事了,母亲可以利用玩游戏和孩子一起思考,此时站在孩子的立场去教导小孩,最能达到令人满意的效果。

(1)如果婴儿说话,就摸摸他的头,给予他身体上的满足感。

要使婴儿的说话能力快速进步,最重要的就是使婴儿具有自己想出声、想说话的意念。这并不是一件特别困难的事,只要在婴儿想说什么时,即使不成一句话,也要给予具体的奖励就行了。至于奖励的方式再也没有比一边说着“好、好”,一边抚摸他的头,或者把他抱进怀里等的肌肤接触更好的了。

和慈祥的母亲肌肤接触最能满足婴儿的心灵,使其心境平和。而这种满足感和平静的心情,就会使得婴儿产生再开口说话的意念。在医院之类的公众设施中长大的婴儿,开口说话的时期会比较迟,这或许是由于人手

的不足，婴儿无法获得满足感和平静的心情所致。

当然，语言的发展也因人而异，过了周岁还不会开口说话的也比比皆是。但只要有母亲的爱包容着，婴儿说话的意念就会源源而至，所以即使婴儿说话进度比别的婴儿稍迟，也不必惊慌失措，只要好好照顾他就行了。

(2)开始时，教婴儿说一些比较容易发音的词语，如“车车”。

曾经有人问，教婴儿说明确的用语是不是比说儿语要好？但是，有一个前提是，婴儿之所以使用儿语是因为发音机能尚未发育成熟，所以要他们说出正确的字词，还有一大段的路要走。因此，让好不容易才开始说话的婴儿，说出“汽车”这么明确的词语，事实上是太勉强了些。

当然，如果为了将来着想，最好的方法便是及早地让婴儿学会正确的语言。教导正确的语言从1岁半开始就足够了，所以在开始学说话的前期阶段，教婴儿说“车车”、“狗狗”、“猫猫”等儿语是无所谓的。但是，如果能从最初就多教一些对婴儿来说发音比较简单的用语，更有助于婴儿语言的进步。

在此阶段要注意的是不要勉强婴儿说话，也不要纠正他们的错误。特别是勉强婴儿说他们讨厌的话时，反而会导致婴儿丧失学习说话的兴趣。

(3)要让婴儿睡觉时，就用沉稳的语调跟他说话。

要教导婴儿说话并不需要特别的“教育”，只要一边指示眼前的具体事物或动物，一边传达语言即可，例如，“看！好漂亮的花哦！”、“好热呀！我们把窗户打开吧！”等。这种方法比只靠教几个词更容易使婴儿学会用词。当然，大部分的母亲都很自然地会使用这种方法，但在许多把婴儿寄放在托儿所的母亲当中，也有人会担心因为和婴儿相处的时间太短，而使得婴儿的语言能力发展得较慢。

如果有这种情形，建议母亲们在晚上哄婴儿睡觉时，不妨以温馨的谈话代替摇篮曲。说话的内容不拘，但以尽可能地选择较单纯的言词为佳。或许婴儿根本听不懂谈话的内容，但是这确是一个将语言深置于婴儿脑海中的机会。

此外，婴儿睡觉时若有母亲陪在一旁，便会感到很安心，所以对联系母

子之间的感情有很大的帮助。

(4)经常叫婴儿的名字。

经常呼唤婴儿的名字,对婴儿语言发展的助益相当大。相信有许多人会对为什么经常呼叫名字有助于语言的发展,感到很不可思议。

一般来说,婴儿听得懂自己的名字,只要听到有人叫自己的名字,便会转向声音的来处,这种情况是从七八个月的时候开始的,而婴儿知道自己的名字,同时还能促进语言的发展。当母亲或周围的人不断地叫"什么事?贝贝!"、"贝贝,我们到外面去吧!"时,婴儿就会记住自己的名字,同时将眼光延伸到自己以外的世界去。

(5)和婴儿说话时,不要用婴儿式的语言。

我们经常会看到有些母亲在跟婴儿说话时,完全采用婴儿式的儿语。她们的本意是希望婴儿能多听懂一些,但是如果大人一直以这种方式和婴儿交谈,可能会造成孩子在长大之后,仍然使用儿语的后遗症。

前面我们也提到过,由于婴儿的发音机能尚未成熟,所以在满3岁之前,往往会使用奇怪的发音和儿语。虽然不必一一加以指出、纠正,但是周围的人最好还是尽量用正确的发音方式来使用语言。

孩子是从周围的大人与自己交谈的语言中学习说话的,因此要让孩子学得正确的发音,首先大人就必须要用正确的发音来说话。如果一直以儿语来交谈,久而久之,儿语就成了固定的使用语言了。小孩子通常都会毫无选择地吸收所有信息,如果听到的尽是字正腔圆的发音,那么即使不刻意去教他,他自然而然也会有正确的发音了。

语言游戏中的注意事项

在跟孩子游戏时,因为孩子在很多游戏中,可能学习到许多令你意想不到的东西,因此对于任何细节与小动作,你都不可掉以轻心,以下几点可以提供给你作参考。

(1)发音必须正确,语调要平稳。

孩子将来可能是母亲的翻版,在此并非是指外表的相似。孩子说话的方式和声调都是在此时定型的,所以必须用正确的发音来教导孩子,母亲

字正腔圆,孩子才能够青出于蓝。

(2)仔细地听完孩子想说的话。

即使孩子说话吞吞吐吐,也应该听他把话说完,切忌与孩子抢着说话,如果在孩子话讲到一半的时候打断,或者是帮孩子把话讲完,小孩子就会认为自己没有必要发表意见,再也不会主动表达自己的语言了。

(3)利用会话提高学习效果。

千万不要让孩子觉得母亲对他所讲的话毫无反应,即使只是一句微不足道的儿语,母亲也应该耐心地把话听完,并且适时地给予回答,这也是鼓励孩子勇于发言的好方法。

(4)念画册和故事书给孩子听。

画册和故事书中的主角,是培养孩子将来个性的主要人物,可以将小时候的回忆,利用稍微夸大的表达方式描述给孩子听,孩子不仅可以从中学习到语文的运用,更可以培养其日后的个性和习惯。

(5)培养和儿童相同的好奇心与情感。

不要以大人的立场去教导儿童,更不要以成年人的观点去分析事物。在孩子的心目中,任何事物都是新鲜的,内心都充满了好奇,所以母亲必须培养和孩子们一样的好奇心,才能够发掘出真正适合孩子的好方法。

(6)要有耐心和爱心。

不要常常用“等一下”、“你不要唠叨”类的回答来制止孩子说话,因为孩子幼小的心灵非常容易受到伤害,所以必须要有耐心帮助孩子踏出迈入语言世界的第一步。

(7)母亲温和亲切的语言是很重要的。

根据调查显示,第一次生儿育女的夫妇,其实际感受到身为“父母”的感觉,是在孩子刚诞生时,以及孩子第一次开口叫妈妈或爸爸时。由此可知,母亲是非常注意婴儿语言的发展的。

婴儿从2~3月开始,便会喃喃自语或者发出“啊”、“唔”、“啊咿”等声音,而这种喃喃儿语是全世界婴儿共通的语言。

结束了喃喃儿语阶段后,中国的婴儿就说中国话,英国的婴儿就说

英语。

这并不是刻意教导出来的，而是听母亲说话后模仿而来的。婴儿开始模仿的时期大至是在7~8月，所以在这段时期，母亲要特别用心和婴儿说话。

教育孩子使用明确的语言

(1)将婴儿用单字传达的说话内容以完整的句子回答。

我们到国外去时，如果语言不通，常常会以组合单字的方式来沟通。譬如说，不晓得到车站去该怎么走，只要说"车站"往往就行得通了。

婴儿的语言也一样。当肚子饿时婴儿也只会说"饿饿"。或者，当他说"出去"时，便表示他想到外面去看看。这时候，母亲不能只是默许，应该以完整的句子，例如"吃饭时间到啦!"或者"想到外面去吗?"来回答。如此一来，婴儿自然会记住"吃饭时间到啦!"、"想到外面去吗?"的意思，同时也会想让自己能尽快地使用这些句子。

尤其是婴儿在过了1岁半之后，就应该更正他的说话方式，如"吃吃"改说"吃饭"，"出去"改说"到外面玩"。借着这样不断地更正，"儿语"渐渐就会被淘汰掉了。但是，母亲绝对不能做"教导"婴儿的老师，而只能扮演一个亲切的协助者。

(2)不要马上答应婴儿的要求有助于其语言的发展。

相信一定有母亲因为婴儿说话慢或者很少说话，而担心自己的孩子是不是语言能力发展得太慢了。

只要婴儿一表现出似有所求的表情或动作时，母亲大致都能猜出孩子的意思。譬如，如果还不到吃饭的时间，那一定是口渴了；或者，因为平常散步的时间快到了，所以想去外面等。

遇到这种情形时，如果母亲只说"好，我知道了"就给水喝或带他到外面去，那么婴儿就会觉得根本没有开口的必要。对于婴儿来说，虽然拼命地想表示自己的意思，但那种意念也因此被削减了许多。也就是说，如果母亲太过于呵护，不但会变成保护过度，同时也会造成阻碍语言发展的反效果。

所以，当婴儿想表示某种意思时，母亲要保持沉默地去观察。婴儿必定会拼命地表达，而借着这种不断的努力，也就学会表达自己意思的语言和方法了。

有人认为语言是不经学习就能够自然而会的。但是小孩子是一面学习一面记住语言的，如果身边没有学习语言的楷模，他们是无法学习的。

幼儿期是学习语言最重要的时期，如果这个时期不能学会，可能对其一生都会有不良的影响。举一个极端的例子，在印度发现一个8岁的少女，她自小就由狼抚养，她是以四肢代步的，而她的生活和狼没两样。为了让这名少女回到人类世界，大家努力地尝试，也教她人类的语言，但是她始终无法学会。

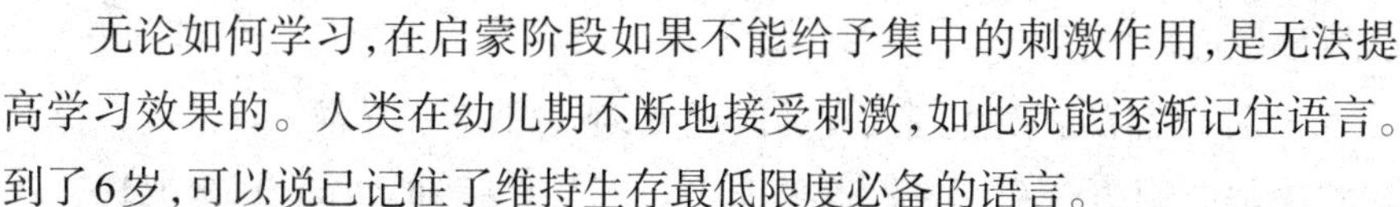

无论如何学习，在启蒙阶段如果不能给予集中的刺激作用，是无法提高学习效果的。人类在幼儿期不断地接受刺激，如此就能逐渐记住语言。到了6岁，可以说已记住了维持生存最低限度必备的语言。

幼儿语言发展的几个过程

(1)喃语期——语言基础的建立。

现在我们要对记住语言的几个过程作详细的说明。

当婴儿醒来的时候，会发出几种声音，如“爸爸”或“妈妈”等。当然，这些声音不具有任何意义，甚至算不得语言。所谓喃语，是指“哼”或“呢喃”的意思。

不久，孩子喃语的数目会多起来，而且会开始模仿大人的话，当然他们的发音大人往往是无法理解的，接着语言的发展便转移到下一个时期。

(2)片语期——说出较易发音的话。

由不知意思的发音开始，渐渐增加到发出有意思的话来。一个个增加，如由“妈妈”进展到“车车”、“汪汪”，对自己身边有趣的东西一个个发音，且一个个记住，这是1岁前后的语言能力。

(3)一语期——开始理解大人的话。

不久，孩子能渐渐记住学来的话，并将它们当做沟通的工具。虽然只是一句，但是却可能包含了多重的意思。例如，他们说“车车”，可能象征着

"车车来了"的意思,或是"拿"的意思,这就是一语期。

到了一语期的后半期,婴儿还是不能自己说话,但是对大人所说的话,大部分都可以理解。你只要说"拿玩具来",他就能确实做出将玩具拿来的动作。

(4)二语期——可以沟通。

语期大约持续半年就会转入二语期。这时候将由"妈妈"的说法转变为"妈妈,车车"。

最初可能只是两个单纯的名词,但是不久便能混入动词,如"妈妈,拿车车",也可能混入助词,如"把车车拿来",以传达自己的意思。

其后,他们可能经常自言自语,如果仔细去听,可以发现他们反复地在说着妈妈说过的话。

这种自言自语模仿别人说话的现象,绝对不算是异常。这点足以显示出将来他能用语言和别人沟通的能力。不久之后,他便能说"走吧!"、"等一下!"以语言显示统治自己行为的能力,这便是以语言显示其思考的前兆。

(5)多语期——语言逐渐活泼。

由2岁到3~4岁期间,语言能力急速地发展。

"妈妈,糖果,给我。"这大约是在2岁半到3岁的时期。"今天,我和爸爸,坐车车"这类三语、四语,包含着复杂文法的语言能力也已逐渐养成。

在他们的发音中,有时候会夹杂着一些不清楚的话,或巧妙地夹杂着文法性的短句。他们会用复杂的语言来传达自己的意思,对于和日常生活有关的话几乎都已能理解。

父母应该知道的事儿

当婴儿和母亲接近,嘴里发出"妈妈"的声音时,是在回答妈妈的话。如果妈妈认为"这是偶然发出的声音,他不可能知道妈妈的",因而置之不理,如此一来,婴儿当然不能学习到"妈妈"这句话就是"母亲"的意思。总之,和孩子说话是相当重要的。

语言训练技巧之一

提高语言能力的方法

每位家长都希望知道幼儿如何经历几个特征性时期，语言能力才能达到更发达的境地？如何使他们顺利通过这些时期，使他们的语言能力达到更优秀？这些需要做到以下几点。

(1)让他们听许多话。首先，也是最重要的，是让他们听许多话。如前所述，语言是经由学习而记住的，所以要给予他们这样的机会。如果以为婴儿什么也不了解，那是绝对错误的，因为不和他们说话，他们就没有机会记住语言。一个很少说话的妈妈所带出来的孩子，和一个在大家族成长的孩子比较，在记住语言能力方面有很大的差别。

(2)反复和他说话。反复地和他说话，这是非常重要的。婴儿绝不可能一次就把话全都记住，必须让他听过好几次。如果婴儿有所反应，就表示他记住了。

(3)逐渐让他开口说。即使只是只言片语，也要逐渐让他开口说，并且仔细地倾听。有听众仔细聆听，对于孩子语言能力的发展而言，是非常重要的。如果向孩子表现出一副不耐烦的样子，孩子就不会有喜欢说话的倾向；反之，有热心地听他说话的对象，孩子就会拼命地发表谈话。

(4)念书给他听。在孩子晚上就寝之前念书给他听，不但能使他记住正确语言的使用方法，也能提高他对各种事物的认识，并促进语言能力的深化。除了让他记住书中的内容外，有时也可以询问他各种不同的问题，或者听他谈感想也是很好的方法。

(5)让他愉快地和朋友玩耍。在和朋友玩耍的时候，无形中也能学会很多语言和沟通的方法。一开始是各玩各的，进行的是游戏，但是不久之后，他们就会用语言去传达他们自己的意思。

(6)让他学习各种经验。“他的年纪还小，带他去哪里，他一定马上就忘记，就算带他到有趣的地方也是没有用的。”这种想法其实是错误的。小孩子到了和平常不同的场所，就会感觉惊奇和兴奋，因而在他的脑海中留下

强烈的印象,并很想说出自己心中的感觉。

让孩子有新的体验,可以丰富他们的谈话内容,增加他们这类经验,也是提高他们语言能力的手段之一。

如何让孩子把话讲清楚

可以利用以下的方法吸引孩子的注意力,例如:“小明,妈妈说一句,你跟一句,好不好?”

刚开始,最好是以儿童所熟悉的事物作为对象,尽量选择较短的音节。例如“猫”、“狗”、“揉”、“药”等单字。当孩子有了模仿的举动时,要适时地给予鼓励,让孩子更有信心也更有兴趣地继续游戏。

在学习单音节的语言告一段落时,便可以教导其更多的生字生词,例如,“老鼠”、“狐狸”、“木瓜”等,慢慢增加单词。

不仅是动物的名称,其他如漫画和卡通人物,只要是孩子喜欢的,都可以拿来当做话题。除此以外,动物的叫声,由于比较高扬而且富有变化,很容易引起儿童的兴趣,例如,“汪汪”、“喵喵”,以及救护车、汽车防盗器的声音等,都是训练孩子发音的好方法。

儿童的语言虽然是由“模仿”而来的,但并非所有的小孩都会自然而然地对模仿产生兴趣,因此在教导之前,必须先引发孩子的兴趣,可以利用唱歌的方式来带动。

咬字必须正确,抑、扬、顿、挫也要清楚,如此游戏才能有效地让孩子学习到正确的发音。

有趣的模仿游戏

具体的游戏方法是,先让儿童猜猜动物的名字,模仿动物的叫声,这不仅可以训练儿童的语言能力,也可以训练他的联想和组织力。

“会喵喵叫的是什么动物?”

“汪汪汪是什么动物的叫声?”

也可以用相反的方法来启发孩子思考,例如:

“小狗怎么叫?”

“你看,那是猫咪,你知道它是怎么叫的吗?”

可以拿些较常听到的动物叫声,来引发他的好奇心和兴趣,例如,牛、

马、青蛙等。也许儿童会作出“我知道,熊的叫声是熊”,“长颈鹿的叫声是鹿”等令人发笑的回答,但即使太离谱也没有关系,只要能达到游戏的效果即可。

当学习一段时间后,儿童可能会自己提出许多动物名称来询问其叫声,此时母亲可以和儿童交互着回答。有时并不一定以动物为对象,生活中的事物,都可以引发孩子的兴趣,帮助其学习能力成长,这是一项值得母亲们参考的好游戏。

确认物名的游戏方法

此游戏要领和模仿动物叫声相同。

“叭——叭咚咚咚咦!这是什么声音?”

“叭——叭,这是什么声音?”

“嘘——嘘,你听这是什么声音?”

利用口技模仿四周可能存在的声音,最好选择儿童曾听过的声音,否则对于全然陌生的声音,孩子根本无从联想,如此便达不到效果。

这些声音的搜集非常容易,日常生活中最常听到的汽车声、摩托车声,家里经常使用的用品,如电话、时钟,比较特殊的消防车、救护车,刮风、下雨等,儿童平常熟悉的声音,都可用来作为游戏的对象。

父母应该知道的事儿

现代儿童接触电视的机会很多,无形中会通过传播媒体学到许多奇怪的声音,大人可能还会惊奇他所会的声音居然比自己还多,甚至有难于回答的情形也说不定。

这种“拟态模仿”,不仅可以训练儿童正确的语言能力,更可加强儿童对事物的观察能力。

语言训练技巧之二

锻炼唇部的柔软度

当儿童在托儿所或者从电视里学到一首歌曲时,可能会情不自禁地哼唱起来。

唱歌的方法不外乎两种,一种是放声高声唱,另一种就是羞答答轻唱。

可别小看这两种歌唱方式,唱歌可以使口腔周围的肌肉得到锻炼;如果再给孩子配上镜子观察,更可以从不同的嘴形中学习到如何控制音量。

有些儿童会以为大声唱就是喊叫,此时母亲必须一面拿着镜子,一面指导,甚至可以陪着孩子开怀地唱。从母亲的嘴形和音量中,儿童就会学习到如何掌握自己的嘴形和声调。

除此之外,一些难懂的词句,也可以借着唱歌,反复地练习,这比母亲不停地叮咛更有效果。

如何开口讲话

将小孩抱在自己的膝盖上使他面对自己,对他说:“妈妈现在要讲不发出声音的话,看你可不可以通过妈妈的嘴形猜出妈妈在讲什么。”

刚开始,一定要选择孩子经常讲的话,例如,“妈”、“要”等单字,或者是一些简单的动物名称,凡事都要由浅入深,这样才能达到良好的效果。

孩子有了信心和兴趣,才肯继续这个游戏,否则将前功尽弃,徒劳无功。

如果孩子马上可以猜出所讲的事物,一定要赞赏他;但如果说了两三次之后,他仍无法猜出正确答案,不妨发出轻微的声音,让孩子在注意声音的同时,也能注意嘴形的变化。有些儿童直到4岁,仍无法脱离儿童的发音和咬字,利用模仿嘴形的方法可以矫正其说儿语的习惯,使其更容易接受更深程度的词语。

让孩子配合使用镜子,一面练习说话,一面观察自己嘴形的变化。这个方法可以提高儿童的学习兴趣,而且效果显著。

整理语言的游戏

利用书本上的图案,训练儿童组织和分类的能力。首先教导其如何认识事物,例如:“小宝,你看这里有好多汽车,你可不可以告诉妈妈哪一辆是救护车呢?”

若孩子能清楚地辨认出日常生活中曾见过的车辆,例如,警车、卡车、轿车、自行车等,可以乘机告诉他,这些车辆都是好朋友,并比较它们的异

同点。这是训练儿童归类的好方法。

如果儿童一时无法说出书本上图形的名称，不要表现出失望的神情，要耐心地与孩子分析事物，并且利用有效的方式让其加深印象，例如，在书中挑出几种四脚动物，如猪、狗、马等，并将其归类。同样的，花草、鱼类等都可利用此种方法来进行分类并指导孩子认识。当其完全熟悉了事物的名称后，再训练其将同类事物加以归类，如此便可达到有效的结果。

当儿童提出问题时，一定要马上回答，并且详细地加以说明。如果有任何他不认识的事物，都可利用书本介绍，这是一种很有效的方法，但如果能让他看到实物，更有助于巩固教学效果。

语言的成熟有着很大的个人差异。同样是1岁的小孩，1岁出头和将近2岁的小孩之间，他们的语言有着极大的差异。

这一点是不容忽略的，不要拿自己的孩子和别的小孩子比较，要确实地一句一句地增加他们的词汇量。

可以用“这是什么”的方式询问他们。或是用“是哪一个”的游戏方式，让他们指出目的物，使他们的能力逐渐增强。

到了2岁的时候，即使平常话不多的孩子，也已经可以开口说话了，他们的语言能力在以惊人的速度增加。

这时候他们的发音虽然还不够清楚，也不是很正确，但不必太在意。除了让他们说出各种物品的名称之外，还要尝试用其他各种语言，如“大象好大哦”、“大家来荡秋千”等。

3岁的孩子对于身边的东西都已经了解，日常会话也高明多了。这时候如果再以“这是什么”的方法询问他们，他们会觉得太简单，而且无趣。

这时候可以延伸询问的范围，例如，“卖蔬菜的是什么店”或“面包店卖的是什么”，用这种方式询问他们。

孩子在1岁半后到2岁左右时，已经知道身体和各个部位。不过要理解它们的各个机能，则要等到3岁的时候。

不但要让孩子知道各部位的名称，而且有时候可以提出几个部位让他们猜，例如，指着眼睛让他们猜，或是一直笑着要他们猜，这种方式对于让

他们理解器官的位置，是极其有帮助的。

从3岁起，孩子不但能了解各种职业，而且除了职业名称之外，还会询问工作的内容，期待更深入的理解。

父母应该知道的事儿

大人常漫不经心地走在街上，但是这对于小孩子来说却是充满乐趣的事情。所以不可一味地赶路，要和孩子一起观望街上的人和事物。对日常生活中随处可见的情景，孩子是否可以回答得很好呢？如果平常能够仔细地教导孩子并和小孩交谈，慢慢地小孩就能够理解。如果只是单单要孩子回答“电话”，不如改成以“是啊！是和谁在说话呢”的方式，去刺激他的想象力。日常生活中基本的寒暄方式，最好养成自然的习惯。与其刻意地教导孩子，不如自然地让他们在实际生活中学习。最重要的是，大人们必须经常实际地使用，小孩在耳濡目染的情形下，才能学会和家中的每一个成员打招呼。

语言训练技巧之三

猜谜游戏

用语言说明各种谜语，让不到3岁的孩子来猜是比较困难的。在1～2岁时，可以利用不完整的图画，让他们猜出全体，以这种游戏的方式进行。

当孩子开始对火车、公共汽车等小道具感到无趣时，完全不使用这些小道具的游戏方式也是非常重要的。可以利用身边的动物、道具等，以简单的语言和他玩猜谜游戏。

问题：我们把食物放入它的肚子，它就会让水变成冰，这是什么？

（答案：冰箱）

问题：有很多人，看起来像是沐浴，但是脱光身子不会挨骂，他们并不是在海里，那是在哪里呢？

（答案：游泳池）

问题：可以用来很方便地和远方的人交谈的是什么？

（答案：电话）

问题:穿着绿黑相间的衣服,里面是红色的,吃起来很甜,而且外形像球的食物是什么?

(答案:西瓜)

问题:从很高的地方以极快的速度滑落水中,大家都非常紧张,可是却极受欢迎的乘坐物是什么?

(答案:水滑梯)

鸣叫声的游戏

学习模仿动物的叫声,让孩子猜那是什么动物,也是可行的方法。妈妈除了要学得像以外,还可以加入身体和手势动作,在屋子里来回走动,孩子看了也会很高兴。

模仿叫声时,不要只是单纯地发出“汪汪”的叫声,也可以发出如“噢噢”的叫声。

猜声音游戏

这是利用声音让孩子发挥想象力的游戏。自然界的声音特别多,如马路上的汽车声、家里电视的声音等,利用这些声音可以教育孩子。

自然界的声音、模仿的声音、模仿的词语也会引起孩子的注意,例如,大风用“咻——咻”来表现,可以尽可能地启发孩子独特的表现方式。

让孩子自编自导自演语言游戏

用布缝制的小娃娃,或者是从书本上剪下来的漫画娃娃或动物。

妈妈手中的是熊宝宝,孩子则拿着兔宝宝,学习讲的故事,开始对话。

妈妈:“兔先生,你好像刚睡醒啊!你在这里做什么?”

孩子:“我在等你啊!我们一起玩游戏好吗?”

妈妈:“好啊!那我们一起到河边去钓鱼吧!”

于是熊宝宝走起路来了。

此时,兔宝宝忽然一下子跳到熊宝宝的背上说:

“你背我好了,真舒服啊!”

这个游戏需要靠母亲的引导才能使游戏达到高潮。如果整个游戏纯

属于母子对话也没关系，因为游戏的学习目的已经达到了。

看图说故事

可以将旧书本中一些比较突出的卡通人物剪下来，给孩子看，让他猜猜这些主角扮演的角色："小明，你看这对小猫咪在做什么？""哦！原来它们在跳舞啊！小明好聪明，妈妈都不知道呢！"

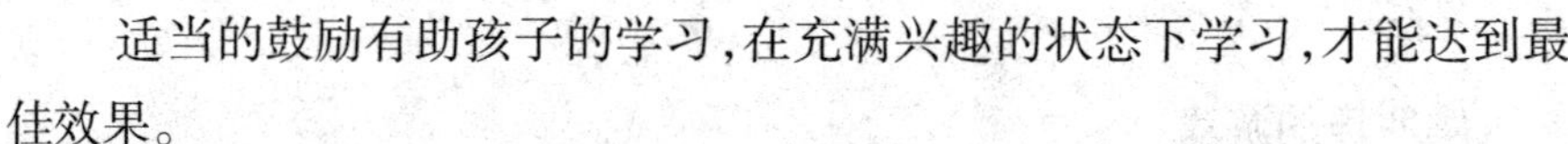

适当的鼓励有助孩子的学习，在充满兴趣的状态下学习，才能达到最佳效果。

在新闻杂志、漫画等有大幅图片的书上，将完整连环漫画剪成多片，拿其中一片给孩子看，让他发挥想象说其余搭配的人物和背景。这种游戏鼓励儿童勇于表达自己的意见与培养反应力。

将几张卡通图片剪下，撒落在桌上，让孩子按照顺序排列后，编出故事。注意要把角落的页码涂掉。

也可以将数张卡通图片剪下，将其中一张拿开，只让孩子看其他几张，联想出空白位置的卡通应该是什么内容。

为了让孩子有独特的想法和主见，在游戏中不要给孩子任何提示，除了引导其有强烈的参与心外，不要左右其想象力和判断力，这对儿童将来处世有重大的影响。

当孩子在讲故事时，可能会前后矛盾，或者无法连贯，这时母亲千万不要过于紧张，对于刚开始学讲话的孩子，不要给他太大的压力。母亲专心聆听也是很重要的，小小的赞美和鼓励才是促使儿童继续学习的原动力。

由辨色能力训练语言的游戏

利用彩色颜料笔或有色彩的玩具，玩"这是什么颜色？可以找出和这支笔一样颜色的玩具吗"的游戏，可以让孩子学习如何搜集和如何分辨的能力。利用不同颜色及不同形状的东西，让孩子感受到事物不同的变化，此游戏不仅可让儿童有分类及组合的能力，更可发展其创造能力。当孩子想象不出时，不要轻易公布答案，因为儿童没有经过思考是不会记牢的。如果觉得孩子没有记性和学习能力，应该检查自己所使用的方法是否

适当。

在做饭时，可拿出盘子，问他："宝贝儿，帮妈妈拿个跟这个一样的盘子好吗?"孩子多半以帮助妈妈做事为乐事，如此即可借机训练其分辨事物的能力。另外，在阅读杂志时，可指着色彩特别鲜艳的图片告诉他："你看这颜色多美，我们家有没有跟这一样的颜色呢?"此时，孩子一定会很感兴趣地四处寻找。总之，生活中的任何小事物都可当做教材。培养儿童的智力，并不见得一定要大费周折，只要用心地教导就能达到理想的效果。

利用触觉来表达语言

这个游戏的游戏方法很简单，准备一些纸袋或大毛巾，将孩子日常用的玩具放入纸袋中，或者盖在毛巾下面，放在孩子伸手可及之处。

"摸摸看，猜猜这里面究竟有什么东西?"

可以一边引导孩子的手去触摸袋子里的玩具，一边问他的感觉，是"滑滑的"、"粗粗的"还是"冰冰的"，配合着孩子的回答，给予适当的提示。孩子当然不可能马上说出答案，但如果只是一味地逼迫他说出答案而不给他任何提示，或许他就会很快放弃思考，并且拒绝回答。

借着触摸的方法训练儿童的语言能力，不仅可以让孩子进一步认识事物，无形之中，还会发现他的形容词也不断增加，这都是一点一滴地从生活中累积起来的宝贵成果，切不要以为这是可以一蹴而就的，因为凡事不仅需要时间，更需要耐心。

在外出购物时，可以在口袋里装一些奇奇怪怪的东西，例如，弹珠、铜板(不同面额及大小的硬币)、小的洋娃娃等，让孩子的手伸进口袋内摸索，找出大人所想要的东西来。由于地点是户外，所以可能较容易引起儿童的兴趣，并且也较能提高其学习效果。

父母应该知道的事儿

容易破碎或可能伤及儿童的玩具不可以作为这项游戏的工具。在孩子吃点心或者玩玩具的时候，如果可以将游戏带到高潮，或许孩子会主动要求玩这个"摸摸看"的游戏呢！

语言训练技巧之四

训练语言的方法

这是儿童经常玩的一种游戏,是故意将事物的名称或者说话的方式颠倒着说。这种说话方式可以训练儿童脑筋的灵活性,你可能会发现部分语言,即使颠倒说,也有其意义存在;或者说出一句话中的某一个单字,让其将有关此单字的名词都讲出来。这是一个很好玩的游戏,孩子在游戏中可以发现许多词句反过来用之后,竟然会产生出不同的意思。

例如,“产生”颠倒过来是什么呢?“生产。”孩子可能很快地将答案讲出来。但游戏并非如此简单,你可以紧跟着问:“生产”是指什么呢? 或问他“乳牛”跟“牛乳”的差别,你可以搜集一些他不曾听过的事物名称,借着颠倒游戏教导他对新认识事物的理解。

有时候像“爸爸、哥哥、姐姐”等,不管如何颠倒仍是一样的名称,也可列入此游戏。当孩子大约4岁时,可以将名词增加为3个字,此时可以利用文字积木排成3个字的词来教导他,或是讲解要发3个音的动物或事物,这种颠倒语言的游戏,可以使其语言能力得到大大提高。

儿童反应能力的启蒙

“大的相反是什么?”用类似的方法来训练儿童的反应。其要诀是须由其已熟悉的事物开始。例如,“长颈鹿的脖子是长的,那河马的脖子呢?”或“火车跑得很快,那小明的三轮车跑得快不快?”“夏天好热,冬天呢?”“妈妈是女的,那爸爸呢?”“石头很重,那白纸呢?”“白天的天空是亮的,那晚上呢?”“衣服是干净的,沾上了泥土会变成怎样呢?”

另外,比如厚的、薄的,远的、近的,前面、后面,高、低,好吃、不好吃,拉、推等,诸如此类相反的形容词都可以当做游戏的话题。

培养听力及训练说话的技巧

可利用市面上出售的玩具电话来训练儿童说话的技巧。面对面隔一道板子跟孩子打电话,就像在隔壁房间打电话一般。

“喂！请问是李小明的家吗？”

“请问爸爸在不在？”

“他去哪里了？你是谁啊？”

“你有没有上幼儿园？”

“你学校的老师叫什么名字？”

由这些比较容易回答的问题开始，慢慢进入到稍复杂的问题，如：

“告诉我你家里的地址，你知道电话号码吗？”

“阿姨要去你家，你希望阿姨带苹果还是蛋糕给你呢？”

此类稍微需要判断和思考的问题可以增加儿童的判断能力和记忆力。

以上的变化对答，除了可以帮助孩子学习说话的技巧之外，更可以增强其对事物的理解。

当孩子习惯了这种富有变化的对话后，可以教他使用真的电话打给爷爷、奶奶，或是他的小朋友，让他成为既能听又能说、既活泼又聪明的孩子。

正确传达语言的游戏

这个游戏需要其他人加入，例如，哥哥、姐姐、爷爷、奶奶等，孩子则充当传话的人物。你可以跟他说：“你去问哥哥说：‘你肚子饿了没有？’然后要哥哥回答：‘我不饿！’并且将此讯号再传回去给妈妈。”或者：“你再去问：‘哥哥要不要吃点心？”’这些对话，都可以训练儿童说话的技巧。

在传话的途中将内容忘记了，这是免不了的。但是，在其习惯之后，便可训练其传达更长的句子了，而且他还有可能会自言自语地在口中念念有词，这些都是正常的现象。

在进行此游戏之前，最好先观察日常生活中有哪些机会，可以跟孩子玩此游戏，再于适当的时机跟孩子玩传话游戏。例如，在爸爸洗澡时间前，可以让孩子去提醒爸爸洗澡。

由单方面的传话进入对答的方式，经由孩子的传达，能让孩子明白生活中说话的内容。

训练有礼貌的孩子

在孩子学习语言表达的过程中，除了利用游戏加深其印象外，日常生活中的礼貌教育也是相当重要的。

人是群居的动物，在任何一个团体里，如果不够礼貌，便无法享受到有趣的学校生活，以及丰富的社会生活，因为人际关系的好坏是非常重要的。

而帮助人们搞好人际关系的基础就是礼仪，对于初相识的人，只要一句简单的“您好”便可以拉近彼此的距离；而在分手时，亲切的道别，更是会令人倍感温馨。

如何教育孩子成为有礼貌且受欢迎的儿童，是母亲的天职，也是在语言辅导中很重要的一环。日常生活中，自早晨起床、午间，一直到深夜，生活中的一些小礼仪，有许多是值得教导给儿童的。

例如，在每天早上起床时，训练孩子对家人说：“早安。”在爸爸出门时说：“爸爸再见。”

上桌吃饭前以及吃饱离席时的礼貌都是不可忽略的。尤其是有客人来访时，“您好”、“再见”等礼节都是必须教导的。晚上就寝前说“晚安”，以及听到叫自己名字要答“有”等，都是使孩子成为受欢迎儿童的必备因素。

训练舌头咬字及头脑反应的游戏

绕口令的游戏可以训练舌头的咬字以及头脑的反应。

玩绕口令的游戏时需先准备一台收录机，可以提高游戏的趣味性。

“吃葡萄不吐葡萄皮，不吃葡萄倒吐葡萄皮。”

“妞妞骑牛，牛摔妞妞，妞妞拧牛。”

“和尚端汤上塔，塔滑汤洒，汤烫塔。”

“门前有四十四对狮子，不知是四十四对死狮子，还是四十四对石狮子。”

在游戏中，可以将孩子所讲的话录下来，再放给他听，那么慢慢地你会发现他说绕口令的技巧越来越高明，并且可以确认他的不足在何处。刚开始不要讲得快，字正腔圆是最重要的。待其将整个句子反复多次之后，自然可以说得很好。

父母应该知道的事儿

孩子常常会使用“不要”、“没有”等这些否定的形容词,也许是因为这些句子比较容易记忆,所以在很小的年纪他就会使用。因此你也可以问他:“你知道不喜欢是什么意思吗?”“妈妈告诉你,不喜欢就是讨厌的意思。”用这种方法让孩子明白形容词的含义。

十一、未来画家、文学家的训练技巧

父母作为孩子画画的启蒙老师，首先要对孩子进行艺术情感的教育。家庭环境和人际关系中充满艺术气氛与情趣，会对孩子的兴趣、爱好、情绪、性格产生重大影响。父母要随时观察孩子的兴趣所在，在他们高兴画的时候，要多多地表扬鼓励。经常变换方式和办法来引导他们。

儿童画的特征和启蒙训练

儿童画的特征

孩子不是按照看到的那样去画，而是画他自己感知和经验过的事物，因为受年龄的局限，儿童有着自己独特的绘画方式。

(1)透视画：孩子在画汽车时，画外形也要同时把他知道的车内部的一切画出来。就像通过透视能看到人体内部的情况一样，把司机、方向盘、脚踏板都画出来。这种“透视”的画法和大人的透视画法完全不同。这种例子处处可见：在画窗子外部形状时，房子内部的灯和全家人围坐在饭桌旁的情景都“透视”地画了出来；画衣服的口袋，也将装在袋里的物品画出来。孩子的这种画法并不异常，这是孩子的一种独特的思维方式及表现形式，因此父母不必求全责备，说这不像、那不对，要懂得孩子的绘画心理活动过程。

(2)展开式画(把折叠的物品展开)：孩子在画电车时，会同时把电车的侧面、正面和后面都画出来，并把道路两旁的树，画得倒在道路的旁。不仅把自己看到的画下来，而且放宽视野把自己所知道的整个事物都画下来。

展开式的画法也是儿童画的特点。孩子的这种画显得稚拙、可爱、富于想象力。

(3)把远处的事物画在纸上方:孩子们总是先把眼前的事物画出来,然后再把远处的事物画到纸的上方。如果斜着从上方看,就是全景画式的表现这也是孩子绘画思维的正常表现,并不异常,做父母的也不要指责孩子画得杂乱无章。孩子能够运用科学的远近法来绘画,需要到十一二岁以后。

儿童画画的心理特征

儿童的思维都是比较具体的。他们在感知客观事物时,都是一个一个认识的。因此,儿童在绘画上表现出"突出中心事物"这一特点,想要画什么就去画什么。

儿童没有完全建立起合乎逻辑的空间概念,因此他们不能完善地掌握上下、前后、左右三维空间概念。他们对比较估计的能力发展也比较晚。让孩子在平面纸上画出表现出具有三维空间的画是比较困难的。所以,孩子的画就具有一种没有远近、没有前后、没有大小、任意排列的平面构图形式。儿童"求全",力求表现和反映真实生活,但技巧欠缺,这实质是儿童绘画心理活动的反映。

想象与幻想在儿童心理活动中占有极其重要的地位。他们常常以想象代替思维,把幻想与现实融为一体。孩子的知识虽然很少,但可以不受常识的限制,海阔天空地任意想象。他们看月牙像个秋千,就想上天去做游戏。这一点和成年人有很大的区别。成年人见多识广,想象力反而受到压抑,自由发挥的余地受到限制。孩子画画时为了表现自己的感受,根本不考虑自己的技巧能不能胜任。

儿童画的创作,在色彩使用上也反映出他们的心理特点。孩子们普遍喜欢色泽鲜艳、对比强烈、明快的色调,不喜欢灰暗的色调。孩子认识事物的外部特征,也主要靠色彩,如"红苹果"、"红皮球"、"红皮鞋"、"红花"、"绿树叶"等。据有关专家研究,这些颜色本身的特性与孩子的颜色视觉有密切的关系。

色彩的差异会给孩子带来强烈的对比感受。因为从颜色本身的特性来分析，在可见光谱上，每一种色调都发出一种作为主体的电磁波长，每当人们接触时，颜色的主体电磁波便影响人们的脑电波，诱导人的情感转移。如红颜色的主体电磁波波长是最长的，一旦影响人的脑电波，人的反应是警觉、惊醒；而蓝颜色的主体电磁波波长最短，人脑电波反应也就慢，人感受到的是安详、深沉。正是由于儿童对颜色具有强烈的心理对比感，所以画起画来，或大红，或大绿，或深蓝，或凝黑，不拘一格，参差杂错。这是儿童由颜色对比产生的夸张感受的表现。孩子生理、心理上发展的局限性使儿童具有自己的心理特点。

父母是启蒙老师

常常听到父母问这样的问题："我的孩子画画有发展前途吗？""我们不会画，怎么去辅导孩子呢？"

事实上，会画画的父母总是少数，大多数父母既不是画家，也不擅长画画，只具备中小学时学过的一点点美术常识。

当然，父母会画画对孩子会有直接的影响，辅导起来也很方便，但不会画画的父母也不必为此气馁，因为许多孩子画画好并不是由于他的父母及祖辈画画好而遗传来的。孩子在幼年时期完全可以借助环境的影响，依靠父母的因势利导，跨进绘画艺术的大门。

学龄前的教育主要是接受父母的教育。一个人的能力并不是与生俱有的，是靠后天的教育获得的。在这个教养过程中，父母始终是孩子的第一位启蒙老师。

父母作为孩子画画的启蒙老师，首先要对孩子进行艺术情感的教育。家庭环境和人际关系中充满艺术气氛与情趣，会对孩子的兴趣、爱好、情绪、性格产生重大影响。在经济条件允许的情况下，室内的布置力求美观、朴实、整洁、大方，富有艺术性，墙上的优美绘画，桌上造型别致、色彩新奇的装饰品，都会给孩子以美的启迪和美的感受。

作为艺术情感教育的基本内容，培养孩子对绘画的兴趣、好奇心，则是父母要注意的事情。父母要随时观察孩子的兴趣所在，在他们高兴画的时

候，要多多地表扬鼓励。孩子做什么事情往往都没有常性，针对孩子兴趣容易转移的特点，要想方设法巩固孩子的画画兴趣，经常变换方式和办法来引导他们。

总之，父母的启蒙教育对孩子学画是必不可少的，是任何老师也不能替代的。

父母应该知道的事儿

常常给孩子讲有趣的故事，可以丰富孩子的绘画情感与想象力。多带孩子到野外去玩，可以扩大孩子的生活视野，感受自然界多姿多彩的变化，培养孩子的观察能力、记忆能力以及对生活、事物的感受能力。要让孩子从小养成眼看、脑想、手练的三结合学画习惯。

儿童画画的训练技巧

激发孩子学画的兴趣

在宽阔的马路旁、雪白的墙壁上、住房的门上、路边的电线杆上，凡是有孩子玩耍与嬉戏的地方，都可以欣赏到孩子们的“即兴之作”。这些画，与其说是孩子们在涂鸦，还不如说是孩子们在玩笔、玩颜色。

首先是玩，然后由“玩”中产生兴趣，又由“兴趣”的牵引走入绘画的大门。孩子处于幼儿阶段时，缺乏生活经验和知识，手腕骨与指骨比较娇弱，动作不够协调，也不够稳定准确。如果给他们几支漂亮的彩笔和几张白纸，他们会无忧无虑、不假思索地画出一些曲曲折折的线条或歪歪扭扭的圈圈、断断续续的点点。此时父母与教师应该不失时机地给予鼓励，沿着孩子的思维路径引导孩子，例如，可以指着斜线条说：“啊，天正在下雨！”指着圈圈说：“雨停了，太阳出来了，天空多美啊！”可以拿起笔给下面连在一起的两个圆圈简单添上几笔，说：“看啊！小鸡也跑出来捉小虫了。”大人们这样做，能加深孩子对绘画的理解，使孩子画画的兴趣得以萌发。“形”的概念、美的诗情，会像细润的春雨点点滴滴地渗入孩子们稚嫩的心田。

为了激发孩子学画的兴趣，还可以说出有趣的题目让孩子画，如“上幼儿园的路上”、“我的家”等。此外，也可以教孩子进行添画游戏、涂色练

习等。

绘画是人类表达思想、抒发与交流感情所采用的一种艺术手法。要培养孩子的绘画兴趣还应该培养孩子乐观愉悦的情绪，使生活中的事物形态、色彩、特征变成孩子自己丰富多彩的图画语言，让孩子能运用这种语言去自由自在地表达自己的感情。对于成年人绘画必须讲究的技巧与技能，不要让孩子过多地去效仿。孩子在学习绘画的过程中，最主要的是培养与锻炼对生活的敏锐的观察能力、对艺术的真善美的鉴赏能力、对形象的记忆能力，以及对构思的想象能力，从而获得对生活的艺术再创造与表现的能力。

借助多种绘画方式提高绘画能力

学习画画的孩子度过第一个无目的画画的学习阶段后，便进入了有目的的画画阶段。在这个阶段，孩子画画要借助写生、临摹、速写、默写等绘画方法来提高自己的绘画能力。

父母可以经常为孩子提供一些范画观赏，使孩子从中悟出些道理，学到一些方法，借以加深对一些事物的认识，从而达到举一反三的学习效果。但是，不可以让孩子一味地临摹，视临摹为主要绘画方法是十分有害的。这样做，既缺乏生动活泼的趣味性，又会僵化儿童的形象思维能力，使孩子成为不爱动脑筋的小画匠。

在写生训练中，注意避免让孩子长时间地对明暗体面关系精雕细刻，防止孩子形成视觉反映的惰性，失去对生活形象敏锐的反应能力。为此，在孩子进行写生练习时，最好穿插安排一些速写练习，锻炼孩子在短时间内用简单概括的手法把所描绘对象的主要特征记录下来的能力。

写生、临摹、速写，都是对照实实在在的物体形态作画。如果把这些方法作为唯一的训练手段，会使孩子养成很多弊病。假如长时间这样做，将会助长孩子的依赖性，造成不对照实物或图像就不能作画的恶果。因此，必须辅以默写及其他绘画方式的练习，以巩固提高孩子的形象记忆能力，不断积累更多的生活感受。

儿童画的内容与教法

(1)命题画。顾名思义就是根据孩子在某一阶段的教育要求,为孩子规定画画的内容,使孩子根据成年人的要求进行绘画练习。

作为父母,怎样要求孩子进行命题画画呢?首先,大人一定要要求孩子画他们所看到的事情,画他们所经验过的事情,画他们最感兴趣的事情,选择能引起孩子想象的题材。

(2)意愿画。是在教师与父母的指导下,由孩子自由确定内容的画。孩子在画意愿画时,不受任何束缚,画得自由活泼,充分表达自己的思想感情和对事物的认识。在意愿画训练中,大人既不应替孩子规定内容,也不要教孩子画什么形象,在孩子画画遇到困难时再给予启发与帮助,使孩子将画顺利完成。另外,命题画与意愿画应该交替着画。

(3)装饰画。装饰画是以花纹装饰某个物体的绘画,目的是美化环境、美化生活。

这种画的构成要求有一定的规律,整齐、对称和有节奏,体现出图案的美。学习装饰画一般在5岁以后进行。画画时可以将方形、圆形、三角形和长方形等几何形体作为生活中的用品(如手绢、盘子、头巾等),预先画在纸上,教孩子画;也可以直接剪出各种日用品的纸型,如茶杯、暖水瓶等,要求孩子在上面装饰花纹。画画时,还可以使孩子认识几何形体的方位,如几何形体的中心、角隅和边缘,以发展孩子的观察力和画画的计划性,培养他们的空间几何思维能力和审美能力,同时使孩子初步接触民族的绘画艺术。

(4)欣赏绘画。看画(单幅画、连环画)对于孩子来说如同学生看教科书和看小说一样,孩子非常渴望从中获得知识,得到乐趣,受到具体而生动的教育。父母应该学会搜集充满艺术趣味的书册及图画,让孩子学会看内容健康、形式优美的画。在引导孩子看画之前,自己要了解每幅画的主题、画家的意图和艺术手法,然后深入浅出地向孩子介绍画的内容,要讲得清楚、明白和自然,并可适当地提问孩子,以集中孩子的注意力。在引导孩子欣赏画的时候,首先向孩子说明内容、主题,再结合人物的动态及风采来叙

述故事情节。介绍内容时要从画面的主要形象开始,根据情节逐渐展开,再涉及其他形象,讲出人物形象的真实性和生动性,人与人之间关系的安排。在此基础上,再看色彩的真实感和画面的环境气氛,这样才能使孩子较深刻地理解画的内容与主题,画面的形象会在孩子的心目中长时间地留存。

父母应该知道的事儿

孩子的绘画兴趣通常是和玩分不开的。玩的时间长了,就产生了浓厚的兴趣,有了兴趣,有了求知的动力,就会用极大的劲头与信心去钻研与获取。这样就发展了某一方面的能力,同时也锻炼了意志,逐渐萌发了小小的志向,培养了作风,久而久之,便可创造出成绩。

儿童的早期文学启蒙训练

怎样给孩子读书(给孩子读书听)

与以前什么都要父母照顾的传统育儿方式不同,现在进入了非常方便的时代。婴儿期有牛奶代替母乳;到断乳期,到处都有供孩子食用的罐头与代乳品;假如母亲不愿自己养育孩子,还可以让别人来代养。但是,这样的养育,使许多孩子都不能体验与感受母亲的感情,更不能理解自己的母亲和父亲,这是一件令人十分寒心的事情。

和孩子一起读书可以解决这个问题,因为在给孩子读书的时候,父母和孩子都要一起去考虑同一个问题,互相交流几乎是同样的感受。母亲在孩子身边说话、读书,即使是对孩子简单的指导,也能促进孩子思维能力的发展、文学水准的提高,而且父母对事物的思考方法、感受方式以及美学观念也能影响孩子。

读书给孩子听时,声音要抑扬顿挫,要富有戏剧性。戏剧性声调使孩子感到亲切,容易使他的语言中枢处于兴奋状态。同时,要注意到孩子是否能看书上的图画,不时地指出图画上的细节,并提出问题,例如,“看到右下角的那只兔子了吗?你想它在做什么?”也应该鼓励孩子提问题。这样读书,会使孩子的观察能力、判断能力、分析能力得到发展。

好的父母或者老师，每天都应该抽出一定的时间来满足孩子要求听书的愿望，至少每天都要给孩子讲一个故事，内容重复也可以。

怎样教孩子“写书”

找一个父母与孩子心情都轻松愉快的空闲时间，母亲对孩子说：“我们来‘写’一本书好不好？这是你和爸爸妈妈一起‘写’的书”。

然后，你们一起动手，用白纸订个本子，找一些五颜六色的图片，再加上小巧的剪刀、白色的浆糊、彩色的蜡笔和粗的钢笔就可以动手了。

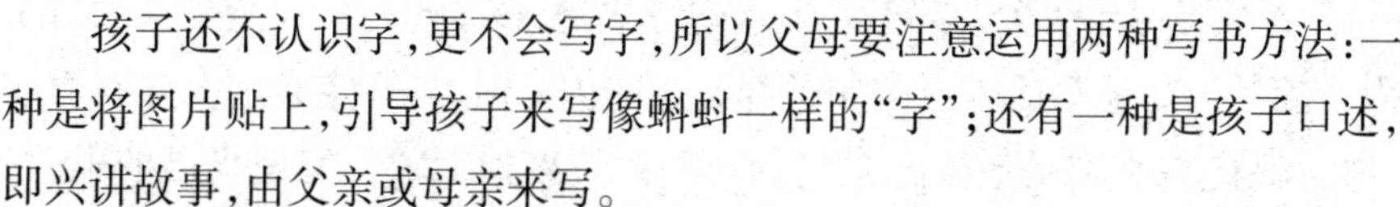

孩子还不认识字，更不会写字，所以父母要注意运用两种写书方法：一种是将图片贴上，引导孩子来写像蝌蚪一样的“字”；还有一种是孩子口述，即兴讲故事，由父亲或母亲来写。

书上都写什么呢？随孩子的便吧，他喜欢写什么就写什么，狗、卡车、娃娃、去外婆家、小红帽、白雪公主、海的女儿、小金鱼……什么都行，因为这是孩子自己的书，做父母的要告诉孩子：“书就是把想说的话大胆地写下来。”也许孩子会说：“怎么写呀？”做父母的应该尽可能地鼓励孩子，这样会使孩子畅所欲言。

孩子说：“小白兔，是一个好人。”于是，母亲仔细而认真地用大大的字把这句话写下来。如果手边没有小白兔的图片，就空出位置来让孩子自己画上。

“再写点儿什么呢？”母亲启发。“把坏人带到警察局。”母亲再把这句话写下来，算是第二页。每页写上一句话，不管孩子说得好不好，选的题材恰当不恰当。因为这是孩子的话，不是大人的话。

如此，一页一页地写下去，待到孩子兴趣淡了时，就该结束了。想妥当点儿，使结束得自然些。写完后念给孩子听听，他也许会要求你再三地念，因为这本书对于他来说意义重大。

书名应该包含孩子的名字，比如《黄诗童的书》。封面最好用硬纸，再找一张孩子自己最喜欢的照片贴上去(最好是一张孩子在“写”这本书的照片)。以后再写的书当然该采用与内容相配合的书名，可是第一本必须这样题名，而以后的书不管书名是什么，都要把孩子的名字写上去，因为孩子

是作者。

做父母与老师的想要培养孩子的自信心吗？那恐怕没有比这个更有效的方法了。

当孩子自己会写几个字时，就可以由他自己来写了。这时，大人们要注意的是，不管孩子把字写成什么样，倒了、歪了、散了架的，或者仍旧用说话和画画代替，都不要信口指责，胡乱批评，即使是好心的更正也不行，因为这样只会使他泄气，别无他用。大人们唯一要做的就是称赞。

孩子要写什么大人都不要干预的缘故是，孩子想写的完全是他发自于内心的话。当他写的内容与句子都是发自内心时，他必定有一个强有力的动机，而此事必定是他极感兴趣的。当孩子稚拙地"写"完他自己的书后，兴趣会越来越高，因之也产生了强烈的学习语言的动机，因为他想多"写"几本书。

这样做的结果，还可以引起孩子对字的好奇心。当父母带孩子上街或外出游玩时，遇到招牌、广告、商标、路标、说明牌时，可以随时提醒他，引起他的注意。如果大人的态度是严肃认真的，孩子就会主动问父母这个字的念法、含义。同时，这也给孩子奠定了日后形成学习阅读的动机和基础。

各年龄阶段能够阅读的书

1~2岁的孩子能够看得懂画上画的是什么，因而喜欢去看画。

1岁半正是幼儿能认识自己身边各种事物的时期，尽管这个时期孩子的认知能力发展得还不很充分，但是他已经能够说话了。而且，从这个时候起到3岁左右，语言迅速发展，孩子大量学习各种事物的名称，并反复地叙说存在于自己身边、为自己所熟知的所有事物的名称。父母应该利用孩子这一时期的特点，培养孩子的文学爱好及其表现能力。

学习语言，是人生赋予这一年龄期孩子的课题。这个时期，孩子要寻求的书是孩子身边存在的写他感受最深的事物的书。父母为1~2岁孩子选书的时候，要选择每页清楚地画出一个事物、特征突出、色彩鲜艳分明，孩子又能接受的书。

3岁是孩子想象力萌发的时候，孩子在这个年龄喜欢内容有交通工具

和各种动物、充满美丽幻想的传说故事。应该为他们选择图文并茂，且方便讲解的画册。

在给孩子讲解画册之前，如果父母过多地考虑“要以此教会孩子掌握点什么”，就有些勉强孩子了。给孩子讲解画册，最重要的是培养孩子对画册的感情，让他感受到看画册的乐趣。给孩子讲解完之后，父母还要观察孩子的反应，是高兴，爱讲话，还是平淡，不感兴趣，或是迅速转移兴趣。因为，你注意到这些反应后，今后就能更恰当地为孩子选择他需要和感兴趣的书。

4～5岁是孩子开始形成性格的重要时期。孩子在这个时期喜欢描述完整故事的画册，内容充满快乐、友爱、幽默，既明快又有趣。这个时期也应该避免给孩子讲和看过于惊险、悲伤、恐怖和愤怒的画册。四五岁的孩子对喜怒哀乐是非常敏感的，也开始辨别善恶。通过画册，孩子可以间接体验人类的各种生活态度，对事物的思维方法、感觉方式等，开阔以自己为中心的心灵。父母给孩子读书、讲解，从而与孩子在一起轻松愉快地交谈，对于孩子在良好感情的基础上形成健全的性格是十分必要的。

把孩子培养成爱好读书的孩子

要想让孩子喜欢读书，首先母亲就要喜欢读书。如果母亲没有读书的习惯，只是想“让孩子读书”、“让孩子喜欢书”，往往不能培养起孩子对书的喜爱。

爱书的母亲，在每一天的家庭生活中，都会给孩子安排适当而安静的读书时间。当孩子吵闹时，母亲会给孩子找来书看，或者读书给孩子听。母亲的读书声音的吸引力与电视节目的吸引力对于孩子来说是不同的。

即使是不喜欢读书的母亲，为了孩子，无论如何也要挤出时间与精力为孩子读书。这是母亲的责任与义务，就如同你生了孩子必须喂他食物，使他长大一样。书是孩子极其重要的精神食粮，而且经过两三年的时间，在培养出爱读书的孩子的同时，母亲也一定会体会到读书的乐趣。

给孩子买的书多了，可以给孩子一个能够自由取放书籍的书架。孩子有了自己的书架，还会学会整理书籍，养成对事物分类存放、记忆的习惯。

希望父母能与孩子一起努力读书，不要逊色于成长着的孩子，要永远跟着自己的孩子一起进步。

爱读书孩子的特点

有的父母把孩子“委托”给电视，以为电视是给孩子主动灌输知识的工具，实际上这是一种误解。电视节目往往会使孩子处于被动状态，一个接一个连续不断的画面，孩子往往来不及理解就消逝了。而书籍却可以由父母孩子去选择，去比较，从而形成一定的阅读风格。这就需要孩子以一种积极的、热衷于某一事物的态度来“工作”。同时，书籍的文字、画面可以给孩子思维和想象的空间。书籍内容的相对静止性，可以使孩子思维的活动力增强；而电视节目画面的相对运动性，却可以使孩子的思维活动力减弱。电视以感人的声音和动作，激发了孩子的情感，从而俘虏了孩子的思维能力。

有益的书籍却不是这样，因为打开书和看书的活动主要靠孩子自觉去做。看书的时候，孩子自身需要产生积极性和主动性，需要有使注意力集中的意志。因此，爱好读书的孩子不会变得散漫，他能迅速使注意力集中。

父母应该知道的事儿

读书给孩子听要有技巧。首先，把孩子抱在膝上或同他并排坐着，这样阅读就已不是单纯的智力启发活动了，它使父子或母子之间产生亲切的感交流。在开始读书之前，先告诉他书是什么，哪儿出版的，插图是什么类型的画，是谁画的，等等。这些都是读书首先要注意的，而且这样也会使孩子形成一个良好的观念——应该尊重这些人的劳动成果。